AUF MÄNNERFANG

Für Evi W.

Christiane Hagn

AUF MÄNNERFANG

33 verrückte, halsbrecherische und ambitionierte Versuche, den Mann fürs Leben zu finden

Ein Selbstversuch

Schwarzkopf & Schwarzkopf

Inhalt

»Die Liebe besteht zu 3/4 aus Neugier.«

Giacomo Girolamo Casanova
(ital. Abenteurer u. Schriftsteller, 1725–1798)

Alle Namen der in diesem Buch auftretenden Personen wurden geändert.

»Der Mann fürs Leben«: Ein Mythos – oder einfach nur gut versteckt?

Vorwort

Mein Name ist Christiane. Ich bin zum Zeitpunkt dieses Vorwortes fast dreißig Jahre alt und Single. Meine letzte Beziehung liegt zwei Monate zurück, dauerte ein halbes Jahr und war von vornherein zum Scheitern verurteilt. Davon wusste ich nur nichts. Zugegeben, die Voraussetzungen waren nicht ideal. Er war 15 Jahre älter als ich und kam frisch aus einer zehnjährigen Beziehung. Abgesehen davon kannten wir uns gerade erst einen Monat, als er schon bei mir einzog. Möglicherweise etwas überstürzt. Aber Liebe versetzt bekanntlich Berge.

Eine Beziehung auf Sprichwörtern aufzubauen funktioniert nur bedingt. Denn die Berge blieben, wo sie waren. Alles, was dagegen von *ihm* blieb, war eine leere Hälfte in meinem Kleiderschrank, ein Werkzeugkasten und ein Post-it, auf dem »Tut mir leid, Häschen« stand. Mir auch, dachte ich und nahm mir vor, mich diesmal nicht wie sonst wochenlang in Liebeskummer zu suhlen und selbst zu bemitleiden. Ich zwang mich, positiv zu denken: Einen Werkzeugkasten hatte ich mir doch schon lange gewünscht! Und die leere Hälfte des Schrankes würde ich schnell mit zahlreichen Frustkäufen füllen. Bis dahin hätte ich genug Platz, eine Menge

Liebhaber darin zu verstecken oder endlich meine Kleidung nach Farben zu sortieren.

Kampfbereit, mit dem festen Vorsatz, mich vom Leben und der Liebe nicht unterkriegen zu lassen, steckte ich das Post-it zu seinen Fotos, Briefen und Liebesbeteuerung in ein kleines Kistchen. Dieses Kistchen steht jetzt auf dem Kistchen von Sven, das wiederum auf David steht, das ich zwischen Marco und Simon gequetscht habe. Ich fürchte, bald umziehen zu müssen – nicht weil ich Platz für Mann und Kind brauche, sondern um die Erinnerungskisten meiner Verflossenen unterzubringen. (Bis dahin bleibt immer noch der Kleiderschrank.)

Da stehe ich also vor meinem Kistenberg der gescheiterten Beziehungen und stelle fest, dass keine dieser Partnerschaften – die von »leidenschaftlichen Liebschaften« bis hin zu »diesmal für immer« reichten – dem turbulenten Alltag einer Paarbeziehung standhalten konnte. *Leider* oder *Gott sei Dank* – das sei mal dahingestellt. Viel wichtiger ist die Frage nach dem *Warum*.

Ehrlich gesagt scheine ich die Einzige zu sein, die sich diese Frage überhaupt stellt. Denn Freunde und Familie konnten sie immer recht schnell beantworten. »Kein Wunder!« oder »War ja klar!« waren häufige Kommentare enger Angehöriger, wenn es mal wieder ganz überraschend – zumindest für mich – vorbei war. »Warum suchst du dir auch immer solche Männer aus, mit denen eine Beziehung von vornherein zum Scheitern verurteilt ist?«

Ja, warum? Und wieso haben mich all diese Besserwisser nicht gleich gewarnt und mir freundschaftlich von einer »von vornherein zum Scheitern verurteilten Beziehung« abgeraten? Die Antwort darauf gefällt mir gar nicht, denn ehrlich gesagt, das haben sie getan. Aber wer liebt und nicht hören will, muss fühlen.

Manche Erfahrungen kann man eben nur selbst machen, und aus Fehlern soll man ja bekanntlich lernen. Ich schiebe die Kisten zurück ins Regal und nehme mir vor, beim nächsten Mann alles anders und vielleicht sogar mal richtig zu machen. Im Folgenden werde ich mich einem Selbstversuch unterziehen, ob, wie und wo Frau um die dreißig den Mann fürs Leben findet, wenn sie gezielt nach ihm sucht.

Jetzt stellt sich nur noch die Frage, *wen* ich da eigentlich suche. »Der Mann fürs Leben«. Das ist immer so schnell dahingesagt. Meistens in Form einer Negation: »Er ist zwar nicht der Mann fürs Leben, aber er vögelt wie ein Weltmeister, und wir haben sehr viel Spaß zusammen.«

Zugegeben: Wir Frauen wissen immer sehr genau, wer *kein* Mann fürs Leben ist. Im Umkehrschluss die Frage zu beantworten, was diesen Mann ausmacht, der dem Kriterium »fürs Leben« standhalten kann, ist dagegen gar nicht so einfach. Und wann hat man überhaupt angefangen, bei der Partnerwahl über eine Zeitspanne nachzudenken, die sich auf den Rest des Lebens bezieht? Das hat man »früher« doch auch nicht getan. Wenn aus dem »Später« von früher plötzlich das »Jetzt« geworden ist, ist es dann schon zu spät oder einfach nur höchste Zeit?

Ich weiß, was ihr sagen wollt, aber vergessen wir einfach mal das ganze Theater um die biologische Uhr, die angeblich bei Frauen um die dreißig zu ticken beginnt. Kinder kriegen können wir auch noch, bis wir vierzig sind, sofern wir welche wollen oder überhaupt wissen, ob wir welche wollen. Ehrlich gesagt haben meine bisherigen Beziehungen nicht mal das Stadium erreicht, in dem man über das Thema Nachwuchs auch nur nachgedacht hätte. Eine Partner-Bahncard war bislang das höchste Maß an Verbindlichkeit.

Für meinen Selbstversuch nehme ich mir vor, die Zeit der »Bindung, ohne sich zu binden« (ein Satz, mit dem ein internationaler Telefonanbieter wirbt) ein für alle Mal hinter mir zu lassen. Trotzdem kann ich die Frage, wie der Mann sein sollte, an den ich mich für den Rest meines Lebens binden möchte, immer noch nicht so genau beantworten. Ich fühle mich ein bisschen wie Siddharta, der auszog, um das »Atman«, die ewige Essenz des Geistes, einfacher ausgedrückt, die Seele, zu finden. Der hatte bestimmt auch keine Ahnung, wonach er suchte. Erst als er es gefunden hatte, wusste er es.

Vielleicht wird genau das passieren. Vielleicht wird er eines Tages vor mir stehen und ich werde spüren: Das ist er. Diesen Mann habe ich gesucht. Mit diesem Mann will ich leben. Mit diesem und keinem anderen will ich die schönen, die schrecklichen, die aufregenden und zermürbenden Seiten des Lebens teilen. In seinen Armen will ich nachts einschlafen und in seine Augen möchte ich blicken, wenn ich aufwache. Jetzt, später, bis wir alt und grau sind und morgens halbblind nach unserem Gebiss tasten. Mit diesem Mann will ich reisen, lachen, weinen, streiten, leiden und lieben. Mit ihm will ich Kinder haben, oder auch nicht. Ich will für ihn da sein, mich an seiner Schulter ausweinen, die Nächte verquatschen, die Tage vertrödeln. Ich will Geschirr nach ihm werfen und gemeinsam die Scherben aufkehren. Mit diesem und nur diesem. Vielleicht wird genau das passieren: Plötzlich ist alles ganz klar und ganz einfach.

Vielleicht aber auch nicht. Vielleicht bin ich irgendwann alt und grau, wohne mit einer biestigen Katze zusammen, die mich nicht leiden kann, und sammle gläserne Elefantenfiguren. Und dann werde ich mich fragen, ob ich vielleicht damals, als ich noch jung und schön in der Blüte meines Lebens stand, einfach mal hätte suchen müssen. Für diesen Fall wird es höchste Zeit, jetzt über den eigenen Schatten zu springen, hinzufallen, aufzustehen und am Ende Bilanz zu ziehen: Findet Frau den Mann fürs Leben, wenn sie nach ihm sucht?

Die Regeln

Meine Mission ist es also, den »Mann fürs Leben« zu finden. Diesmal alles richtig, oder zumindest *anders* zu machen. Daher habe ich den Plan gefasst, mutig und klug zu sein.

Mutig genug, Orte und Wege auszuprobieren, die ich bisher noch nie in Betracht gezogen habe, um jemanden kennenzulernen. Neben uns allen bekannten und gefürchteten Möglichkeiten der konventionellen Partnersuche, wie Kontaktanzeigen, Internetplattformen oder diversen unangenehmen Single-Events, sollten unbedingt auch Gelegenheiten genutzt werden, die nicht offensichtlich nach »Ich bin alleine und verzweifelt« riechen. Orte, an die ich mich bisher noch nicht gewagt habe oder Orte, die ich tagtäglich besuche, an denen ich mich aber vielleicht noch nie richtig umgesehen habe.

Um Fehlerquellen, Fettnäpfchen und »hoffnungslose Fälle« diesmal von vornherein zu vermeiden, werde ich so klug sein, einige Regeln aufzustellen, an die es sich im anstehenden Dating-Marathon zu halten gilt. Außerdem werde ich versuchen, mich von rein oberflächlichen und äußerlichen Kriterien so weit wie möglich zu lösen. Dennoch sei vorab kurz erwähnt, dass mich »der Mann fürs Leben« schon optisch ansprechen sollte. Er muss nicht übermäßig attraktiv und darf auf keinen Fall *schön* sein. Aber mir sollte er gefallen.

Mich selbst würde ich als durchschnittlich attraktiv beschreiben. Keine Schönheit, eher ein »Typ«. Ich bin dunkelblond, habe langes, meist ungekämmtes Haar und eine undefinierbare Augenfarbe zwischen Grün, Grau und Blau. Meine Augen haben einen leicht mongolischen Einschlag, den sich niemand aus meiner Familie erklären kann. Ich bevorzuge es, wenn der Mann größer ist als ich, was bei meiner Größe von 1,58 Meter nicht zu viel verlangt sein sollte. Ich habe keine Modelmaße (nicht nur wegen der Körpergröße), aber auch keine Ess-Brech-Sucht. Ich bin schlank, wobei mein Körpergefühl je nach Stimmungslage variiert. Uneingeschränkt stolz (auch bei schlechter Laune) bin ich auf meinen Po. (Ich hörte, er solle toll sein!) Ich achte sehr auf den Klang einer Stimme, den ich im Gegensatz zu Gesichtern nie vergesse.

Ich habe keinen bestimmten Typ Mann, den ich bevorzuge – auch wenn mir meine Freundinnen eine Vorliebe für sizilianische Zementmischer und Schiffschaukelbremser unterstellen (ein hartnäckiges Gerücht, das während meiner Studienzeit entstanden und nicht mehr auszurotten ist). Ich gebe zu, ich liebe muskulöse Oberarme und durchtrainierte Körper. Aber genauso gern mag ich Männer, die nicht übermäßig eitel sind. Leider schließen sich diese beiden Kriterien sehr oft aus. Aber das ist nicht weiter schlimm, denn echter Sexappeal kommt eh von innen: Nichts macht einen Mann unwiderstehlicher als Selbstbewusstsein, Humor und Intelligenz. Hat er dann noch tolle Oberarme, umso besser.

Abgesehen davon habe ich einige persönliche Abneigungen, über die ich nicht hinwegsehen kann: Ich könnte mich nie in einen Mann verlieben, der vor dem Essen »Mahlzeit!« sagt, zur Verabschiedung dreimal auf den Tisch klopft, oder inflationär das Wort »schlichtweg« benutzt. Er dürfte auch unter keinen Umständen noch oder wieder bei seinen Eltern wohnen und keine LPG-Biomarkt-Mitgliedschaft besitzen oder haben wollen.

Ansonsten habe ich die gleichen Ansprüche wie wohl jede Frau. Dass er zu mir hält und mich so liebt, wie ich bin, setze ich genauso als selbstverständlich voraus, wie, dass er sich selbst mag, Humor hat, und mich im Bett glücklich macht – was er gern und oft tut. Er ist eben einfach völlig verrückt nach mir. Außerdem ist er kein Mörder, kein Perverser, kein Trinker, kein Junkie und kein entflohener Häftling. Ein ehemaliger Häftling oder ein trockener Alkoholiker wäre dagegen schon wieder denkbar. Schließlich hat jeder Mensch eine zweite Chance verdient.

Abgesehen von diesen Kleinigkeiten gelten folgende Grundregeln:

1. Kein Sex in der ersten Nacht!

Nein, auch nicht nur ein bisschen. Schließlich bin ich keine zwanzig mehr und lustige Bumsbeziehungen hatte ich genug. Wenn ich dem Mann fürs Leben begegne, wird er wohl noch ein bisschen warten können (und ich hoffentlich auch). Natürlich kann ich auch nicht entscheiden, ob jemand der Mann fürs Leben sein könnte, bevor ich nicht mit ihm geschlafen habe. Denn ein ausgefülltes Sexualleben ist neben der Tatsache, dass man sich gegenseitig respektiert und mehr als leiden kann, die wichtigste Grundvoraussetzung für eine lebenslange, glückliche Partnerschaft.

Beim Thema Sex gibt es nach meiner Erfahrung zwei Extreme, die beide gemieden werden sollten: Es gibt die eine Sorte Männer, die nach dem Erlegen ihrer Beute das Interesse verliert, sich nicht mehr meldet, oder nur, um irgendwann noch mal eine Nummer zu schieben. Das ist keine schlechte Sorte Männer, fällt aber in die Kategorie »Liebhaber«, »Bumsfreund« oder »Back-up-Mann für einsame Nächte«. Die viel fatalere Sorte sind jene, die einmal Sex pro Monat für ausreichend halten. Finger weg! Sehr frustrierende Angelegenheit, vor allem hinsichtlich der Zeitspanne *Leben*. Der Mann, der ein »Nein« in der ersten Nacht akzeptiert, aber spätestens beim zweiten oder dritten Treffen einen erneuten, wenn auch zarten Beischlafversuch startet, darf im Auge behalten werden.

2. Er muss zuerst wieder anrufen!

Ganz ehrlich, wir Frauen finden immer tausend Gründe, warum wir uns doch zuerst melden könnten, obwohl wir uns ganz fest vorgenommen haben, auf seinen Anruf zu warten. Wenn dieser Anruf *nicht* kommt, werden wir kreativ. Zuerst rufen wir – natürlich ohne jemandem davon zu erzählen – bei unserem Telefonanbieter an, um nachzufragen, ob möglicherweise eine Störung im Netz vorliege, weil das verdammte Ding einfach nicht klingelt. Spätestens, wenn der O2-Testanruf positiv verlaufen ist, vergessen wir unsere Restscham und heulen uns bei unseren Freundinnen aus.

Fieberhaft und meist betrunken überlegen wir gemeinsam, warum er sich nicht meldet. »Vielleicht ist ihm was passiert?«, spekuliert unsere beste Freundin. »Möglicherweise hat er sein Handy verloren«, legt die andere nach. »Oder er wurde überfallen.« – »Genau. Wahrscheinlich ist er einer alten Dame zu Hilfe geeilt, als ihr gerade die Handtasche gestohlen wurde. Dann haben ihn die Übeltäter niedergeschlagen. Jetzt liegt er im Krankenhaus und kann nicht sprechen, weil sie ihm die Zunge abgeschnitten haben. Außerdem haben sie ihm alle Finger gebrochen, sodass er keine SMS mehr tippen kann.« Das muss es sein. Spätestens jetzt, nach der vierten Flasche Sekt, sind wir alle davon überzeugt, dass er zusätzlich an Gedächtnisverlust leidet und wir die Einzige sind, die ihm seine Identität zurückgeben könnte. Angestachelt von dieser neuen Erkenntnis machen wir dann den fatalsten Fehler: Wir rufen ihn an.

»Es klingelt!« Die Freundinnen verstummen und unterdrücken ihr hysterisches Kichern. Er geht ran. Er weiß sofort, wer du bist, und, verblüffender Weise auch, wer er ist. Er hat sich nicht gemeldet, weil er einfach keine Zeit hatte. »Viel zu tun halt.« Dann fragt er, warum wir anrufen würden, und wir reden uns mehr schlecht als recht raus. Wir seien uns nicht sicher, ob wir unseren Regenschirm bei ihm vergessen hätten oder wollten nur eben mal nach dem Rezept von diesem köstlichen Käsekuchen fragen, von dem er so geschwärmt habe. »Nachts um zwei Uhr?« Ganz ehrlich: Scheißidee.

Eine Sache habe ich gelernt: Wenn ein Mann eine Frau wiedersehen will, wird er sich melden. Er ist weder zu schüchtern, noch hat er die Nummer verloren. Wenn er sich nicht mehr meldet, hat er *schlichtweg* kein Interesse.

3. Keine verheirateten Männer!

Ich weiß, was ihr sagen wollt: »Ich würde mich niemals mit einem verheirateten Mann einlassen!« Das ist sehr löblich und aus moralischer Sicht bestimmt ein guter Vorsatz. Aber dann, eines Tages, steht er plötzlich vor euch. Aus einem Blick wird ein zweiter, dann eine versehentliche Berührung, plötzlich der erste Kuss, gefolgt von einer Entschuldigung und einem noch viel leidenschaftlicherem Kuss. Ehe man sich versieht, hat man eine Affäre mit einem verheirateten Mann. Ihr trefft euch in seltsamen Städten wie Duisburg, Wuppertal oder Halle, wo euch niemand kennt und wo es außer dem Hotelzimmer nichts Interessantes zu sehen gibt. Dort verbringt ihr leidenschaftliche Stunden, jede Nacht, als wäre es die letzte. Kaum wieder getrennt und zu Hause, schreibt ihr euch verschlüsselte SMS. Es ist spannend und aufregend, der Reiz des Verbotenen heizt das Feuer eurer Leidenschaft an. Das unüberwindbare Hindernis »Ehe« schweißt euch zusammen. Das Schicksal von Romeo und Julia ist Kinderkram im Vergleich zu eurem.

Dann folgen die Eifersucht, die Sehnsucht, die Wut. Ein Ultimatum wird gestellt. Entweder er trennt sich, entscheidet sich für dich (was statistisch gesehen selten der Fall ist), oder du musst die Wahl treffen: Trennung oder die »ewig Zweite« sein? Egal wie es kommt, die Chancen, dass es gut gehen wird, stehen schlecht. Sollte er mutig, verliebt und wohlhabend genug sein, sich für dich zu entscheiden und seine Frau zu verlassen, wächst der Druck auf dich. Funktioniert es zwischen euch nicht, fühlst du dich schuldig, seine Ehe – ach was, sein Leben – zerstört zu haben. Auf der anderen Seite quält dich ein nicht zu ignorierendes und äußerst unangenehmes Gefühl in deiner Bauchgegend. Schließlich hat dieser Mann schon einmal sein »Versprechen fürs Leben« gegeben. An eine andere. Und wer einmal lügt, dem ... Kann man so einem Menschen vertrauen? Und ist Vertrauen nicht die Basis für jede funktionierende »Fürs Leben«-Beziehung? Ich fürchte schon.

Sollte es dir allerdings vor allem um den Nervenkitzel, um den Reiz des Verbotenen gehen, empfehle ich ein Verhältnis mit dem Kollegen oder dem Vorgesetzten – unverheiratet, versteht sich. Denn was könnte spannender sein als eine heimliche Nummer auf dem Kopierer, während die anderen im Meeting sitzen?

4. Kein Altersunterschied, der 12 Jahre übersteigt!

Zuallererst aus rein pragmatischen Gründen. Ich suche den »Mann fürs Leben« und gehe – optimistisch wie ich bin – nicht davon aus, schon morgen von einem Bus überfahren zu werden, sondern schätze den Rest meines Lebens tollkühn und sehr grob, auf noch vierzig bis fünfzig Jahre. Immerhin liegt laut Gesundheitsberichterstattung des Bundes in Deutschland die durchschnittliche Lebenserwartung für Frauen meines Jahrganges bei 76,2 Jahren*. Das heißt, das Objekt meiner Suche müsste zum jetzigen Zeitpunkt noch 46,2 Jahre durchhalten, damit er den Rest *meines* Lebens mit mir verbringen könnte.

Die entsprechende durchschnittliche Lebenserwartung für Männer beträgt allerdings nur 69,6 Jahre. Das wiederum bedeutet, dass der Mann, der zumindest statistisch gesehen eine faire Chance hätte, mich zu überleben, jetzt nicht älter als 23,4 Jahre sein dürfte. 23,4 Jahre? Irgendetwas stimmt da nicht! Mathe ist ein Arschloch!

Vielleicht ist das auch einfach zu radikal gedacht. Schließlich suche ich den »Mann fürs Leben« und nicht den »Mann, der nach mir stirbt«. Trotzdem bin ich der Meinung, dass Vaterkomplexe im Rahmen einer Psychotherapie behandelt werden sollten und

* *http://www.gbe-bund.de/gbe10/abrechnung.prc_abr_test_logon?p_uid=gastg&p_aid=&p_knoten=FID&p_sprache=D&p_suchstring=9120::Lebenserwartung#T1*

Männer, die das 18. Lebensjahr noch nicht erreicht haben, nicht nur zu unreif sein könnten, sondern möglicherweise einen Strafprozess wegen »Verführung Minderjähriger« nach sich ziehen. Daher würde ich spontan vorschlagen, der gesuchte Mann sollte sich möglichst zwischen dem 27. und dem 42. Lebensjahr bewegen. Dann erhöht sich auch die Chance, dass man im gleichen politischen System groß geworden ist und vielleicht einen Musikstil findet, den beide kennen und mögen. Im Notfall bleibt immer noch Michael Jackson.

5. Keine Männer, die in einer Lebenskrise stecken!

Diese Regel ist nicht zu unterschätzen. Denn eine solche Krise ist gerade bei der anvisierten Altersgruppe ein enormer Risikofaktor. Ich zitiere: »Mit dem Begriff Midlife Crisis (engl. für »Mittlebenskrise«) meint man umgangssprachlich einen psychischen Zustand der Unsicherheit im Lebensabschnitt von ca. 30 bis Anfang 50 Jahren.«*

Damit ist wirklich nicht zu spaßen: Stimmungsschwankungen, Grübeleien, depressive Verstimmungen, innere Unsicherheit, Unzufriedenheit mit dem bisher Erreichten (beruflich, partnerschaftlich, familiär) sind Symptome, die auch die schönste Beziehung unerträglich werden lassen. Das Schlimmste daran: Wir können nichts tun. Wir können unserem Partner nicht helfen, ihm nicht zur Seite stehen. Wir können nur möglichst schnell das Feld räumen und ihm die Chance geben, bei sich aufzuräumen und später mal wieder auf uns zuzukommen – wenn wir dann noch wollen. Denn Männer, die eine solche Krise bereits hinter sich haben und möglicherweise gestärkt und mit dem Gefühl innerer Reife aus

* *http://de.wikipedia.org/wiki/Midlife_Crisis*

diesem Lebensabschnitt hervorgegangen sind, dürfen durchaus wieder in Betracht gezogen werden.

Diese fünf Grundregeln sollten ausreichen, um grobe Fehler bei der anstehenden Partnersuche zu vermeiden und trotzdem noch eine reale Chance zu haben, *ihn* zu finden. Außerdem verderben zu viele Regeln den ganzen Spaß an der Sache. Und das sollte die Liebe immer noch an erster Stelle tun: Spaß machen.

DER 1. VERSUCH

Geld oder Liebe?

1. Rot – wie die Liebe

Nach dem Motto »Wer braucht ein Haus am Meer, wenn er eine Wohnung am Wannsee haben kann« ist meine Freundin Emma zusammen mit ihrem Mann in ein paradiesisches Zuhause nach Potsdam gezogen. Die Porsche fahrenden Nachbarn feiern am Wochenende eine Party und haben die beiden eingeladen. Emma hat gern zugesagt, allerdings sei ihr Mann beruflich verreist. So entstand das Angebot, eine Freundin mitzubringen. »Gern eine Singlefreundin«, da einige alleinstehende männliche Gäste erwartet werden. Und schon erhielt ich einen Anruf: »Christiane, du musst am Samstag nach Potsdam kommen: Es gibt Cocktails und potenzielle Heiratskandidaten!« Ach, ich liebe es, wenn Emma die essenziellen Dinge des Lebens ohne Umschweife in einen Satz packt. »Das wird ein super Fest, auf der Terrasse, direkt am Wannsee mit Singlemännern um die vierzig.« Ehrlich gesagt hätte ich schon wegen der Cocktails zugesagt. Aber wenn Freundinnen versuchen, einen zu verkuppeln, fühlt sich das immer irgendwie peinlich an.

»Emma, was verstehst du unter *potenzielle Heiratskandidaten*?« Sie überlegt kurz: »Reiche, ungebundene Männer.« Vielleicht sollte ich Emma vorschlagen, sich mit einer Begleitagentur selbstständig zu machen. Dann könnte sie mich das nächste Mal einfach buchen, wenn sie in Verlegenheit kommt, eine Singlefreundin auftreiben zu müssen.

Ich bin wirklich gemein. Emma ist der herzallerliebste Mensch, den ich kenne. Sie ist die einzige Frau, mit der ich befreundet bin, obwohl sie glücklich verheiratet ist und sogar ein Kind hat. Emma würde sich aufrichtig freuen, wenn ich einen wirklich tollen Mann kennenlernen würde, ihn heirate und Kinder kriege. Nicht aus reiner Selbstlosigkeit. Denn ihre zweite Babyrunde würde sie auch lieber zusammen mit einer ebenso schwangeren Freundin drehen.

Was soll's. Schließlich bin ich ab jetzt auf der Suche nach dem ominösen »Mann fürs Leben«. Verkupplungsaktionen durch Freunde gehören vermutlich dazu. Ich sage zu – unter einer Bedingung: »Nur, wenn du versprichst, mich nicht als *Christiane, meine Singlefreundin* vorzustellen.« – »Deal!«

Ich habe beschlossen, mich auf die Porsche-Party extrem gut vorzubereiten. Ehrlich gesagt rechne ich mit Yuppis, die sich über Geld, Promis und Autos unterhalten. So kommt es, dass ich Samstagmittag bei der Pediküre sitze und ein wenig in der »Gala« blättere, um für mögliche Gesprächsthemen gewappnet zu sein. Wer oder was ist denn bitteschön *Ina Müller*? »Die lauteste Geheimwaffe der ARD.« Das steht zumindest hier. Aha. Noch nie gehört. So laut kann die nicht sein. Als ich umblättere, zucke ich unwillkürlich zusammen, als mich das Gesicht von Jürgen von der Lippe angrinst. Ich wusste gar nicht, dass er immer noch im »Showbusiness« ist. Ich erinnere ich mich an eine seiner Sendungen, die ich als Kind immer sehr gern gesehen habe: »Geld oder Liebe?« Jürgen von der Lippe begrüßte drei weibliche und drei männliche Singles, die alle ein außergewöhnliches Hobby hatten. Anhand von »lustigen« Spielen sollte sich im Laufe des Abends zeigen, wer zu wem am besten passt. Am Ende konnten die Zuschauer per Telefon ihr Traumpaar wählen und die Kandidaten mussten sich vorab entscheiden: Geld oder Liebe? Das war immer so aufregend. Schade, dass es diese Show nicht mehr gibt.

Heute Abend werde ich in meiner persönlichen Feldforschung überprüfen, ob Geld möglicherweise eine gute Voraussetzung für Liebe sein kann oder ob man sich tatsächlich für eins von beidem entscheiden muss. Für die Fußnägel wähle ich Rot – wie die Liebe.

2. Die Porsche-Party

Als ich um kurz nach acht Uhr in meinem schönsten Sommerkleid völlig verschwitzt in Potsdam ankomme, frage ich mich, warum ich mir das alles überhaupt antue. Der Zug war gesteckt voll mit diesem Ausflugsverkehr. Menschen mit Fahrrad und Helm, Kind und Kegel. Ich finde, diese »Wir fahren am Wochenende raus ins Grüne«-Menschen sind echt die Pest. (Ich weiß, ich bin ja nur neidisch.)

Am Potsdamer Hauptbahnhof angekommen, fällt mein Blick auf ein riesiges Werbebanner: »Bahnhofspassagen – die Antwort auf alles.« Potsdamer Größenwahn oder eine geheime Botschaft?

Nach einer weiteren Straßenbahnfahrt bin ich endlich da. Ich gebe zu, ich freue mich, meine Emma endlich mal ohne Mann ganz für mich zu haben. So gut wie. Wir stecken den kleinen Schreihals ins Bett, trinken zwei bis vier Gläser Sekt (sie eines, ich drei) und reden ein bisschen über Arbeit und Sex, bevor wir uns zwei Stockwerke tiefer auf die Porsche-Party begeben.

Als wir mit einer Schüssel Salat, dem Babyfon in der Tasche und dem echt teuren Sekt (17 Euro!) gerade klingeln wollen, quäkt eine Stimme aus dem Babyfon. »Der Kleine weint«, stellt Emma betrübt fest. »Ja, nichts wie zurück! Kinder und Frauen gehen vor.« Also wieder rein in den Aufzug, ab nach oben, Milch warm machen, Lippenstift nachziehen, Wiegenlied singen, noch ein Gläschen Sekt und wieder ab nach unten.

Inzwischen ist es fast zehn Uhr, ich habe vier Gläser auf nüchternen Magen getrunken und fürchte, früher als geplant über das Geländer zu kotzen. Als uns niemand öffnet, was ein gutes – denn ungewöhnliches – Zeichen für eine Yuppi-Party ist, gehen wir außen rum, durch die Hecke, direkt auf die Terrasse. Diese Terrasse ist größer als mein Wohnzimmer und meine Küche zusammen. Doch ein erstes Scannen der Gesellschaft bestätigt meine Vermutung: Nichts dabei. Das sehe ich sofort. Weder der Mann fürs Leben noch für eine Nacht. Ob ich gleich wieder gehen kann? Zu spät. Schon werde ich den Gastgebern Bettina und Bernd vorgestellt und überreiche schweren Herzens meinen teuren Sekt.

Mein Magen knurrt. Obwohl es vielleicht nicht allzu vornehm ist, sich ohne Umwege auf das Buffet zu stürzen, ist es genau das, was ich jetzt tue. Es gibt Salate, Steaks und Würstchen. Das dürfte erst mal reichen, um meiner drohenden Ohnmacht vorzubeugen. Trotzdem: Wo ist eigentlich der Kaviar?

Emma setzt sich mit Monika und Franz, weiteren Nachbarn, zu mir und bringt uns zwei Gläser Weißwein mit. Wir lassen unsere Blicke schweifen. Die gesamte Wohnung ist sehr geschmackvoll eingerichtet, wäre da nicht dieser giftgrüne Filzteppichboden. »Ob sie den Teppichboden zur Einstimmung auf die WM ausgelegt haben?«, spreche ich meine Gedanken laut aus. »Ne, ne. Das ist Parkettschutz«, erklärt Moni wissend. »Nach unserer Einweihungsparty war unsere damalige Wohnung auch völlig zerstört.« Dann lacht sie sehr laut los und ich weiß nicht warum. Ich schneide mir ein großes Stück Fleisch ab und versuche, das Gespräch am Laufen zu halten.

»Und? Habt ihr auch Kinder? So wie Emma und ihr Mann?« – »Nein!«, antwortet Moni vehement. »Und wir wollen auch keine. Früher wollte ich mal welche, aber ich habe mich für die Karriere entschieden. Deshalb bin ich auch nach Potsdam gezogen. Und mein Mann hinterher, stimmt's Franz?« Franz nickt. »Meine Männer ziehen mir immer hinterher.« Noch lauteres Lachen.

»Wow! Respekt«, sage ich. »Meine Männer ziehen mir immer aus.« Betretenes Schweigen setzt ein. Ich kichere ein bisschen, um die Situation aufzulockern und Bettina stimmt schallend mit ein. Die Arme. Bestimmt hat sie sich immer Kinder gewünscht, aber jetzt muss sie die Kohle nach Hause schaffen, um ihrem Mann seine Yacht zu finanzieren. Scheiß-Emanzipation.

Emma lenkt das Gespräch auf andere Themen und fragt, ob sie hier einen direkten Zugang zum Wasser hätten. »Aber selbstverständlich ...« Ich schalte geistig ab und lasse meinen Blick erneut durch den Raum schweifen: übergewichtige Männer und solariengebräunte Frauen mit gebärfreudigen Becken, alle mit derselben Frisur. Bestimmt gibt es die in den Bahnhofspassagen. Na ja, das Steak ist echt gut.

»Komm, Christiane. Wie holen uns einen Cocktail!«, schlägt Emma vor. Auf der Terrasse gibt es eine Bar und ich bestelle uns zwei Mojito. Der Barkeeper sieht gar nicht mal so übel aus. Ich zwinkere Emma zu. »Der ist ganz süß, oder?« Emma lächelt. »Du hast wirklich einen Hang zum Personal, oder?« Da hat sie recht. Meistens gefallen mir die Kellner, Fahrer und Aufzugbegleiter am besten. Aber heute wollte ich mich doch mal zur Abwechslung auf wohlhabende Menschen konzentrieren. Nur Mut!

Mit dem Cocktail in der Hand wende ich mich einer Gruppe junger Männer zu und frage nach einer Zigarette. Das klappt immer, um ins Gespräch zu kommen. So lerne ich Achim den Arzt, Bernd den Immobilienmakler und Rocko kennen, der plattdeutsch redet und bei der Post arbeitet. Bestimmt gehört ihm der Laden, aber er stapelt ein bisschen tief, um nicht als Angeber dazustehen. Understatement ist der neueste Chic.

Achim trägt einen Ehering. Das wäre mir früher niemals aufgefallen, aber ab sofort achte ich auf so etwas (Regel Nummer drei). Ich erkläre Achim, dass ich kerngesund sei und wende mich sofort Bernd zu. »Immobilienmakler. Macht das Spaß?« – »Ja klar. Willst du vielleicht eine Eigentumswohnung kaufen?« – »Nein danke. Ich suche keine Wohnung, sondern den Mann fürs Leben.« Die Herren verstummen und blicken verlegen zu Boden. Ich fürchte, jetzt habe ich sie erschreckt. Im Versuch, die Stimmung zu heben, rede ich unbeirrt weiter: »Rocko, bist du dafür verantwortlich, dass bei mir immer nur Rechnungen und nie die Liebesbriefe ankommen? Kannst du da mal ein bisschen aufräumen, bei dir in der Post?« Jetzt lachen sie wieder und Rocko sagt: »Du erinnerst mich total an Ina Müller. Kennst du die?« – »Ja klar: Ina Müller – die lauteste Geheimwaffe der ARD! Ich erinnere dich an sie? Ist das jetzt gut oder schlecht?« Erneutes Lachen. Das war ja einfach.

Achim sieht eigentlich ganz gut aus. Man muss sich nur diesen Anzug wegdenken. Aber Finger weg von dem Mann mit dem Ring, ermahnt mich meine innere Stimme. Bernd geht beim besten Willen nicht. Ich brauche einen Mann mit Haaren auf dem Kopf. Der Rest des Körpers darf gern arschglatt sein, aber der Kopf sollte mich nicht an einen Babypo erinnern. Rocko ist irgendwie sympathisch. Er lacht sehr viel. Allerdings sieht er etwas mitgenommen aus. Als hätte er die letzten zehn Jahre sehr viel gefeiert. Passend zu dieser Feststellung hole ich mir einen zweiten Cocktail.

Ich unterhalte mich hier und da, nippe an meinem Glas und rauche eine Zigarette nach der anderen. Ich kann Small Talk nicht leiden und fange an, mich zu langweilen. Zurück im Wohnzimmer lehne ich mich müde gegen die Lehne der weißen Ledercouch und überlege, wie ich mich möglichst galant so früh schon wieder verabschieden könnte. Als mich die Mutter des Gastgebers höflich, aber bestimmt zurechtweist, mich bitte nicht gegen diese Couch zu lehnen, ist das mein Startsignal, diese Veranstaltung schleunigst zu verlassen. Am besten wieder durch die Hecke.

»Christiane, komm mit raus, Rocko macht seine Playbackshow!«, fordert mich Emma auf und zieht mich an der Hand auf die Terrasse. Playbackshow? Und ich dachte, es könnte nicht mehr schlimmer kommen.

Auf der Terrasse stehen alle jubelnd im Kreis gruppiert um Rocko. Mit einer leeren Colaflasche in der Hand – seinem Mikro – singt Rocko playback einen Song, den ich noch nie zuvor gehört habe. Dabei tanzt er, wirft sich auf den Boden, steht wieder auf, dreht sich um die eigene Achse und macht den Moonwalk.

Was soll ich sagen? Rocko ist der Hit, so wie er da im Halbdunkel voller Inbrunst seine selbstironische Tanzshow hinlegt. Dieser Mann hat Humor und kann sich bewegen. Eine Kombination, die dazu führt, dass ich mein erstes Urteil korrigieren muss und er das Prädikat »verbraucht, aber irgendwie sexy« erhält.

Emma lächelt mich an. »Ich würde sagen, du hast deinen Meister gefunden!« Emma weiß, dass ich selbst eine leidenschaftliche Alleinunterhalterin bin und dieses Talent an Männern sehr schätze. Es geht doch nichts über eine gesunde Portion Exzentrik. Rocko ist zwar nach wie vor nicht mein Typ, aber sein Attraktivitätsgrad ist gerade auf einer Skala von eins bis zehn von zwei auf fünf, vielleicht sogar sechs, angestiegen. Ich beschließe, meine Flucht durch die Hecke noch ein bisschen zu verschieben. Vielleicht bin ich manchmal einfach nur zu ungeduldig mit den Männern, der Liebe und mir.

Als mich Emma nach einem kurzen Soundcheck am Babyfon auf die Tanzfläche zieht, fange ich tatsächlich an, mich zu amüsieren. Ich habe auch Emma schon lange nicht mehr so ausgelassen erlebt. Ein Abend ohne Baby und Mann scheint ihr offensichtlich gutzutun. Ehe ich mich versehe, packt mich Rocko am Arm, dann an der Hüfte und wirbelt mich über die Terrassendielen. Na gut, auch dreimal gegen die Wand, zweimal geben wir uns eine Kopfnuss und einmal falle ich um. Dafür kann er aber nichts. Ich habe einfach schon zu starke Koordinationsschwierigkeiten und daher unsere Unfälle selbst zu verantworten.

»Ina Müller, du bist der Wahnsinn«, ruft Rocko in seinem lustigen Akzent, als ich erschöpft in seine Arme sinke. »Wie hast du dich nur auf diese Party verirrt?« – »Bahnhofspassagen!« – »Was?«

Okay, das klappt nicht. Dann versuche ich es mal mit der Wahrheit: »Na ja, ich bin die Freundin der Nachbarin und suche den Mann fürs Leben. Bisher läufst du außer Konkurrenz, aber ich suche auch erst seit heute.« Rocko lacht laut los. »Du bist echt so, oder?« Das verstehe ich jetzt nicht. »Noch ein Tänzchen?«

Um drei Uhr morgens legen auch Rocko und ich mal eine Pause ein. Ich trinke sicherheitshalber nur noch Wasser, da sich mein Gegenüber sonst langsam, aber sicher in John Travolta verwandelt. Mit Blick auf den Wannsee erzählt mir Rocko seine Lebensgeschichte. Er fährt keinen Porsche, sondern tatsächlich ein gelbes Postfahrrad. Mit 27 Jahren hat er die Frau geheiratet, die er drei Jahre lang zuvor tagtäglich mit Post belieferte. Nach vier Monaten haben sie sich wieder scheiden lassen, denn mit dem Ring war die Liebe weg. Ganz plötzlich. Er hat keine Kinder und nicht wieder geheiratet. Heute ist er 41 Jahre alt, mal Single, mal nicht. »Ich finde, du siehst älter aus.« Er lacht. »Hab halt schon 'n ganzes Stückchen Leben gelebt. Das sieht man mir halt an, ne?« Wir unterhalten uns, bis die Sonne über dem Wannsee aufgeht. Am Ende verabschieden wir uns mit einem Kuss auf die Wange. Und noch einem.

3. Der Kater

Als ich in Emmas Bett aufwache, brummt mein Schädel. Trotzdem bin ich froh, von Babygeschrei und nicht von einem Penis zwischen meinen Beinen geweckt zu werden. Als sich meine Erinnerungen langsam wieder zusammenfügen, stelle ich fest, dass ich einen überraschend lustigen Abend mit einem Mann verbracht habe, der keinen Porsche fährt und nicht besonders viel Geld verdient. Der plattdeutsch redet, Ina-Müller-Fan ist und mehr Falten hat als mein Sommerkleid nach einer durchtanzten Nacht. Ein Wiedersehen mit Rocko wird es zwar sicher nicht geben, aber der tanzende Postbote hat mir einen zum Scheitern verurteilten Abend gerettet. Wer weiß, vielleicht erhalte ich doch noch mal einen Liebesbrief?

Was ich gelernt habe:

1. Auf der Suche nach dem »Mann fürs Leben« sollte man möglichst nüchtern bleiben, um der Gefahr zu entgehen, sich jemanden »schön zu trinken« (Emma findet, das sei ein sehr guter Vorsatz).
2. Den Satz »Ich suche den Mann fürs Leben« sollte man nur dann laut aussprechen, wenn man ihn gleich wieder loswerden will.
3. Meinen »Hang zum Personal« sollte ich unbedingt beibehalten und die Post auch mal persönlich abfangen.

DER 2. VERSUCH

Der letzte Held

1. Lola – mein virtuelles Ich

Eigentlich hört man immer nur gruselige Dinge über Internetbekanntschaften. Angeblich wimmelt es im Netz von verheirateten Männern, die sich als Singles ausgeben und über Onlinebörsen außereheliche sexuelle Abenteuer suchen. Oder von solchen, die nach demütigen Gespielinnen trachten, um ihren Strumpfhosen- oder im schlimmeren Fall Anpinkel-Fetisch auszuleben. Daneben gibt es die sogenannten Erfolgsstorys. Also die wenigen Ausnahmen glücklicher Partnerschaften, die ohne das Internet niemals zustande gekommen wären und oftmals vor dem Altar ihr reales Happy End gefunden haben. Ich habe beschlossen, diesem Geheimnis nun selbst auf die Spur zu gehen – online, versteht sich.

Skeptisch wie ich bin, entscheide ich mich für eine kostenlose Internetbörse. Aus zwei Gründen: Erstens, sie kostet nichts. Zweitens kann ich mich von dem Vorurteil nicht befreien, dass Männer, die für Internetbekanntschaften auch noch Geld ausgeben, ziemlich verzweifelt sein müssen. Natürlich lässt sich dagegen argumentieren, dass solche Männer nun mal keine Kosten scheuen würden, wenn es darum gehe, eine interessante Frau kennenzulernen. Oder eben reich seien. Aber diesmal lasse ich mich nicht vom Geld locken. Nein, ich will Liebe und erstelle mir folgendes Profil:

»Ich bin weiblich, 29 Jahre jung, Figur sportlich, wohne in Berlin und heiße ›Lola‹«. Zugegeben, dass klingt ein bisschen *porno*, aber bleibt dafür im Kopf. Ich lade ein Foto hoch, das genug von mir preisgibt, um meine Angaben zu verifizieren und dennoch zu wenig, um mich auf der Straße wiederzuerkennen. Ich verrate, dass ich 1,61 Meter groß bin (na gut, drei Zentimeter dazugeschwindelt, aber wer wird schon nachmessen?) und dunkelblondes Haar habe. Bei »bevorzugte Freizeitbeschäftigungen« schreibe ich: Reisen, Kino, Tanzen, Sprachen, Schreiben, Klettern, Schach. Von hundert zu beantwortenden Fragen wähle ich nur fünf aus. Schließlich sollte es auch noch genug Geheimnisse und Gesprächsstoff geben, worüber man sich bei einem echten Treffen unterhalten könnte. Ich gebe außerdem an, dass ich einen Mann für »eine feste Partnerschaft« suche und vermerke als Statement, dass ich niemanden zuerst anschreiben werde. Das lässt sich als Abwandlung der Regel Nummer zwei ganz gut rechtfertigen, wie ich finde: Er muss sich zuerst melden.

Ich klicke auf »Profil veröffentlichen«, verlasse meinen Schreibtisch und gehe in den Garten rauchen. Eine Zigarettenlänge später habe ich schon sechs Nachrichten in meinem Account. Das läuft ja wie geschmiert.

Nach drei Tagen habe ich von zwanzig Zuschriften nur einem Mann geantwortet. Alles was mit »Hallo Lola. Lust auf ein Abenteuer?« oder ähnlich begann, habe ich sofort gelöscht und den unbekannten Lüstling auf meine Sperrliste gesetzt. Das bedeutet, dass mich diese Person nicht mehr anschreiben kann. Dem Mann, dessen Foto nicht sofort ein Schaudern, sondern sogar ein Lächeln bei mir ausgelöst hat, der offensichtlich des Alphabets mächtig ist und hier und da einen witzigen Satz geschrieben hat, habe ich gern geantwortet. Er nennt sich »Der letzte Held von Neukölln«, hat braune, kurze Haare, ein sympathisches Lachen – wenn auch ein etwas peinliches Unterhemd an. Sein Profil verrät mir, dass er 28 Jahre alt ist, in der Medienbranche arbeitet, eine feste Partnerschaft sucht, keine Kinder hat, aber sich vorstellen könnte, irgendwann welche zu bekommen. Er mag: Bücher lesen und schreiben, Musik hören und machen, Sport treiben, aber noch lieber Sport schauen. Seine Oberarme sagen etwas anderes. Ich muss zugeben, sie gefallen mir.

Wir schreiben uns ein paar Floskeln hin und her und nach einem Tag Geplänkel gebe ich dem Helden zu verstehen, dass ich ein Treffen in echt und in Farbe der virtuellen Welt vorziehen würde. Er lässt sich nicht zweimal bitten und schlägt vor, sich übermorgen, am Samstag, um 20 Uhr am Hermannplatz zu treffen. Neukölln, wo sonst.

2. Tag der Wahrheit

Ehrlich gesagt habe ich zwei Tage später überhaupt keine Lust auf ein Date. Trotz schönstem Sommerwetter ist mir eher nach alleine ins Kino gehen zumute. Heute ist einer dieser Tage, an denen ich mich lieber ein bisschen selbst bemitleiden würde. Ich will lieber ausgiebig traurig darüber sein, keinen Partner zu haben, der mit mir Händchen haltend durch den Mauerpark schlendert, anstatt aktiv gegen mein Singledasein vorzugehen. Ich komme mir vor wie ein Produkt, das bisher niemand vermisst hat und das sich noch dazu selbst vermarkten muss. Wird er enttäuscht sein, wenn er mich sieht? Werde ich enttäuscht sein, wenn ich ihn sehe? Wie viel Wahrheitsgehalt steckt in einem Foto, wie viel Authentizität in Chat-Nachrichten? Vielleicht werde ich seine Stimme hassen, oder seinen Geruch nicht leiden können. Welches Parfüm soll ich auflegen? Soll ich eines auflegen? Werden wir uns überhaupt so nahe kommen, dass wir uns riechen können? Fragen über Fragen einer äußerst unmotivierten und sich ziemlich bescheuert fühlenden *Lola*.

Ich reiße mich zusammen. Eine Frau, ein Wort, ich werde hingehen und mich nach spätestens zwei Stunden einfach wieder verdrücken. Damit das auch sicher klappt, bitte ich meinen besten Freund Tom, mich gegen 22 Uhr anzurufen und irgendeinen Notfall zu simulieren.

»Du musst nur anrufen. Ich werde dann irgendetwas sagen wie: ›Oh Scheiße. Okay. Beruhig dich erst mal. Ich bin gleich da.‹« Tom lacht. »Christiane, wenn der Typ nicht total bescheuert ist, wird er das durchschauen.« – »Kein Problem«, sage ich. »Wenn der Typ nicht total bescheuert ist, wird das nicht passieren.« Tom wünscht mir viel Glück.

Als ich mich zu Hause umziehe, stelle ich fest, dass die lustlose Grundhaltung, in der ich gerade feststecke, eigentlich die optimale Voraussetzung für so ein Date ist. Geradezu gelangweilt ziehe ich mir Jeans und T-Shirt an, flechte mir einen seitlichen Zopf und schminke mich so dezent, als würde ich direkt ins Büro fahren.

Kurz nach 20 Uhr stehe ich vor dem China-Imbiss am Hermannplatz. Inzwischen bin ich doch wieder ein bisschen aufgeregt, vor allem, weil ich Sorge habe, ihn nicht zu erkennen. Panisch sehe ich einen jungen Mann nach dem anderen auf mich zukommen, und – Gott sei Dank – an mir vorbeiziehen. Bitte, bitte, nicht der, denke ich, als ein sichtlich betrunkener Kerl auf mich zuwankt. In diesem Moment werde ich von hinten an der Schulter angetippt und kann ein kurzes Kreischen nicht unterdrücken. »Entschuldige. Ich wollte dich nicht erschrecken. Bist du Lola?«

Ich gebe zu, ich bin erleichtert. Das hätte schlimmer kommen können. Er entspricht seinem Profilfoto, ist einen Kopf größer als ich, trägt ein enges T-Shirt, Jeans und Dreitagebart. Fast hätte ich vergessen, dass ich tatsächlich Lola bin, und gleichzeitig ärgere ich mich, dass ich mir nicht etwas Hübscheres angezogen habe. Ich nicke und reiche ihm meine Hand. Er nimmt sie und verwandelt unsere Begrüßung in eine schüchterne Umarmung. Er riecht gut.

»Hallo. Ich bin Daniel. Krass, ich hab dich sogar von hinten erkannt.« – »Na ja, das könnte auch daran liegen, dass ich die Einzige hier bin, die nicht mit Bier und Schäferhund auf dem Boden sitzt.« Er lacht und eine charmante Zahnlücke zwischen den Schneidezähnen lugt hervor. Daniel schlägt vor, mir seine Lieblings-Bar zu zeigen. Allerdings müsse er noch schnell Geld abheben.

Als ich vor der Sparkasse stehe und warte, lausche ich gezwungenermaßen einem Gespräch zwischen zwei Punks, die neben mir auf dem Boden sitzen. Der eine sagt zum anderen: »Ey, Alter! Und weeßt de, woran det liegt? Weil keener mehr die Bräute auf der Straße anquatscht. Det läuft heute anders, weeßt de. Über Internet und so'n Scheiß!« Dann rülpst er. Ich fühle mich ertappt und schaue beschämt zur Seite.

Fünfzehn Minuten später sitze ich mit Daniel im Garten einer neu eröffneten Bar. Er erklärt mir, dass in Neukölln innerhalb von einem Jahr über zwanzig neue Kneipen aufgemacht hätten. »Neukölln ist *das neue Mitte.*« Daniel ist sehr stolz auf seinen Kiez. »Und du bist der letzte Held?«, frage ich in Anspielung auf sein Internetpseudonym. Er nickt. »Ach, das ist mir so eingefallen, weil ich das Gefühl habe, es gibt kaum noch echte Männer. Irgendwie sind alle trans oder metro und was weiß ich. Schuld daran ist David Beckham.« Aha. Das verstehe ich nicht. Daher starte ich einen Themenwechsel und frage Daniel nach seiner Arbeit in der Medienbranche. Er erzählt, dass er Drehbuchautor sei und gerade an einem Kinospielfilm schreibe – ein echtes Herzensprojekt. Ab und an übernehme er auch Auftragsarbeiten für das Fernsehen, um Geld zu verdienen. »Serien und so'n Schrott. Nicht gerade meine Lieblingsbeschäftigung, aber schnell verdientes Geld. Und du? Was machst du so?« Ich seufze. »Ach Schatz, lass uns nicht über die Arbeit sprechen.« Daniel stimmt mir zu und holt uns die zweite Runde Alster.

Es dauert nicht lange und wir versuchen, uns beide zu rechtfertigen, warum so augenscheinlich tolle Menschen wie wir sich auf so erbärmliche Art und Weise – übers Internet – soziale Kontakte suchen. Erst reden wir uns damit raus, dass wir eh den ganzen Tag vor dem Rechner verbringen und da würde es ja naheliegen ... »Ehrlich gesagt, ich finde es einfach bequem«, gibt Daniel nach einem großen Schluck zu. »Du siehst vorher schon, was du kriegst und kannst bestimmte Parameter auf deine Vorstellungen abgleichen. Und wenn ich noch ehrlicher bin, fehlt mir gerade einfach der Mut, Frauen auf der Straße anzusprechen. Seit mit meiner Freundin Schluss ist, bin ich irgendwie nicht mehr derselbe.«

Da ist er also: der Haken. Daniel hat Liebeskummer. »Wie lange ist das her?«, frage ich möglichst einfühlsam nach. »Knapp einen Monat. Willst du auch einen Schnaps?« Ich denke kurz darüber nach, weil ich mir ja vorgenommen habe, mir niemanden schön zu trinken, aber mein Kopf nickt, bevor ich zu Ende gedacht habe. Was soll's. Schließlich gäbe es bei Daniel kein böses Erwachen. Er sieht wirklich gut aus.

In der nächsten Stunde erfahre ich von seiner letzten Beziehung. Die Trennung steckt ihm noch ziemlich in den Knochen. »Weißt du, Lola, ich kam nach Hause, hatte voll gute Laune, war früher dran als sonst und wollte sie zum Essen ausführen. Und da stand dieser nackte Mann in meinem Bad. In meinem Bad, in meiner Wohnung! Nackt!« – »Oh Scheiße.« Daniel kippt den Schnaps. »Genau. Oh Scheiße. Kein Anstand. Die betrügt mich in meiner eigenen Wohnung.« Ich überlege, ob ich Daniel von dem Post-it erzählen soll, das ich vorfand, als mich mein letzter Freund, der »Häschen-Mann«, verlassen hat. Aber ich lasse es sein. Im Gegensatz zu seinem Schicksal war das noch eine sehr höfliche Art, Schluss zu machen. Hätte ich eine nackte Frau in meinem Bad vorgefunden, würde ich vermutlich gerade lebenslang absitzen. Ich hole die nächste Runde Schnaps und rede Daniel aufmunternd zu. Aber ich fürchte, ich habe was Falsches gesagt, denn plötzlich fängt er an zu weinen.

»Ich habe sie wirklich geliebt. Ich habe noch nie jemanden so geliebt wie sie. Und es vergeht kein Tag, an dem ich nicht an sie denken würde.« Ich nehme ihn ein bisschen in den Arm und streichle über seinen Kopf. »Daniel, so etwas braucht Zeit. Ein Monat ist viel zu kurz. Du brauchst viel länger, um diesen Verlust zu betrauern.« Oh Mann, ich klinge wie eine schlechte Mischung aus Dr. Sommer aus der »Bravo« und Dr. Schmidbauer aus der »Psychologie heute«. Der Alkohol und dieser traurige junge Mann machen mich ganz melancholisch, und ehe ich mich versehe, kullert auch eine Träne über meine Wange.

»Mein Exfreund hat mich immer Häschen genannt«, schluchze ich los. Daniel und ich sehen uns an und fangen plötzlich an zu lachen. »Häschen ist ganz schön fies. Prost Häschen.« Wir stoßen an. »Jetzt sitze ich hier und heul dich voll, wegen meiner Exfreundin. Das ist nicht so ein Date, wie du es dir vorgestellt hast, oder?« Ich reiche uns beiden eine Serviette zum Schnäuzen. »Na ja, immerhin bist du ehrlich. Und glaub mir, ich habe mir dieses Treffen viel schlimmer vorgestellt. Eigentlich ist es doch ganz amüsant, oder?«

Als Punkt 22 Uhr mein treuer Freund Tom anruft, frage ich ihn, was es gäbe. »Christiane, bist du betrunken oder hält dir jemand eine Pistole an den Kopf?« – »Ach so. Ja. Nein, also alles okay. Ich melde mich morgen bei dir.« Ich lege auf und grinse. Daniel fragt, ob das mein Alibi-Anruf war. Ich nicke schuldbewusst und schmeiße zur Strafe die nächste Runde.

3. Hübsch inkonsequent

Gegen ein Uhr torkeln Daniel und ich zusammen zur U-Bahn. Wir umarmen uns lange und geben uns ein Küsschen auf den

Mund. »Übrigens, ich heiße gar nicht Lola. Aber wenn du willst, darfst du mich weiterhin so nennen. Hauptsache, du sagst nicht Häschen.« Daniel zückt sein Handy und speichert meine Nummer unter »Lola« ein.

»Willst du auch meine Nummer haben?« Ich schüttle den Kopf: »Nein, nein, nein. Ich rufe keine Männer mehr an.« Daniel findet, das sei sehr konsequent. Als ich schon fast im U-Bahn-Schacht verschwunden bin, klingelt mein Telefon. Ich drehe mich um und Daniel grinst mit erhobenem Handy zu mir runter: »So. Jetzt hast du sie trotzdem, meine Nummer. Danke für den Abend. Und du bist sehr hübsch.« Ich winke ihm zu und schaffe es gerade noch, zwischen den automatisch schließenden Türen zu verschwinden. Inkonsequent wie ich bin, speichere ich in der U-Bahn seine Nummer ein. Man kann ja nie wissen.

Was ich gelernt habe:

1. Neukölln ist »das neue Mitte«.
2. Echte Männer können noch weinen.
3. Männer, die Liebeskummer haben, kann man trösten, aber nicht heiraten.

Zehnjähriges Abitreffen – oder: »Bauer sucht Frau«

1. Bärchen?

Als ich per E-Mail die Einladung zu meinem zehnjährigen Abitreffen bekomme, trifft mich fast der Schlag. Zehn Jahre? So lange soll das schon her sein? Ich rechne nach und stelle fest, dass seit »Abi(kalypse) 2000« tatsächlich schon zehn Jahre vergangen sind. Es kommt mir vor, als wäre es gestern gewesen. Besonders gern erinnere ich mich an die Zeit nach den Prüfungen und vor der Notenbekanntgabe, in der wir die Nächte in der einzigen Disco unserer Stadt durchtanzt und bei Sonnenaufgang nackt im Gerolfinger Weiher gebadet haben. Oh du schöne Jugendzeit.

Ich wundere mich ein wenig über meine plötzlich aufkommende Melancholie. Eigentlich bin ich nie gern zur Schule gegangen. Ich war weder ein Cliquen-Mädchen, noch bin ich jemals mit irgendjemandem aus meinem Jahrgang »gegangen«, wie wir damals so schön sagten. Ich hatte zwar von der neunten Klasse bis weit über das Abitur hinaus einen festen Freund (fast fünf Jahre und damit meine bisher längste Beziehung), aber David ging nicht auf meine Schule. Trotzdem, David und ich gehörten zusammen und jeder wusste das. Mich gab es nur im Doppelpack. Mit ein paar Mädchen aus meinem Jahrgang war ich zwar irgendwie befreundet, aber ich traf sie nur, wenn David keine Zeit für mich, oder wir mal wieder Streit hatten.

Ich krame in dem IKEA-Karton unter dem Bett und finde meine alte Abizeitung. Da steht doch tatsächlich: »Bei Christiane bist du gänzlich chancenlos, weil sie nur Augen für ihr *Bärchen* hat: David – der Mann ihres Lebens!« Bärchen? Der Mann ihres Lebens? Waren die besoffen, als sie das geschrieben haben oder aber – was noch viel schlimmer wäre – habe ich das damals wirklich geglaubt? Ich fürchte, ich hielt im zarten Alter von 17 bis 22 tatsächlich David für den Mann meines Lebens. Diese Dummheit würde ich mir aufgrund meines unschuldigen Alters verzeihen. Aber dass ich ihn »Bärchen« genannt habe, niemals!

David und ich haben uns nach fünf gemeinsamen Jahren getrennt. Zuvor hatte er in den USA als »Au-pair-Bärchen« gearbeitet. Ich war bereits mitten im Studium und reiste in den Semesterferien durch die Weltgeschichte. Für dieses Jahr, in dem wir getrennte Wege gingen, hatten wir uns gegenseitig »Freiheiten« erlaubt. Schließlich wollten wir für immer zusammenbleiben und jeder sollte noch ein paar Erfahrungen sammeln dürfen, bevor wir uns der lebenslangen Monogamie hingeben würden. Während ich vor Sehnsucht nach ihm fast verging, hat sich das Bärchen schön durch die USA geschmust. Ich zwang mich zwar auch zu dem einen oder anderen freiheitlichen Beischlaf, aber fühlte mich hinterher jedes Mal wie eine schäbige Verräterin. Nach unserem Jahr »Auszeit« war nichts mehr so wie vorher. Der Zauber unserer unschuldigen Liebe war verflogen und wir trennten uns. Nach fünf Jahren war ich erstmals ein echter Single. Von diesem Zeitpunkt an konnte ich freiheitlichen Beischlaf auch endlich genießen.

Ich antworte der Einladung von Sabine Huber, die im Alter von dreißig Jahren tatsächlich noch immer die E-Mail-Adresse Salsabiene1980@web.de benutzt, und sage dem Klassentreffen zu. Schließlich bin ich auf der Suche nach dem Mann fürs Leben. Und wer weiß, möglicherweise habe ich damals, vor lauter Bärchen, den einen oder anderen übersehen.

2. Zurück in die Zukunft?

Als ich zwei Tage vor dem Treffen von Salsabiene1980 eine Mail mit »all den Infos für das Wann und Wo« erhalte, überlege ich, den ganzen Blödsinn doch wieder abzusagen. Anstatt uns in der alten Stammkneipe in der bayerischen Heimatstadt zu treffen, wird ein Ackerplatz an einem See beschrieben (man soll Badesachen mitbringen), der eine halbe Stunde Autofahrt über Land bedeutet. Dort werden Bierbänke aufgebaut, für »leckeres Essen und Softdrinks« (!) wird gesorgt sein. Heißt das, ich muss mir mein Bier selbst mitbringen? Außerdem, wenn ich Auto fahren muss, wie soll ich mich dann betrinken? Und ohne Trinken werde ich diese Zeitreise wohl kaum überstehen. Bestimmt haben alle super Jobs, liebevolle Partner und im schlimmsten Fall schon Kinder. Ich fürchte, mich erwarten glückliche Mütter, Frauen mit Baby- und Männer mit Bierbäuchen.

Ich habe zwar keinen Babybauch, aber wenigstens ist mir auch der Bierbauch erspart geblieben. Außerdem sollte ich jetzt endlich aufhören, meine Selbstzweifel in Intoleranz gegenüber glücklichen Menschen zu verkehren. Ich fahre da hin. Immerhin freuen sich meine Eltern, ihre an die Großstadt verlorene Tochter endlich mal wieder für ein Wochenende zu Hause zu haben.

Mit einem Rollkoffer an der Hand betrete ich nach sechs Stunden Zugfahrt und zweimal Umsteigen mit dem Linienbus das Kopfsteinpflaster meiner Heimatstadt. Als ich das blau-weiße

Verkehrsschild für »Fußgängerzone« entdecke, bekomme ich erste Beklemmungen und kurz Atemnot. Falls ich den Mann fürs Leben hier finden sollte, und er immer noch in dieser Stadt wohnt, wird unsere erste gemeinsame Aktivität sein Umzug sein. Auch Liebe hat ihre (Landes-)Grenzen.

Das Angebot meiner Eltern, mich zum Klassentreffen zu fahren, lehne ich schon aus Trotz ab. Denn früher haben mich meine Eltern auch nie irgendwohin gefahren. Da konnte ich noch so sehr bitten und betteln. Kein Sturm, kein Hagel, nicht mal Schnee konnte meine Eltern umstimmen. Ich musste bei Wind und Wetter überall mit dem Fahrrad hinstrampeln. Heute fahre ich selbst, nicht nur um meine Unabhängigkeit zu demonstrieren, sondern auch – und das ist der eigentliche Grund – um wenigstens diesmal meinen Vorsatz einzuhalten und gezwungenermaßen nüchtern zu bleiben. Sonst trinke ich mir womöglich noch einen Bauern schön und erwache geschwängert im Hühnerstall.

Als ich auf dem Ackerplatz am See (ein veralgter Weiher) ankomme und in viele unbekannte Gesichter blicke, habe ich fast das Gefühl, mich vorstellen zu müssen. »Seid ihr Abi 2000?« Einige grinsen, andere sehen mich fragend an. Ich interpretiere das als ein »Ja« und quetsche mich zwischen zwei Leute.

»Hallo Christiane«, sagt das Mädchen neben mir. Sie lacht über meinen hilflosen Blick: »Ja sag mal, erkennst du mich nicht?« Die fremde Frau umarmt mich. »Doch. Jetzt schon. Alexandra Prölß! Dein Parfüm ist immer noch Laura Biagiotti, stimmt's?« Daran habe ich sie tatsächlich erkannt. Sie saß in Französisch neben mir. Alexandra nickt. »Und deines ist immer noch Hypnotic Poison.« Da hat sie recht. Sollte ich wirklich seit zehn Jahren mein Parfüm nicht gewechselt haben?

»Wie geht's David, deinem Bärchen?« Ich spüre, dass ich einen roten Kopf bekomme. »Ganz gut, glaube ich. Er ist verlobt und wohnt in Italien. Also nicht mit mir, sondern mit seiner Verlobten.« Betretenes Schweigen meiner Gegenüber. »Oh. Das tut mir leid. Geht's dir denn gut?« Ich muss lachen: »Wir haben uns vor über sieben Jahren getrennt. Ich glaube, ich bin allmählich über ihn hinweg.«

Alexandra dagegen hat ihre Jugendliebe geheiratet und weiß seit einer Woche, dass sie schwanger ist. »Wir hatten es nicht geplant, aber jetzt freuen wir uns sehr auf das Baby. Ich heiße jetzt übrigens Meyer.« Ich sage: »Glückwunsch«, und bin nicht sicher, ob das jetzt zynisch geklungen hat.

Ich frage Alex, wer diese ganzen Männer hier sind. »Der mit dem Vollbart hinten links. Wer ist das?« Sie sieht mich verblüfft an. »Das ist der Wolle.« Ich fasse es nicht. »Der kleine Wolle, dem der fiese Greininger damals sein Heft zerrissen hat?« Alex sieht mich betreten an und erzählt mit Grabesstimme, dass Herr Greininger letztes Jahr gestorben sei. An einem Herzinfarkt. Ehrlich gesagt wundert mich das gar nicht. Der alte Greininger war unser Lehrer in Physik und Mathe. Er hatte regelmäßig cholerische Anfälle und uns noch in der Oberstufe die Hefte zerrissen, wenn wir mit der falschen Farbe unterstrichen haben. So viel zum hervorragenden Schulsystem in Bayern.

»Und wer ist die Gothic-Braut daneben?«, leite ich unauffällig vom Thema Tod zurück ins Leben. Alex räuspert sich und flüstert in mein Ohr: »Das ist Anna-Maria Eckel.« – »Anna-Maria Eckel? *Die* Anna-Maria Eckel? Das kann nicht sein!« Alexandra grinst. »Doch, das ist sie.« Ich muss sagen, Anna-Maria hat sich mehr als verändert. Ich habe sie als blonden Rauschgoldengel mit zartrosa Wangen in Erinnerung, der sich noch in der 13. Klasse selbst »Mausi« nannte und auf die Frage nach ihrer besten Freundin stolz »meine Mutter« sagte. Ich bin ziemlich beeindruckt von dieser radikalen Typveränderung und versuche, Anna-Maria-Mausi hinter den schwarz geschminkten Augen und dem vielen Silberschmuck, den sie sich ins Gesicht gesteckt hat, zu erkennen. Echt schwierig. Vielleicht auch deshalb, weil aus den blonden Engelslocken ein schwarz gefärbter und halbseitig rasierter Kopf wurde. Auf der rasierten Stelle befindet sich ein Riesentattoo, wenn ich das richtig erkenne, ein Pentagramm. Und ich dachte immer, Menschen ändern sich nicht …

Ich kenne Anna-Maria schon seit der Grundschule. Allerdings erteilte mir ihre Mutter in der dritten Klasse Hausverbot. Zum einen, weil ich mehrere Male die Marzipanfrüchte aus ihrem Puppenhaus angeknabbert habe, die anscheinend nur Deko waren, und zum anderen, weil ihre Mutter meinte, ich sei kein guter Umgang für ihre Mausi. Einmal beschwerte sie sich sogar bei meiner Mutter über meine Angewohnheit, Ken und Barbie nackt auszuziehen und aufeinanderzulegen. Ha! Das hat sie nun davon. Ich habe zwar nach wie vor eine ausgeprägte Sexualität, aber immerhin kein Pentagramm am Kopf!

»Wahnsinn. Ich hätte sie nie im Leben erkannt. Das sind bestimmt zwanzig Piercings allein im Gesicht. Meinst du, sie hat auch ein paar ein Intimpiercings?« Alexandra wird rot: »Keine Ahnung. Das weiß ich nun wirklich nicht …« Ich freue mich irgendwie, dass Anna-Maria, wenn auch etwas verspätet, die Abnabelung von ihrer Mutter doch noch gelungen ist, und winke ihr zu, um ihr meinen Respekt zu signalisieren. Sie freut sich und winkt zurück.

Ich lasse meinen Blick weiter in die Runde schweifen. Nach einigen Anfangsschwierigkeiten kann ich den Stimmen, und allmählich auch den Gesichtern, Namen zuordnen. Die anderen Frauen haben sich kaum verändert. Bei den Männern wird es schon schwieriger. Die damals coolen Typen sind tatsächlich dick geworden oder leiden an verfrühtem Haarausfall. Ein paar Nerds sind dagegen zu richtigen Stylos mutiert. Zumindest rein äußerlich. Aber wenn man jemanden noch als den schüchternen Streber aus der ersten Reihe kennt, der bis zur zwölften Klasse Obstschnittchen in einer Tupperbox mit sich führte und geheult hat, wenn er eine Drei bekam, dann helfen weder Koteletten noch Seitenscheitel mit Pony, um über sein wahres Wesen hinwegzutäuschen. Einmal Nerd, immer

Nerd. Das liegt aber auch an der Kleinstadt, denn in Berlin ist gerade der Nerd-Look total angesagt. Dort ist der Typ, der Hochwasser-Karottenjeans und Hornbrille trägt, der wahre Stylo.

Ich nehme meinen Softdrink und geselle mich zu einer Gruppe, die sich am Ufer des Weihers auf dem letzten Fleckchen Sonne ausgebreitet hat. »Hey, Christiane! Schön, dich zu sehen. Bist du extra aus Berlin angereist?« Ich nicke und freue mich, Stimme und Gesicht sofort einem Namen zuordnen zu können. »Ja klar. Sonst hätte ich dich die nächsten zehn Jahre wieder nicht gesehen«, antworte ich Melanie, einer meiner damals wenigen Freundinnen. Ich setze mich zu ihr in die Sonne und wir plappern sofort drauflos, als wäre kein Tag seit dem Abi vergangen.

»Weißt du noch, wie wir in deinem Garten ›Sauren Apfel‹ von Berentzen getrunken und danach gekotzt haben?« Ich muss lachen. Klar weiß ich das noch. Das war mein erster richtiger Rausch. Aber von »Saurem Apfel« würde ich vermutlich auch heute noch kotzen. Ich frage mich sowieso, warum man als Jugendliche immer so einen süßen Scheiß gesoffen hat.

Melanie ist inzwischen Ärztin und wohnt in Wiesbaden. Sie ist kinderlos und Single. »Ich wüsste gar nicht, wann und wo ich jemanden kennenlernen sollte«, klagt sie mir ihr Leid. »Entweder ich müsste mich in einen Kollegen verlieben, in einen Pfleger oder in einen Patienten, was in einer geriatrischen Klinik echt schwierig werden könnte.« – »Was für 'ne Klinik?« – »Altersmedizin.« Ich rede ihr Mut zu, dass doch bestimmt viele knackige Enkel ihre Großeltern besuchen kommen würden. Außerdem seien die Oberärzte bestimmt auch nicht zu verachten. »Vergiss es!«, schimpft Meli. »Die Alten werden kaum besucht. Wieso auch? Die erkennen oft ihre eigenen Kinder nicht wieder. Und die Ärzte sind die Schlimmsten von allen. Die leben nur für ihren Beruf und bumsen die Schwestern. Und du? Hast du einen Freund? Immer noch das Bärchen?« Ich gebe Meli eine Kurzzusammenfassung meiner letzten zehn Jahre und berichte ihr von meinem aktuellen

Selbstversuch, den Mann fürs Leben zu finden. Sie meint, ich sei immer noch so eine naive Romantikerin wie früher.

Plötzlich hält mir jemand von hinten die Augen zu. Ich taste die Hände ab. Es handelt sich um einen Mann, ohne Ring. Ich spreche meine Hoffnung einfach mal laut aus und rate: »Jens?« Ehrlich gesagt hatte ich sehr gehofft, dass er kommen würde und siehe da, mein Wunsch wurde erhört. »Jens, wie schön. Lass dich mal anschauen. Ach, immer noch ein Bild von einem Mann.« Jens grinst mich an. »Du hast aber auch im Kühlschrank geschlafen, oder? Gut siehst du aus. Noch jünger und immer noch so zart wie eine Butterblume.«

Jens und ich waren beste Freunde. Wir gingen zusammen Ski laufen, Kanu fahren oder im Altmühltal wandern. Irgendwie haben wir uns mit der Übergabe des Abiturzeugnisses ziemlich schnell aus den Augen verloren (damals gab's noch kein Facebook). Jens ist inzwischen Ingenieur und reist beruflich das halbe Jahr durch die Welt, von China über Südamerika bis Russland. Ich gebe zu, ich bin beeindruckt.

»Und Berlin? Ich hoffe sehr für dich, dass du noch nie in Berlin warst. Sonst hättest du mich wohl mal besucht, oder?« Jens legt den Arm um mich. »Schande über mich, Christiane. Ich wusste nicht mal, dass du in Berlin bist. Wie geht's deinem Bärchen?« Oh Mann, am besten ich male mir gleich mal ein großes Schild mit einem durchgestrichenen Bärchen drauf. »Das musst du ihn selbst fragen. Und du? Verliebt, verlobt, verheiratet?« Jens grinst: »Eigentlich ist mein Job nicht beziehungskompatibel, aber ich habe gerade eine unglaublich tolle Frau kennengelernt. Bin sozusagen frisch verliebt.« Ich versuche mir meine Enttäuschung nicht anmerken zu lassen und sage: »Wow. Das klingt ja super. Freut mich für dich. Erzähl doch mal!«

Jens und ich unterhalten uns den ganzen Abend. Wir schwelgen in alten Erinnerungen und erzählen uns von den Höhepunkten und Tiefschlägen unserer letzten Jahre. Von Reisen, die wir gemacht haben, Menschen, die wir geliebt, und Chancen, die wir verpasst haben.

»Weißt du eigentlich, dass ich mal total in dich verliebt war?«, fragt mich Jens, der nicht auf Alkohol verzichtet hat. »Wann?«, frage ich erstaunt zurück. »So kurz vor dem Abitur. Ich habe versucht, es dir zu sagen, aber mich nie richtig getraut. Dann hatte ich mir vorgenommen, dich beim Abistreich einfach zu küssen, aber dieser Plan ist kläglich gescheitert. Du hattest dein Bärchen im Schlepptau und warst noch dazu sternhagelvoll. Du hast allen erzählt, dass du jetzt so viel trinken könntest, weil du schließlich deine Facharbeit über die Anonymen Alkoholiker geschrieben hättest.« Jens muss bei dieser Erinnerung lachen. Ich nicht. An den Abistreich kann ich mich eh kaum noch erinnern. Ich weiß nur noch, dass ich mit David gestritten und anschließend in die Raucherecke gekotzt habe.

»Das habe ich wirklich nicht gemerkt«, stammle ich los. »Tut mir leid, wenn ich ...« – »Ach was«, unterbricht mich Jens. »Schnee von gestern. Weißt du was? Jetzt gehen wir erst mal eine Runde schwimmen. So wie früher.« Jens zieht sein T-Shirt aus, dann seine Jeans. In diesem Moment denke ich an alles Mögliche, aber sicher nicht an mein Bärchen. Was für ein Mann!

3. Die Erkältung

Es dauerte nicht lange, bis die gesamte Abikalypse 2000 im dreckigsten Algenweiher von Oberbayern planschte. Ich gebe es ja nur ungern zu, aber ich habe mich schon lange nicht mehr so gut amüsiert. Eigentlich hat sich nichts geändert, außer dass sich Anna-Maria Eckel nicht mehr »Mausi«, sondern »Morgana – schwarze Hexe des Altertums« nennt.

Am nächsten Morgen habe ich eine fette Erkältung und eine Prellung am Hintern. Meine Arschbombe vom Baum ins Wasser ging irgendwie schief. Jens habe ich meine Nummer gegeben. »Für den Fall, dass du mal in Berlin ist«, habe ich ihm gesagt. Gedacht habe ich: »Für den Fall, dass du nicht mehr verliebt bist.« Ich glaube, er hat mich verstanden.

Wie der alte Greininger zu sagen pflegte: »Man lernt nie aus.«

1. Wenn man zehn Jahre braucht, um eine verpasste Chance zu erkennen, ist es vermutlich zu spät.
2. Mausi hat ein Intimpiercing. (Um genau zu sein, ein sogenanntes Christina-Piercing, das vertikal in der Falte gestochen wird, an der die äußeren Schamlippen oben zusammenlaufen.)
3. Auch wenn ich immer noch aussehe wie 18: Aus dem Arschbomben-Alter bin ich raus.

DER 4. VERSUCH

Der Schwiegersohn

1. Die Verlobung

Bevor ich zurückfahre in den »Moloch Berlin« – wie mein Vater zu sagen pflegt –, nutze ich meine kleine Landpartie, um mit meinen Eltern einen ausgiebigen Spaziergang durch den Wildpark zu machen. Als wir am Gehege der kleinen Wildschweinchen stehen bleiben und diese trotz Verbotsschild mit rohen Spaghetti füttern, reden wir über mein neues Vorhaben, den Mann fürs Leben zu finden.

»Suchst du den nicht schon seit Jahren?«, will mein Vater wissen. »Nein Papa, ich habe nicht gesucht. Ich habe mich finden lassen. Von den falschen Männern. Und da waren weder Lehrer noch Schauspieler dabei.« Mein Vater hat mir von klein auf eingebläut, mich auf keinen Fall mit einem Vertreter dieser beiden Berufsgruppen einzulassen. Schauspieler seien immer auf Reisen, nie sesshaft, ein »Zirkusvolk«. Und Lehrer seien grundsätzlich Besserwisser. Ich hoffe inständig, dass Schubladendenken nicht erblich ist.

»Christiane, ich weiß jemanden für dich!«, freut sich meine Mutter. Wir bekommen heute Nachmittag Besuch. Von den

Reinhardts, zu Kaffee und Kuchen. Erinnerst du dich an sie? An die beiden Söhne bestimmt: der Markus und der Hans. Als ihr noch Kinder wart, haben wir sie oft in Beilngries besucht.« Mein Vater unterbricht ganz aufgeregt meine Mutter: »Der Hans, der wird demnächst die Kanzlei von seinem Vater übernehmen, von meinem Freund, dem Peter. Das ist eine der größten Kanzleien der Stadt. Neben meiner.« Meine Mutter rollt genervt mit den Augen. »An deinen Freund Peter wird sie sich bestimmt nicht mehr erinnern. Als Kinder habt ihr mit dem Hans und dem Markus immer ›Räuber und Gendarm‹ gespielt.« Meiner Mutter stehen sofort Tränen der Rührung in den Augen. »Du wolltest immer den Polizeihelm haben und trotzdem der Räuber sein.« Anscheinend hat mein Therapeut recht: Ich bin eine äußerst ambivalente Persönlichkeit.

Ich glaube, mich dunkel an die ominösen Reinhardts erinnern zu können. »Wollte der Hans nicht Koch werden?« Mein Vater winkt ab. »Du wolltest auch Stewardess werden. Aber die nehmen halt niemanden unter 1,60 Meter.« Er grinst. Ganz schön frech für einen Mann, der mit einer Größe von 1,72 Meter meinen Minderwuchs eindeutig zu verantworten hat. »Ja, wollte ich. Dann wäre ich jetzt mit einem adretten Piloten verheiratet, würde zwischen Rio und L.A. jetten und Postkarten aus aller Welt schicken, anstatt mit euch Wildschweine zu füttern. Was auch schade wäre«, füge ich schnell noch an.

»Bleib doch noch auf ein Stück Kuchen. Dann kannst du dir den Hans mal genauer ansehen. Der Markus ist schon verheiratet. Aber der Hans ist eh der Attraktivere. Ein richtiger schöner junger Mann. Stimmt's?« Mein Vater nickt und legt nach: »Und bald Geschäftsführer …« – »… der Kanzlei von deinem Freund Peter, ich weiß. Das sagtest du schon.«

Was soll's. Ein Stück Kuchen geht immer. Keine Chance sollte ungenutzt bleiben. Schließlich haben mich meine Eltern gezeugt und großgezogen. Die müssten eigentlich am besten wissen, wer gut für mich ist. Auch wenn ich schon ein bisschen Angst habe, vor einem Mann, der Hans heißt. Die spinnen, die Bayern.

2. Die Hochzeit

Punkt 15 Uhr klingelt Familie Reinhardt an unserer Tür und wird mit einem großen Hallo begrüßt. Mutti Reinhardt kneift mir zur Begrüßung tatsächlich in die Wange und fragt: »Bist du jetzt die Kleine oder die Große?« Ich vermute, diese Frage bezieht sich auf die Existenz meiner älteren Schwester. »Ich bin Christiane, 29 und somit die Jüngere. Und ja, auch die Kleinere.« Und du bist ohne Zweifel die dicke Mutti Reinhardt. Diese Feststellung verkneife ich mir. Dann betritt Hans unseren Flur. Ich gebe zu, er hat sich gemacht. Ich kann mich zwar nicht mehr so genau an den kleinen Hansi erinnern, aber dieser Mann sieht in der Tat gut aus: groß, gut gebaut, markante Wangenknochen. Ich würde sagen: ansehnlich. Er hat eindeutig die Statur seines Vaters. Gott sei Dank.

Hans grinst mich an und gibt mir die Hand: »Hallo. Christiane, richtig?« Ich nicke. »Wohnst du immer noch hier?« – »Nein, ich bin nur zu Besuch, auf einer Reise in meine Vergangenheit. Außerdem bin ich auf der Suche nach …« Meine Mutter fällt mir ins Wort: »Sie hatte zehnjähriges Abitreffen. Kommt doch rein. Es gibt Apfelkuchen. Mit Sahne.«

Eine Stunde und zwei Stück Kuchen später erzählt Freund Peter stolz von dem hervorragenden Examen, das *der Hans* gemacht hat. »Er war unter den zehn Besten!« Hans seufzt genervt. »Lass doch, Papa. Das interessiert doch niemanden.« – »Doch!«, findet mein Vater. »Mich schon. Ich wäre auch sehr stolz, wenn eine meiner Töchter Jura studiert und meine Kanzlei übernommen hätte. Aber die eine wollte unbedingt Ärztin werden, obwohl sie Krankenhäuser hasst und kein Blut sehen kann. Und unsere Christiane hier wollte eben etwas studieren, was *Spaß* macht.« Wenn mein Vater das Wort »Spaß« benutzt, klingt es immer wie ein Schimpfwort. »Ich geh mal eine rauchen«, ist mein Kommentar zu diesem Gespräch. »Ich komme mit!«, sagt Hans. Unsere Eltern fangen gleichzeitig an, über das Rauchen zu schimpfen. »Wieso müsst ihr jetzt rauchen?«, fragt mein Vater. »Weil es Spaß macht«, antwortet Hans und zwinkert mir zu. Da sieh mal einer an: Der Hans sieht nicht nur gut aus, sondern hat auch Humor. Auf meine Mutter ist einfach Verlass.

Auf der Terrasse, außer Hörweite, frage ich Hans nach einem ersten Zug, warum er um alles in der Welt seinen Sonntagnachmittag mit Kaffee und Kuchen bei Freunden seiner Eltern verbringe. »Ich hatte Beziehungsstress und musste mal ein Wochenende raus aus München«, lautet seine Antwort. »Während du eine Reise in deine Vergangenheit machst, bin ich auf der Flucht vor meiner Gegenwart.« Das klingt ja wirklich tragisch. Da ich mich nicht schon wieder um einen liebeskranken Mann kümmern möchte, frage ich besser nicht nach, warum er sich mit seiner Freundin gestritten habe.

Hans und ich schweigen eine Weile und lassen unseren Blick schweifen. Dabei entdecke ich ihn: direkt im Garten gegenüber, zwischen den Rosensträuchern. Ein junger Gott auf Erden, getarnt als Gärtner: braun gebrannter, muskulöser Körper, blonde Haare und ein Gesicht, an dem man sich nicht sattsehen kann. Er trägt eine ausgewaschene Jeans, kein T-Shirt und hantiert mit einer Gartenschere zwischen den Sträuchern herum. Ich dachte immer, solche Männer existieren nur in amerikanischen Fernsehserien.

Er muss meinen Blick gespürt haben, denn plötzlich sieht er nach oben und unsere Augen treffen sich. Er hält inne, steht auf und kommt in meine Richtung. Mein Herz droht, stehen zu bleiben. Wie in Zeitlupe schlendert er auf mich zu, bis er ganz dicht vor mir steht, auf der anderen Seite vom Zaun. Alles, was uns jetzt noch trennt, ist grüner Draht und erotisch aufgeladene Luft.

Adonis zieht die Gartenhandschuhe aus und streicht sich eine widerspenstige Haarsträhne aus dem Gesicht. Kleine, glänzende Schweißperlen zieren seine braun gebrannte Stirn.

»Entschuldigt, dürfte ich von euch eine Zigarette schnorren?« Euch? Ach je, ich hatte den Hans schon fast vergessen. Noch bevor ich antworten kann, hält ihm Hans schon seine offene Schachtel entgegen. »Hier. Bedien dich. Ich bin übrigens der Hans. Und du?« Der sexy Gärtner nimmt lächelnd eine Zigarette aus der Schachtel, zündet sie in aller Ruhe an, bevor er antwortet: »Freut mich, Hans. Ich bin Nils.« Der Marlboro-Mann ist ein Scheiß dagegen.

Die beiden Männer reichen sich die Hände. »Hallo Nils. Ich bin Christiane«, dränge ich mich in die Vorstellungsrunde. Nils sagt: »Freut mich, Christiane.« Er schüttelt meine Hand, ohne seinen Blick von Hans abzuwenden. Die beiden sehen sich noch eine gefühlte Ewigkeit in die Augen. Als ich gerade fragen will, ob ich störe, sagt Nils: »Danke Hans, und bis später«. Dann kehrt uns das Prachtexemplar von Mann den Rücken und wendet sich wieder seinen Rosen zu. Hans und ich sehen ihm verträumt hinterher. »Der ist wirklich schön!« – »Unglaublich schön«, stimme ich Hans zu. »Wissen deine Eltern, dass du schwul bist?« – »Na ja, ich habe die letzten zwei Jahre mit meinem Lebensgefährten zusammengewohnt. Aber meine Eltern nennen ihn immer nur meinen *Mitbewohner*. Ich glaube, sie denken, Schwulsein ist ein vorübergehender Zustand, der geheilt werden kann. Was soll's. Wir haben uns eh gerade getrennt.«

Hans macht eine nachdenkliche Pause. Dann grinst er mich an: »Sobald ich die Kanzlei meines Vaters übernommen habe, werde ich mich offiziell outen. Entweder bei der Jahresversammlung mit allen Kompagnons, oder gleich vor dem Obersten Gerichtshof.« Wir müssen lachen. »Gib mir Bescheid. Das will ich auf keinen Fall verpassen. Allerdings werden meine Eltern viel enttäuschter sein als deine. Mein Vater wünscht sich so sehr, dass ich einen

Juristen heirate.« – »Tu das bloß nicht!«, sagt Hans. »Die haben keinen Humor.«

Unsere Eltern beobachten uns wohlwollend durch die Terrassentür. Ich überlege kurz, Hans vorzuschlagen, mich eben mal leidenschaftlich zu küssen, aber womöglich ist ihm das unangenehm. Hans scheint meine Gedanken zu lesen und legt den Arm um mich: »Also Christiane, aus dir ist eine richtig schöne Frau geworden. Das muss ich sagen. Wenn ich Männer nicht so toll fände, würde mir eine Frau wie du gefallen.« Dann gibt er mir ein Küsschen auf die Wange. »Ich glaube, unsere Eltern bestellen schon das Aufgebot.«

Zurück in der Wohnung ziehe ich meine Mutter unauffällig in die Küche. »Mama, sag mal, kennst du den Gärtner von den Nachbarn?« Meine Mutter sieht mich fragend an. »Ja. Das ist der Nils. Der sieht gut aus, gell? Der hat versprochen, uns auch so ein Hochbeet anzulegen wie den Nachbarn.« – »Toll, Mama. Hast du seine Nummer?« Meine Mutter sieht mich vorwurfsvoll an. »Sag mal, du kriegst aber auch den Hals nicht voll. Gefällt er dir nicht, der Hans?« Ich muss schmunzeln. »Mama, die Nummer ist für den Hans.« Meine Mutter hält sich die Hand vor den Mund und fängt an zu kichern.

3. Die Scheidung

Bei der Verabschiedung im Flur drücke ich Hans einen Zettel in die Hand. »Hier, ruf doch mal an.« Darauf steht Nils Nummer. Freund Peter klopft mir zum Abschied auf die Schulter: »Na, dann werdet ihr Kinder euch jetzt ja vielleicht öfter sehen.« – »Klar«, sage ich. »Spätestens bei meiner Scheidung. Die übernimmt dann nämlich der Hans. Ich weiß zwar noch nicht, wen es treffen wird, aber wir ziehen ihm die Hosen aus, versprochen?« – »Versprochen«, sagt Hans und zwinkert mir noch mal zu. Als die Tür hinter den Reinhardts ins Schloss fällt, sieht mich mein Vater verzweifelt an: »Also Christiane, mit solchen Sprüchen findest du nie einen Mann.« Ich lege meinen Arm um meinen verwirrten Vater, führe ihn ins Wohnzimmer und sage: »Lieber Papa, ich werde dir jetzt mal was über Männer erzählen. Siehst du den Mann da drüben im Garten ...?«

Was ich gelernt habe:

1. Traumschwiegersöhne sind nicht mehr das, was sie mal waren.
2. Es gibt Eltern, die sind verzweifelter als meine.
3. Meine Mutter hätte mir glatt den Gärtner vorenthalten.

DER 5. VERSUCH

Getanzter Sex

1. Tango Argentino

Im Zug Richtung Berlin schaue ich aus dem Fenster und lasse meinen Gedanken freien Lauf. Während die deutschen Vorgärten an mir vorbeiziehen, ziehe ich Bilanz über meine bisherigen »Errungenschaften«: Hans mag Männer, Jens ist frisch verliebt – in eine andere – und Daniel hat Liebeskummer. Rocko kommt nicht infrage. Zu alt und zu verlebt, obwohl ich zugeben muss, dass ich mit ihm am meisten Spaß hatte.

Irgendwie habe ich das Gefühl, dass ich eher an Männer *gerate*, anstatt sie gezielt auszuwählen. Ich bin ein Schmetterling im Sturm. Ein Ahornblatt im reißenden Bach. Eine Pusteblume im Großstadtdschungel. Während ich nach weiteren weniger abgeschmackten Metaphern suche, die meine aktuelle Männersituation beschreiben, entscheidet sich die zufällige Auswahl meines I-Pods für »Una musica brutal« von Gotan Project. Argentinischer Tango löst immer eigenartige Gefühle in mir aus. Diese Musik schafft es, mich zu Tränen zu rühren und zugleich mit Glück zu erfüllen. Ambivalente Musik für eine ambivalente Persönlichkeit. Tango ist die musikalische Übersetzung von beiden Seiten der Liebe:

von deren Schönheit und deren Schmerz. Die Liebe wäre nicht so schmerzhaft, wenn sie nicht so schön wäre, und vermutlich nicht so schön, wenn sie nicht so schmerzhaft wäre. Ach, was bin ich heute wieder melancholisch. Lassen wir mal eben die Melancholie beiseite. Dann ist Tango nämlich vor allem eines: Sinnlichkeit. Oder: »getanzter Sex«.

Ich liebe es, tanzen zu gehen. Egal welcher Musikstil, Hauptsache man kann sich dazu bewegen. In Clubs tanze ich auf Electro, auf albernen Partys auch mal Salsa, genauso wie kurdische Volkstänze auf Straßenfesten oder den Moonwalk zu jeder Gelegenheit. Nicht, dass ich irgendetwas davon beherrschen würde, aber ich kann es einfach nicht lassen, meinen Hintern zu bewegen. Auch wenn ich den Moonwalk besser nicht mehr in Flip-Flops tanzen sollte. Das endete damit, dass ich mit einem geschienten Fuß auf Sylt am Strand lag, anstatt wie geplant die Tage mit Wattwanderungen und Beachvolleyball zu verbringen.

Als ich so über meine Tanzleidenschaft nachdenke, fällt mir auf, dass ich noch nie einen Freund hatte, der gern mit mir tanzen gegangen wäre. Auch keinen, der es trotzdem getan hätte – wenn auch ungern. Den Satz »Ich tanze nicht« habe ich mindestens genauso oft gehört wie »Ich bin einfach nicht beziehungsfähig«. (Langweilig!) Vielleicht gibt es da einen unmittelbaren Zusammenhang? Vielleicht sind Männer, die gern tanzen und es womöglich auch noch können, die optimalen Beziehungspartner. Vielleicht hätte ich es doch mal mit Rocko versuchen sollen? Vielleicht ist dieser Gedanke aber auch zu weit hergeholt. Trotzdem, es muss da draußen doch attraktive, intelligente und lustige Männer geben, die auch tanzen wollen – und zwar mit mir. Es ist schon beschlossene Sache: Ich werde mich zu einem Tanzkurs anmelden. Und was könnte geeigneter sein als Tango? Denn getanzter Sex ist auch beim ersten Date erlaubt.

Wieder zu Hause recherchiere ich mit der Google-Umkreissuche Tangostudios in meiner Umgebung. Das Ergebnis ist überraschend: Ich scheine geradezu in einer Tango-Hochburg zu leben. In meiner Nachbarschaft reiht sich ein Studio an das nächste und alle werben mit Schnupperstunden und der Möglichkeit, auch ohne Partner vorbeizukommen. Wenn ich beim Tango Argentino keinen tanzwütigen und noch dazu sinnlichen Mann kennenlerne, wo dann?

2. »Der vertikale Ausdruck eines horizontalen Verlangens« (G.B. Shaw)

Vier Tage später ist es so weit: meine erste Tangostunde. Ich habe mich für den fortgeschrittenen Anfängerkurs angemeldet. Das ist zwar ein bisschen gemogelt, aber ich würde lieber jemanden kennenlernen, der schon ein bisschen tanzen kann und mir nicht ständig auf den Füßen rumtritt. Außerdem habe ich die letzten Tage mit Hilfe von YouTube-Videos schon den Grundschritt geübt und bin daher keine blutige Anfängerin mehr. Ich glaube, so schwer ist das nicht. Brust raus, Bauch rein, Kopf hoch und los geht's. Man schiebt sich durch den Raum, wobei sich die Frau ganz der Führung des Mannes anvertrauen soll. Das gefällt mir. Schön alle Verantwortung abgeben.

Eine Stunde vor meinem ersten Kurs bin ich dann doch ein bisschen aufgeregt. Ich lege meine Tango-CD ein, um mich ein bisschen auf den Abend einzustimmen. Mit einem Glas argentinischem Rotweins setze ich mich an meine Spiegelkommode, schminke mich ein bisschen, stecke meine Haare nach oben und lege dezent Parfüm auf. Ich entscheide mich für ein schwarzes, bequemes Kleid und meine goldenen Ballerinas – sicherheitshalber, um mir nicht gleich in der ersten Stunde was zu brechen.

Um 20 Uhr betrete ich das kleine Tangostudio in Prenzlauer Berg. Neugierige Blicke fallen auf mich – »die Neue«. Nachdem ich meine Kursgebühr in Höhe von zwölf Euro bezahlt und mich artig beim Tanzlehrer vorgestellt habe, setze ich mich neben drei Damen auf eine kleine Holzbank. Diese nicken mir lächelnd zu und ich lächle zurück. Ich tippe bei ihnen auf Kolleginnen. Vielleicht aus einer Bankfiliale oder aus einem Reisebüro. Nach Dienstschluss zeigen sie ihr wahres Gesicht: In allen von ihnen steckt eine Femme fatal. Bestimmt auch in mir. Ganz sicher. Die hat sich bisher nur sehr erfolgreich versteckt.

Die Herren stehen zusammen am anderen Ende des Raumes und bezahlen die Kursgebühr. Wo ist eigentlich mein Herr? Bisher gibt es drei Männer und drei Frauen. Und mich. Ich hoffe sehr, dass noch jemand ohne Tanzpartnerin kommt und sich meiner führungsvoll annimmt. Die Damen plaudern über dies und das, während sie ihre Straßenschuhe gegen hochhackige Tangoschuhe tauschen. Ich sitze etwas unbeholfen daneben und versuche meine Irritation über ihr Schuhwerk zu verbergen. Wie soll man auf diesen Absätzen laufen, geschweige denn tanzen können? Ich dachte, solche Schuhe trägt man maximal für eine versaute Nummer im Bett. Mit einem verschämten Blick auf meine ausgeleierten Ballerinas überlege ich, vielleicht doch besser wieder die Biege zu machen.

Zu spät. Der Tanzlehrer schließt die Tür und begrüßt uns zum Kurs für Fortgeschrittene. Dass ich mich aber auch immer selbst in so unangenehme Situationen bringen muss. Die ersten Tangoklänge ertönen, ich schiebe meine Zweifel tapfer beiseite und stelle mich zu den anderen Teilnehmern in den Kreis. Während wir uns mit Biegen, Strecken und Hüftkreisen gemeinsam aufwärmen, stirbt meine letzte Hoffnung auf einen Singlemann. Alle Anwesenden sind als Paar gekommen. Mann – Frau, Mann – Frau, Mann – Frau, und ich. Und der Tanzlehrer, der gerade erklärt, dass es schön wäre, wenn heute aufgrund von Frauenüberschuss die Männer reihum gewechselt werden könnten. In diesem Moment fallen drei böse Augenpaare auf mich. Ich verstehe: Ich bin der Frauenüberschuss, der sich ihre Männer leihen will. Ich lächle verlegen und lasse die Hüfte etwas weniger kreisen.

In den folgenden sechzig Minuten ist trotz wiederholter Aufforderung keine der Damen bereit, ihren Mann an mich – die kleine Blondine – abzugeben. Immer wenn es »Partnertausch« heißt, blicken alle verlegen zu Boden, ohne sich zu bewegen. Einschließlich meiner Person. Also tanze ich ausschließlich mit dem Tanzlehrer Dirk. Immerhin ist er der beste Tänzer im Raum und verzeiht mir großzügig meine zahlreichen Fehltritte. Leider entspricht Dirk mit seinem stark sächsischen Dialekt so gar nicht dem leidenschaftlichen Typus Mann, den ich mir erhofft hatte. Allerdings würde ich mir für einen der anderen Männer hier auch kein Bein ausreißen. Die Partner der Sparkassendamen tanzen sehr konzentriert, mit todernster Miene. Ich glaube, einem waschechten argentinischen Tangotänzer würde ziemlich das Herz bluten, wenn er uns hier sehen könnte. Wie wir Deutschen mit Disziplin und Fleiß versuchen, uns dem Feuer des Tangos anzunähern. Als hätten wir Angst, uns die Füße daran zu verbrennen. Ich nehme mich da nicht aus. Dieser Tanz erfordert höchste Konzentration. Die Figur »ocho«, eine sich hin und her wendende Acht, gibt mir den Rest. »Tschuldigung«, sage ich nach einem erneuten Fußtritt. »Fuß äuf de reschden Seide«, korrigiert Dirk meine Acht. Ach so. Trotzdem, mein geduldiger Tanzlehrer findet, ich sei gar nicht so schlecht für eine Anfängerin. »Fortgeschrittene Anfängerin«, wenn ich bitten darf.

3. Zurück zu den Flip-Flops

Ich habe mich tapfer geschlagen. Immerhin habe ich mir nichts gebrochen und niemanden verletzt. Ich bedanke mich bei Dirk und hinterlasse meine Nummer, falls mal ein »Single-Anfänger-Mann« auf der Suche nach einer ebenso talentierten Tanzpartnerin sein sollte. Wieder zu Hause lege ich ein bisschen Michael Jackson ein und tanze den Moonwalk auf meine Art: barfuß. Ist ja nicht so, dass ich gar nichts gelernt hätte.

Was ich noch gelernt habe:

1. Beim Paartanz gibt es keine Singlemänner.
2. Hochhackige Schuhe sind auch zum Tanzen da.
3. Leidenschaft lässt sich nicht erlernen.

DER 6. VERSUCH

Steht SM für »Suche Mann«?

1. Profil versus Leben

Eigentlich kann ich Facebook nicht leiden. Sobald ich online bin, muss ich mich die ganze Zeit darüber aufregen, dass Menschen, die ich kaum kenne, ihrem nicht tot zu kriegenden Bedürfnis nachgehen, aller Welt mitteilen zu müssen, wann sie Kaffee trinken, wo sie ihn trinken und warum sie ihn trinken. Das interessiert mich nicht. Ich finde es geradezu unverschämt, mich mit solchen Banalitäten zu belästigen. Es ist schon traurig genug, wenn in meinem eigenen Leben nichts Spannendes passiert. Der Unterschied ist: Ich behalte das für mich. Genauso wenig will ich wissen, wer wann welchen Kuchen backt oder isst. Ich will auch keine Fotos von diesem Kuchen sehen. Wenn es draußen dreißig Grad hat, merke ich das auch ohne Pinnwandeinträge und ich kann es nicht leiden, »angestupst« zu werden. Ich ziehe eine direkte Kontaktaufnahme per Telefon oder noch lieber per persönliches Erscheinen vor. Dann auch gern mit Stupser und Kuchen.

Manchmal denke ich, dass ich auch mal etwas posten müsste, nur um zu beweisen, dass ich ein Leben führe. Wenn ich mein Profil nicht pflege, bedeutet das dann, kein Leben zu haben? Ich poste jetzt: »Christiane atmet«. Mal sehen, was passiert.

Als ich mir bei Facebook einen Account eingerichtet habe, damals, vor über drei Jahren – als ich noch jung und naiv war –, wussten die meisten noch nicht mal, was Facebook überhaupt ist. Ich auch nicht. Bis zu jener verschneiten Januarnacht: Ich saß alleine an der Bar vom 103 Club und war gerade mal wieder damit beschäftigt, bei einem Glas Gin Tonic meiner Beziehung mit Till – dem »Künstler« – hinterherzutrauern.

»Are you sad? May I cheer you up?«, fragte mich plötzlich ein blonder junger Mann neben mir. Ich sah ihn überrascht an und er schnitt eine schreckliche Grimasse, um mich zum Lachen zu bringen – was ihm auch gelang. Der blonde Finne gefiel mir sofort und wir begannen, uns zu unterhalten. Als er mir dann erzählte, dass er »artist« sei, habe ich ihm unmissverständlich zu verstehen gegeben, dass ich mit kreativen Exzentrikern nichts mehr zu tun haben wolle: »Sorry, I don't like artists.« Eine halbe Stunde später haben wir geknutscht und nach zehn weiteren Minuten saßen wir im Taxi zu mir. Ich muss sagen, wir haben eine wirklich aufregende Nacht verbracht. Als er angefangen hat, auf Finnisch schmutzige Worte – das habe ich zumindest vermutet – in mein Ohr zu flüstern, war ich nicht nur geil, sondern auch sofort verliebt. Sex in Kombination mit Fremdsprachen führt zu unkontrollierten Auswirkungen im weiblichen Hormonhaushalt. Zumindest in meinem. Ich hätte ihn vom Fleck weg geheiratet. Das ging aber nicht, denn nach nur zwei Stunden Schlaf musste ich ihn zu meinem eigenen Bedauern in aller Herrgottsfrühe, bei eisigstem Schneesturm, aus meiner Wohnung bitten. Meine Eltern kamen zu Besuch, und ich wollte ihnen besser nicht meinen One-Night-Stand vorstellen. So weit waren sie noch nicht. (Und so weit werden sie wahrscheinlich nie sein.)

»Are you on Facebook?«, fragte mich der schöne Mann mit verschlafenen Augen, als er schon im Türrahmen stand. So kam es, dass ein finnischer Künstler mein erster und bisher längster Facebook-Freund ist. Wir haben uns kaum geschrieben. Die Entfernung Helsinki – Berlin war größer als unsere Leidenschaft. Doch der süße Finne hat entscheidend dazu beigetragen, dass ich mein »Künstler-Trauma« überwinden konnte.

Aus rein nostalgischen Gründen klicke ich mich jetzt durch sein Profil. Man muss kein Finnisch verstehen, um einen Einblick in sein Leben zu bekommen. Die Fotos von ihm und der blonden Schönheit im Brautkleid sprechen Bände. Da war eine andere schneller. Wieder zurück auf meinem eigenen Profil stelle ich fest, dass es zwei neue Kuchen gibt und sich tatsächlich viele meiner Freunde erleichtert zeigen, dass ich atme. »Weitermachen!«, schreibt meine Schwester.

Die einzige Sache auf Facebook, die ich für ziemlich genial halte, sind die Veranstaltungseinladungen. Das ersetzt jedes Stadtmagazin, ist immer aktuell und man kann schon vorab sehen, wer zur Party kommen wird. Ich habe zwei neue Einladungen für heute Abend. Eine zu einem Theaterstück, das von Gehörlosen aufgeführt wird. Wenn ich diese Veranstaltung mit einem Fragezeichen kommentieren würde, wäre das bestimmt nicht politisch korrekt.

Die andere Einladung ist für die Vernissage eines Fotografen, den ich als entfernten Bekannten bezeichnen würde. Ich bin nicht mal sicher, ob wir uns im echten Leben schon mal begegnet sind oder ich nur mal wieder die Freundschaftsanfrage eines Freundes von einem Freund angenommen habe, um nicht unhöflich zu sein.

Von meinen 146 Facebook-Freunden fallen mindestens 130 unter »entfernte Bekannte«. Ich klicke auf die bereits angekündigte Gästeliste der Vernissage und bin überrascht, so viele attraktive Männer zu sehen. Die Veranstaltung »Arte-fuckt – Spiel und Freiwilligkeit« findet heute Abend ab 21 Uhr statt. Es werden

Musik, entspannte Atmosphäre und »SM-Kunst« versprochen. Ich google diesen Club, bei dem es sich – oh Wunder – um einen SM-Laden handelt. Ich ahne, dass SM nicht für »Suche Mann« steht, aber vielleicht ist es dennoch ein Zeichen? Außerdem hatte ich mir vorgenommen, Orte aufzusuchen, an die ich mich bisher noch nicht gewagt habe. Ein Club für Freunde sadomasochistischer Sexpraktiken fällt definitiv in diese Kategorie. Und eine Vernissage bietet sich als hervorragende und noch dazu intellektuelle Ausrede an, um Hemmschwellen abzubauen und sich auf unbekanntes Terrain zu wagen. Ich bin neugierig geworden und beschließe hinzugehen, auch wenn ich es vorziehe, keinen meiner 146 »Freunde« darüber in Kenntnis zu setzen. Spannende Ereignisse will hier ja eh niemand lesen.

2. Mayday

Nach dem Motto »Je oller, desto doller«, werfe ich mich in das pornografischste Outfit, das mein Kleiderschrank hergibt: ein blauer Ledermini, Netzstrümpfe und ein hoch geschlossenes, dafür rückenfreies Oberteil. Meine Netzstrümpfe sind immer noch makellos, weil so gut wie ungetragen. Die habe ich noch vom letzten Karneval aus Bayern, vor über fünf Jahren. In Berlin feiert das ja niemand. Dafür gibt es hier den Christopher Street Day, den Karneval der Kulturen und die Kastanienallee – dort ist jeden Tag Fasching.

Ich schminke mir schwarze Augen, dunkelrote Lippen und binde meine Haare zu einem strengen Dutt nach oben. Mein Styling-Ziel ist es, möglichst dominant auszusehen. Denn nach meiner kurzen SM-Recherche im Internet fürchte ich mich ein bisschen davor, fälschlicherweise in die devote Ecke geschoben und ungewollt ausgepeitscht zu werden. Dann schon lieber hauen, anstatt gehauen werden.

Ich schwanke noch, ob ich mich heute für besonders mutig oder total bescheuert halte. In einer Sache bin ich mir nämlich jetzt schon ganz sicher: Sadomasochistische Sexpraktiken sind einfach nichts für mich. Ich stehe nicht besonders auf Unterwerfung, auch nicht auf Beherrschung, Schmerzen oder Machtspiele. Ich bin mehr so der Blümchensex-Typ. Nichts gegen eine versaute Nummer von hinten, ein bisschen beißen und kratzen, von mir aus auch mal Finger im Po oder sonst was. Aber Sex mit Hilfsmitteln, die über Massageöl hinausgehen, geht bei mir grundsätzlich schief.

Als mich das letzte Mal ein Mann beim Sex gefesselt hat, fand ich das nur noch albern. Das könnte auch daran gelegen haben, dass er mich an dem Griff meiner Balkontür festgebunden hat, der so locker war, dass ich mich jederzeit samt Griff hätte lösen können. Der fällt mir schon aus der Hand, wenn ich nur die Tür öffnen will. Er wusste natürlich nichts von dem kaputten Griff und ich wollte ihm die Freude nicht verderben. So war ich eher darauf konzentriert, die gefesselte Frau zu simulieren, anstatt unser Liebesspiel zu genießen.

Auch zum Thema Luststeigerung durch das absichtliche Erzeugen von Schmerz kann ich aus eigener Erfahrung nur relativ wenig beitragen. Ich erinnere mich an einmal, als ich mich mit meinem langjährigen »immer wieder mal Liebhaber« in einem Hotelzimmer traf. Als er plötzlich eine Kerze aus seiner Tasche holte, dachte ich Dummerchen noch, wie romantisch er doch sei. Als er dann begann, heißes Wachs auf meinen Bauch zu tröpfeln, konnte ich nicht anders, außer mit »Aua. Sag mal, spinnst du?« zu reagieren. Für Gewalt und Schmerzen beim Sex bin ich einfach zu wehleidig, zu faul und zu verschmust.

Trotzdem werde ich heute Abend in diesen Club gehen, in der Hoffnung, dort auf neugierige, aufgeschlossene, tolerante und kunstinteressierte Menschen zu treffen. Vielleicht lerne ich sogar einen Mann kennen, der all diese Kriterien erfüllt und mich dennoch nicht schlagen will. Unwahrscheinlich, aber statistische

Berechnungen sind bei der Suche nach dem Mann fürs Leben eh fehl am Platz.

Gegen 22 Uhr klingle ich an einer schweren Eisentür an genannter Adresse. Ich merke, dass ich durch einen Türspion abgescannt werde, bevor sich die Tür nach einem kurzen Surren öffnen lässt. Dahinter steht eine Dame in einem engen, silbrig glänzenden Latexkleid. Das Gummiteil geht ihr nur ganz knapp über den Hintern, dafür reichen die schwarzen Stiefel weit über ihre Knie. Die wohl heißeste Türsteherin Berlins nickt mir freundlich zu, tritt einen Schritt zur Seite und fordert mich mit einer bloßen Handbewegung auf einzutreten.

Der Teppichboden im Eingangsbereich ist in violettem Plüsch gehalten, Wände und Decke sind aus dunklen Backsteinen. Ich folge den Treppen, die mit hohen Bodenkerzen gesäumt sind, nach unten. Jetzt ist mir doch etwas mulmig zumute, und es tut mir ein bisschen leid, keine Freundin zu diesem nächtlichen Experiment mitgenommen zu haben. Warum eigentlich nicht? Vielleicht habe ich die unbewusste Befürchtung, dass mir SM doch Spaß machen könnte. Dass ich eine neue Seite an mir entdecke und mich urplötzlich nach Erniedrigung und Schmerz sehne. Dass ich mich hemmungslos ungeahnten sexuellen Spielarten mit fremden Menschen hingeben möchte. Bin ich deshalb hier, ohne Zeugen, damit ich tun und lassen kann, was ich möchte? In diesem Fall möchte ich jetzt am liebsten umkehren. Immerhin würde niemand merken, dass ich mich nicht getraut habe – ich Angsthase in Netzstrümpfen.

Doch, *ich* würde es merken. Ich bin 29 Jahre, trage Netzstrümpfe und suche den Mann fürs Leben. Ich werde da jetzt reingehen. Was soll denn schon passieren? Ich gehe einfach nur auf eine Foto-Vernissage, die an einem Ort stattfindet, der nun mal zum Thema passt. Die meisten Leute werden wegen der Ausstellung hier sein. So wie ich. Außerdem sah auf der Facebook-Gästeliste niemand danach aus, als wollte er mich auf eine Streckbank spannen.

Ich folge dem Kerzenschein, passiere eine Garderobe (mit Umkleidekabinen?) und lande in einem schummrigen Kellergewölbe. Als ich den übersichtlichen Raum betrete, atme ich erleichtert auf. Ich bin zwar ziemlich kurzsichtig, aber was ich erkennen kann, macht mir Mut. Ich sehe eine Bar, eine Tanzfläche und vereinzelte Sitzgelegenheiten. Keine Streckbank weit und breit. Ein ganz normaler Club. Die Wände sind mit Schwarz-Weiß-Fotografien bestückt. Schließlich handelt es sich um eine Vernissage. Richtig.

Aus den Boxen klingt das, was ich laienhaft als Minimal Electro bezeichnen würde. Die Musik ist für einen Club ungewöhnlich leise. Es sind noch nicht allzu viele Leute da. Vereinzelte Gruppen stehen vor den Fotografien oder unterhalten sich mit gedämpfter Stimme. »Gedämpft« ist das richtige Wort, um die gesamte Atmosphäre zu beschreiben. Die Leute sprechen so leise, als hätten sie Angst, gehört zu werden.

Ich schreite die Wände ab und betrachte in aller Ruhe die Fotos. Es sind Bilder von nackten Frauen, die in schenkelhohen Stiefeln stecken, Masken tragen, in ein Korsett geschnürt oder gefesselt sind. Das Bild einer knienden nackten Frau über einer Wasserlache (Pipi?), mit nichts außer einem Maulkorb und einem Halsband bekleidet, macht mich ziemlich wütend. So eine sexistische Scheiße. Ich sollte dringend auch »entfernte Bekannte« meiner Facebook-Freunde genauer unter die Lupe nehmen. Wo ist er eigentlich, der Urheber dieser als Kunst verpackten Pornografie? Ich bin mir gar nicht sicher, ob ich ihn überhaupt erkennen würde, meinen »Freund«. Wenn er das gleiche Hemd trägt wie auf seinem Profilfoto, besteht eine geringe Chance.

Ich wende mich demonstrativ von den Fotografien ab, setze mich an die Bar und bestelle einen Weißwein. Vor lauter Empörung habe ich kurzzeitig ganz vergessen, dass ich in einem SM-Club bin. Aber als ich hinter der Bar die penibel aufgereihten Peitschen, Schnüre und Folterinstrumente entdecke, ist es wieder voll in meinem Bewusstsein.

Die Tresenfläche wurde aus aneinandergereihten Steinplatten gestaltet, die mit Kreuzen und Inschriften versehen sind. Ich stelle mein Glas zögerlich darauf ab und sehe mir die immer neuen Leute an, die hereinströmen. Langsam wird es richtig voll. Trotzdem bleibt der Geräuschpegel unverändert niedrig. Das ist irgendwie unheimlich. Allmählich bekomme ich das Gefühl, dass es eine Art Flüstercode gibt, von dem alle wissen, außer mir. Die Frauen sehen aus wie verkleidete Grundschullehrerinnen. Bei den Männern tippe ich auf die Berufsgruppe Aufsichtsrat. Unauffällige Leute, die hier ihr wahres Ich zeigen, in Lack und Leder, strenge Uniformen oder einfach nur in Unterwäsche gekleidet sind. Im Gesicht die Lesebrille oder eine Maske, die Peitsche in der Hand. Als ich all das Schwarz mit Spitze oder Rüschchen, Nieten und Ketten betrachte, denke ich, dass es sich genauso gut um eine Gothic-Party handeln könnte. Nur in leise.

Als ich mich gerade frage, wo nun all die attraktiven Männer der Facebook-Gästeliste stecken, tritt eine Frau neben mich und bestellt einen Weißwein. »Den gleichen, den die junge Dame trinkt.« Die junge Dame bin ich. Ich lächle ihr zu, so, wie man alten Leuten auf der Straße zulächelt. Unbedarft und unschuldig, fast entschuldigend. Die Frau trägt nichts außer halterlosen Strümpfen, einem Tanga und einem Korsett, das ihre nackten Brüste zeigt. Ich schätze sie auf Mitte vierzig. Ihre Brüste hängen, ihr Po auch. Ich finde sie mutig, aber nicht schön. Sie stellt sich neben mich und raucht. Es fühlt sich ein bisschen an wie in diesen Träumen, in denen man sich schämt, weil man nackt unter angezogenen Leuten rumläuft. Nur umgekehrt.

Die Musik wird abgestellt, was sofortiges Verstummen aller Anwesenden nach sich zieht. Eine junge Dame in einem schwarzen Petticoat betritt die Tanzfläche. Sie räuspert sich und heißt in tiefer Stimme alle Gäste willkommen. Sie bedankt sich für das zahlreiche Erscheinen und stellt den Künstler vor, der mit schüchternem Applaus empfangen wird. Ich hätte ihn nie im Leben erkannt. Er hat eine Glatze, trägt eine schwarze, viereckige Brille und Dreitagebart. In schwarzer Lederhose und hautengem Oberteil bedankt auch er sich und verliert nur wenige Worte über seine »Kunst«. Er wünscht einen angenehmen Abend und weist darauf hin, dass alle ausgestellten Fotografien auch käuflich zu erwerben sind. Langsam nimmt diese Vernissage Züge einer SM-Kaffeefahrt an.

Eine übergewichtige Frau betritt den Raum und zieht sofort alle Aufmerksamkeit auf sich. Sie trägt ein durchsichtiges schwarzes Kleid, die Haare offen und ungepflegt. Unter ihrem Kleid ist sie komplett nackt. An einer Leine zieht diese Matrone einen nackten Mann hinter sich her. Er trägt nichts außer einer Latexmaske, die sein komplettes Gesicht verbirgt. Nur kleine Löcher um Augen, Mund und Nase lassen ihn atmen und sehen. Die Leine ist fest um seinen Hals gezogen. Die Dicke stellt sich an die Bar neben mich und sagt zu ihrem Begleiter: »Sitz!« Er kniet sich, nackt wie er ist, neben sie auf den Boden. Ich gebe zu, dieser Anblick löst irgendetwas in mir aus. Ich bin fasziniert von der Fremdartigkeit dieses Verhaltens und zugleich völlig angewidert.

Ich spiele mit dem Gedanken, jetzt wieder nach Hause zu gehen. Ob ich es einfach dabei belassen und akzeptieren sollte, dass es in dieser Stadt Veranstaltungen gibt, von deren Existenz ich weder unbedingt etwas wissen muss, noch möchte. Doch in diesem Moment stellt sich ein junger Mann zwischen mich und den knienden Mann an die Bar. Unsere Blicke treffen sich und wir müssen beide schmunzeln, weil er fast über »das Hündchen« gestolpert wäre. Er sieht nett aus. Eigentlich ist »nett« unter normalen Umständen schon fast zu einem Schimpfwort geworden. Aber gerade bin ich richtig erleichtert, jemanden zu sehen, der einfach nur nett aussieht (und nicht nackt ist).

Mutig spreche ich ihn an: »Bist du auch wegen der Ausstellung hier?« Der junge Mann bejaht und fragt mich, ob mir die Bilder gefallen würden. »Nein. Ich finde sie diskriminierend und halte sie für sexistischen Pornoscheiß. Und du? Ich bin übrigens

Christiane.« – »Elmar. Freut mich, Christiane. Findest du nicht, dass es eher diskriminierend ist, Frauen ihr Bedürfnis nach Erniedrigung abzusprechen?« Ich denke kurz nach. »Doch. Aber ich finde es diskriminierend, wenn Fotos von erniedrigten Frauen als Wichsvorlage für Männer fungieren.« Elmar grinst. »Siehst du jemanden wichsen?« Ich sehe mich um. »Noch nicht. Bist du Frauenrechtler?«, frage ich zurück. »Nein. Aber ich komme öfter hierher. Auch ohne Ausstellung. Macht dir das jetzt Angst?« Ich muss grinsen. »Selbst wenn, würde ich das nie zugeben. Kommt außerdem darauf an, ob du der devote oder eher der dominante Typ bist.« Elmar lacht. »Du warst noch nie auf einer SM-Party, stimmt's?« Ich nicke schuldbewusst.

Die nächste Stunde frage ich Elmar Löcher in den Bauch. Ich will alles wissen. Er erzählt mir, dass es viele SM-Clubs in Berlin gäbe, aber die SM-Partys, die an unterschiedlichen Orten stattfinden, viel spannender seien. »Da herrscht nicht so eine Vereinsstimmung vor wie hier.« Elmar erklärt mir, dass im SM-Bereich genau die gleichen Regeln gälten wie im normalen sozialen Leben. Egal ob Partnertausch oder Anwendung von Gewalt, alles basiere auf Freiwilligkeit: »Niemand wird zu etwas gezwungen. Und wenn das Ganze aus dem Ruder läuft, gibt es immer noch das *Safeword*, das den Master, den Spielleiter, innehalten lässt.« – »Wie lautet denn so ein Safeword?«, frage ich weiter nach. »Das wird vorher festgelegt. Irgendetwas, was nicht im alltäglichen Sprachgebrauch vorkommt.« Ich denke nach. »Also wäre *Gin Tonic* eine blöde Idee, richtig?« Elmar lacht. »Ja, eher so etwas wie *Mayday.*« – »Und was passiert, wenn die Sklavin oder der Sklave sich nicht mehr an das Safeword erinnern kann?« Elmar schüttelt den Kopf. »Christiane, du bist eine Frau, die immer auf alle Eventualitäten vorbereitet sein will. Kann das sein?« – »Nein. Ich bin kein Kontroll-Freak. Nur eine Frau mit Kurzzeitgedächtnis.«

Elmar nimmt mich an der Hand und führt mich durch den Laden. Ich habe nicht gesehen, dass es hinten ums Eck noch weiter geht. Dort stehen ein Latexbett, tatsächlich zwei Streckbänke, Balken und Vorrichtungen, deren Funktionalität sich mir nicht sofort erschließt. Elmar erklärt mir alles und findet es total witzig, dass ich sichtlich geschockt bin. »Tut mir leid«, sage ich. »Ich versuche ja offen für Neues zu sein, aber ich komme aus der bayerischen Provinz, bin römisch-katholisch erzogen und stehe auf Blümchensex.«

Wir setzen uns in eine Plüschecke und sehen der dicken Matrone dabei zu, wie sie gerade ihr Hündchen mit ausgestreckten Armen links und rechts an Halterungen fesselt, die von der Decke nach unten baumeln. Da hängt er nun wie Jesus am Kreuz (nur ohne Kreuz) und macht keinen Mucks. Auch nicht, als sie anfängt, heißes Wachs über seinen Rücken und seinen Po zu gießen. Leider sehe ich ihn nur von hinten und kann nicht erkennen, ob er eine Erektion hat. Uns gegenüber sitzt ein Mann mit offenem Mantel und nichts darunter. Sein Penis ist riesengroß. Er sitzt da, ganz selbstgefällig und stolz, und knetet der Frau, die vorhin an der Bar neben mir stand, ihren Po. Trotz Kurzsichtigkeit kann ich erkennen, dass sein Penis anschwillt. Ich glaube, der könnte sich jetzt glatt selbst einen blasen.

Dann legt Elmar seine Hand auf meinen Schenkel. Ich sehe ihn an und sage: »Mayday!«

3. Der 147. Freund

Ja, ich bin ein Feigling. Ich bin intolerant und verklemmt. Aber sich mit vielen Leuten öffentlich zum Sex zu treffen – egal ob mit oder ohne Gewalt – ist für mich (zumindest momentan) einfach nichts. Dann schon lieber ein Gehörlosen-Theaterstück.

Elmar hat mich anstandslos gehen lassen. Freiwilligkeit und so. Höflichkeitshalber und aus Verlegenheit heraus habe ich ihn noch gefragt, ob er auf Facebook sei. Eigentlich fand ich ihn ganz ansprechend. Hätte ich ihn nicht in einem SM-Club kennengelernt, wäre ich vielleicht sogar auf seine Avancen eingegangen. Das wäre eine schöne Überraschung geworden. Vielleicht ist es an der Zeit, endlich meine Balkontür zu reparieren.

Was ich gelernt habe:

1. Auf Facebook-Gästelisten ist kein Verlass.
2. Ich will beim Sex zu zweit, von mir aus auch zu dritt, aber maximal zu viert sein.
3. Netzstrümpfe stehen mir ausgezeichnet.

DER 7. VERSUCH

Auf dem Badeschiff

1. Eine Frau und ihr Frühstück

Samstagmorgen, acht Uhr. Es ist sauheiß und ich bin hellwach. Das könnte daran liegen, dass irgendwelche Nachbarn mindestens genauso laut vögeln, wie die verdammten Vögel vor meinem Fenster zwitschern. Diese »Alle haben sich lieb«-Hinterhofidylle treibt mich noch in den Wahnsinn. In diesen Momenten vermisse ich meine alte Wohnung im Ghetto-Kiez Kreuzberg, als ich morgens noch von pöbelnden Jugendlichen vor meinem Fenster geweckt wurde: »Ey du Wichser, ich fick deine Mutter!« Da hatte man das Gefühl, niemals aufstehen zu müssen. Denn die Welt da draußen war schlecht und grausam. Ich konnte ewig schlafen. Aber hier, in Prenzlauer Berg: Zwi, zwi, zwi! Christiane, zwi, zwi, ein schöner Tag! Steh auf! Hörst du nicht die Nachbarn vögeln? Zwi, zwi. Willst du nicht auch mal wieder zwi zwi zwi?«

Ich glaube, die Nachbarin ist gerade gekommen. Mir reicht es. Ich gebe auf und rolle mich aus dem Bett ins Bad. Ich bin nicht unbedingt müde, vielmehr völlig erschöpft. Meine Suche nach dem Mann fürs Leben gestaltet sich anstrengender als gedacht. Und dieser SM-Club gestern hat mir echt den Rest gegeben. Ich leide an einem Dating-Burn-out. Und das nach nur läppischen sechs Männern. Vielleicht sollte ich eine Pause einlegen? Oder aber es verhält sich mit Dating wie mit Muskelkater nach dem Sport: Man muss sofort weitermachen, damit es besser wird. So gesehen, sollte ich unbedingt im Training bleiben.

Trotzdem gönne ich mir jetzt erst mal eine kurze Verschnaufpause und mache mir ein schönes Frühstück. Ganz für mich alleine. So eine Art von Frühstück, das man eigentlich nur macht, wenn man zu zweit ist. Also, wenn man ein Paar ist. Mit frisch gepresstem Orangensaft, weichgekochten Eiern, Obstsalat, Lachs und noch warmen Brötchen. Ich schlüpfe in meine Jogginghose und nehme die dreißig Meter zum Bäcker im Laufschritt auf mich. Neben zwei Brötchen und einer Laugenbreze kann ich der Versuchung nicht widerstehen, zusätzlich zu meiner obligatorischen Tageszeitung noch eine dieser stupiden Frauenzeitschriften mitzunehmen.

Wieder zu Hause setze ich mich in meinen Garten und genieße mein Frühstück. Ich höre ein bisschen Radio, das das Vögelgezwitscher übertönt, blättere in meiner Tageszeitung und frage mich dabei, ob es Menschen gibt, die den Wirtschaftsteil nicht automatisch mit »Fensterputzen« assoziieren. Das Fernsehprogramm ist noch deprimierender als die Todesanzeigen und ich greife zu dem Frauen-Schundblatt. Auf dem Titelblatt werden »Wohlfühltipps für Sie« angepriesen. Mal sehen. Die Überschrift des Artikels lautet: »Lassen Sie einfach mal die Seele baumeln!« Ich finde, wer solche Sätze schreibt, sollte sofort erschossen werden.

An erster Stelle der Baumel-Tipps steht, man solle einfach mal sein Telefon ausschalten. Ich denke gar nicht daran, mein Handy auszuschalten. Ich bin eher ein bisschen enttäuscht, dass es nicht klingelt. Aber wer sollte denn auch anrufen, um diese unchristliche Uhrzeit? Die einen sind im Tiefschlaf, die anderen noch unterwegs. Vielleicht sollte ich genau jetzt, Samstagmorgen um neun, einfach mal in die Clubs ziehen. Am besten gleich ins

»Berghain«. Da geht's doch jetzt erst richtig los. Da wird immer noch getanzt und im Darkroom geht es bestimmt heiß her. Mir scheint, überall geht es gerade heiß her, außer in meinem Schlafzimmer.

An zweiter Stelle der »Wohlfühl-Tipps« (kotz!) steht: »Kaufen Sie sich selbst Blumen!« Wie wäre es mit: »Befriedigen Sie sich selbst.« Ja, Frauen lieben Blumen. Aber nicht nur. Langsam habe ich die Vermutung, dass die Redaktion so mancher Frauenzeitschrift ausschließlich aus männlichen Autoren besteht. An dritter Stelle muss ich folgenden schrecklichen Satz lesen: »Lassen Sie sich verwöhnen, zum Beispiel bei einem Wellness-Wochenende an der Ostsee.« Ich kann die Ostsee nicht ausstehen: Nichts als dicke Menschen mit quengelnden Kindern, die blaues Schlumpfeis und heiße Waffeln in sich rein stopfen. Und das Wort »Wellness« kann ich schon längst nicht mehr ertragen. Wenn »Essen« der »Sex des Alters« ist, dann ist »Wellness« der »Sex der Frau um die dreißig«.

Nach nur eineinhalb Brötchen und 45 Minuten beende ich meine alberne Frühstückszeremonie und beschließe, das Beste daraus zu machen, dass ganz Berlin noch schläft. Ich werde jetzt an einen Ort fahren, an dem man sich schon oft gewünscht hat, dass weniger Leute da wären. Irgendein schöner Ort, der aber leider immerzu überfüllt ist. Da bleiben nur zwei Möglichkeiten. Zum einen IKEA. Das scheidet aus. Denn bei IKEA bin ich immer traurig, dass ich keinen Freund habe, mit dem ich mich jetzt streiten könnte. Die andere Möglichkeit ist das Badeschiff – ein Pool inmitten der Spree, mit Sandstrand. Um diese Uhrzeit besteht tatsächlich noch eine Chance, einen Liegestuhl zu ergattern und sich sogar im Wasser bewegen zu können. Außerdem könnte ich diesen Ausflug in die Freizeit hervorragend mit meinem Vorhaben rechtfertigen, nach dem Mann fürs Leben zu suchen. Denn das Badeschiff ist ein absoluter Aufreißerschuppen: Schöne, junge Menschen in knappen Badehosen. Und ich. Nichts wie hin.

2. Ein Mann mit Manieren

Es ist herrlich: blauer Himmel, keine Wolke, kein Massenauflauf. Nur ich und ein paar weitere Sonnenanbeter, die sich vielleicht auch dagegen entschieden haben, ihren Nachbarn beim Vögeln zuzuhören. Ich nutze die Gunst der Stunde und schwimme ein paar Züge im leeren Pool – mit Blick auf die Oberbaumbrücke zu meiner Linken und auf das Partyschiff Hoppetosse zu meiner Rechten. Das sind die Momente, in denen ich Berlin wirklich liebe. Die männliche Personifizierung der Stadt Berlin wäre mein »Mann fürs Leben«, denke ich, als ich mich in meinen Liegestuhl fallen lasse. Tolerant, vielseitig und wunderschön. Gerade geht es mir so gut, dass ich mir vorstellen könnte, auch ohne Mann ein wirklich wunderbares Leben zu führen. Kein Sex am Morgen bedeutet auch kein Pärchenstreit beim Frühstück und keine Diskussionen, wie man gemeinsam den Tag verbringen möchte (oder *rum*bringen könnte). Nur ich, mein Buch und Berlin. Perfekt.

Als ich gerade so selbstzufrieden vor mich hin döse, setzt sich ein Mann in den Liegestuhl neben meinem. Ich schiele unauffällig rüber. Er trägt einen Sonnenhut (ich liebe Männer mit Hut) und breitet einen Stapel diverser Tageszeitungen in unterschiedlichen Sprachen vor sich aus. Ein echter Kosmopolit, wie mir scheint. Dann lasse ich meinen Blick in die andere Richtung schweifen und widerstehe der Versuchung, dem braun gebrannten, zum Anbeißen muskulösen Mann links von mir ein Lächeln zu schenken. Der hat bestimmt an jedem Finger drei Verehrerinnen. Frauen, die ihre Freizeit mit Spinning und Musical-Besuchen bestreiten. Heute will ich vernünftig sein und schenke dem Kosmopoliten rechts von mir ein unauffälliges, wenn auch etwas verkrampftes Lächeln.

Der Herr reagiert prompt und braucht nicht lange, um mit mir ins Gespräch zu kommen. Er entscheidet sich für den intellektuellen Einstieg und spricht mich auf mein Buch an: »Ah. Die

›Vermessung der Welt‹. Sehr schönes Buch. Habe ich auch gerade erst gelesen. Gefällt es dir?« Ich nehme es in die Hand und nicke. »Ja. Allerdings finde ich, Humboldt hätte uns noch ein paar Entdeckungen übrig lassen können und Gauß hätte seine Normalverteilung besser für sich behalten. Das hätte mir im Matheunterricht so einigen Kummer erspart.« Mein neuer Bekannter lacht kurz auf und stellt sich dann mit Handschlag als Michael Benjamin Wenning vor.

»Ich bin einfach nur Christiane. Freut mich«, antworte ich. Ich hätte das durchaus mit »Christiane Kathrin Elisabeth Hagn« toppen können. Aber heutzutage muss man ja schon Angst haben, sofort per iPhone gegoogelt zu werden, wenn man seinen vollständigen Namen sagt. Dann könnte ich nicht mal mehr kurz auf Toilette verschwinden, ohne befürchten zu müssen, dass mein neuer Bekannter umgehend sein Telefon nach mir befragt und dabei einen freizügigen Zeitungsartikel entdeckt, der im Rahmen einer Promotion-Aktion für mein letztes Buch entstand. Es könnte zu Irritationen führen, wenn Michael Benjamin Wenning von meinem Sexerlebnis mit einem ecuadorianischen Eisverkäufer erfährt, noch bevor wir mehr als drei Sätze miteinander gewechselt hätten.

»Freut mich auch, einfach nur Christiane. Ich hole mir noch etwas zu trinken. Möchtest du auch etwas?« Ich nicke und bestelle eine Bionade. Endlich mal ein Mann mit Manieren.

MBW und ich unterhalten uns die nächste Stunde hervorragend. Er ist 34, ledig und Jungunternehmer. Wir plaudern über Bücher, die wir gelesen, und Filme, die wir gesehen haben. Über unsere Unfähigkeit, im Sommer auszuschlafen, und über unsere Liebe zu Berlin. Obwohl mich die ganze Zeit die Sonne blendet, meine ich festzustellen, dass MBW gar nicht schlecht aussieht. Auf den ersten Blick etwas unscheinbar, aber auf den zweiten durchaus attraktiv. Da er ein langärmeliges Hemd trägt, kann ich nicht beurteilen, ob er einfach nur schlank oder sogar ein bisschen muskulös ist.

»Sag mal, ist dir nicht heiß in dem Hemd?«, frage ich, ohne vorher darüber nachzudenken. Voll die Männerfrage. »Doch. Aber ich muss mich gut bedecken. In der Sonne verbrenne ich mich so schnell.« Das klingt vernünftig, wenn auch, zugegeben, nicht gerade sexy. Hoffentlich ist er keiner von diesen Hypochondern, die nach jedem Sonnenbad Hautkrebs fürchten. Andererseits: Was bin ich heute wieder intolerant! Ich sollte mir ein Beispiel nehmen. Sonne lässt die Haut altern und wenn ich erst mal sechzig Jahre alt bin, wird mein Dekolleté an Brandrodung erinnern.

»Du solltest auch aufpassen. Hier, nimm meinen Hut.« Ganz folgsam setze ich seinen Strohhut auf und bin etwas gerührt, dass er sich um meine Krebsvorsorge kümmert. Außerdem freue ich mich, unter seinem Hut keine Halbglatze und nur ganz leichte Geheimratsecken vorzufinden (Geheimratsecken sind die Cellulite der Männer und dagegen gibt es keine Cremes).

Gegen Mittag verabschiedet sich MBW. Die Sonne wird ihm langsam zu gefährlich. Vielleicht ist er ein Vampir? Das wäre toll. Ich wollte schon zu Zeiten von »Der kleine Vampir« einen solchen Freund haben. Und seit »Twilight« bin ich geradezu besessen von dem Gedanken, meinen eigenen Edward kennenzulernen. Man trifft sich heimlich und spricht nicht mal mit seiner Familie oder seinen engsten Freunden darüber. Niemand darf davon wissen. Fast wie mit einem verheirateten Mann, mit dem klaren Vorteil, dass es keine betrogene Ehefrau gäbe und er mich unsterblich machen könnte. Ob MBW ein Mann für die Ewigkeit sein könnte?

»Darf ich dich mal anrufen?«, unterbricht MBW meine träumerischen Gedanken von einem Leben im Sarg. »Gern.« Ich gebe ihm meine Nummer und den Hut zurück. »Den lässt du besser noch auf. Gib ihn mir einfach, wenn wir uns wiedersehen. Einverstanden?«

Schon am Abend desselben Tages erhalte ich eine SMS von MBW. Er schlägt vor, morgen, am Sonntag, einen gemeinsamen Fahrradausflug an den Wannsee zu machen. Ich bin begeistert.

Endlich mal ein Mann, der keine Spielchen spielt. Er zeigt offen sein Interesse daran, mich besser kennenzulernen, und hat sich noch dazu etwas einfallen lassen. Geradezu unternehmungslustig möchte ich ihn nennen, im Vergleich zu den Stubenhockern, mit denen ich sonst immer zusammen war: Männer, für die ein Ausflug in einen anderen Kiez schon eine halbe Weltreise war. Außerdem liebe ich den Wannsee. Natürlich sage ich zu.

3. Tennissocken in Sandalen

Mit Fahrrad, Picknickkorb und seinem Strohhut stehe ich Punkt elf Uhr am nächsten Morgen an der S-Bahn Jannowitzbrücke, beim »DJ«, wie MBW es nannte, dem Durchsagehäuschen zwischen den Gleisen. Ich warte. Eine S-Bahn nach der anderen fährt ein und wieder ab. MBW ist zu spät. Das wundert mich. Er schien so akkurat und gut organisiert zu sein. Als ich mein Handy suche, um zu sehen, ob er mir vielleicht eine SMS geschrieben hat, stelle ich verärgert fest, dass ich es zu Hause vergessen habe. Auch wenn ich mir einbilde, eine hervorragende Menschenkenntnis zu haben, wäre es mir lieber, mein Telefon jetzt bei mir zu haben. Immerhin fahre ich mit einem völlig fremden Mann raus ins Grüne. Scheiße. Ob ich noch mal umkehren soll? Wegen eines Handys? Habe ich denn gar nichts gelernt aus meinen schlauen Frauenzeitschriften: »Ein Tag ohne Handy ist Wellness für die Seele.« *Abschalten* lautet das Zauberwort. Er wird mich schon nicht umbringen – wenn er überhaupt auftaucht.

Um Viertel nach elf kommt er angelaufen, völlig verschwitzt, mit hochrotem Kopf. »Christiane. Tut mir leid. Ich musste noch mal umkehren. Ich hatte mein Handy zu Hause vergessen.« Ha! So ein Feigling. »Macht doch nichts«, lüge ich und mustere verstohlen meinen unternehmungslustigen Bekannten, der irgendwie gar nichts mehr von dem Kosmopoliten von gestern hat. Ohne

Strohhut sieht er nur halb so interessant aus. Außerdem trägt er eine kurze – Achtung – karierte Stoffhose, braune Timberland-Sandalen und grüne Tennissocken, die er sich stramm über die Waden gezogen hat. Das ist der Nachteil, wenn man Leute halbnackt kennenlernt. Man hat keine Ahnung, wie sie sich kleiden. Er sieht ein bisschen aus, als konnte er sich nicht entscheiden, ob er heute den Tennis-, den Fußball- oder den Golfspieler geben wollte. Ich hasse es, so oberflächlich zu sein, aber dieser Fashion-Fauxpas lässt sich nur schwer ignorieren.

MBW gibt mir zur Begrüßung ein schüchternes Küsschen auf die Wange und hinterlässt eine feuchte Stelle in meinem Gesicht. Sagte ich schon, dass er schwitzt? Nichts gegen schwitzende Männer. Eigentlich liebe ich schwitzende Männer. Männer sollten am besten immer nach Schweiß, Zigaretten und Whiskey riechen. Und ein bisschen nach Motoröl. Aber MBW riecht nicht, sondern schwitzt nur. Es tropft ihm von der Stirn auf die Nase, weiter über die Lippe, hinab auf den Hals. Während wir auf die nächste S-Bahn warten, macht MBW keinerlei Anstalten, sich mal über das Gesicht zu wischen. Viel lieber lässt er die Schweißtropfen auf sich herumtollen. Ich fürchte, er denkt, das sei sexy.

Als die S-Bahn einfährt und MBW ganz penibel darauf achtet, dass wir auch ja in das Fahrradabteil einsteigen, habe ich plötzlich so gar keine Lust mehr auf den Wannsee. Ich will auf keinen Fall mehr an den Wannsee. Alles, aber nicht an den Wannsee mit dem da. Aber die Nummer mit dem vorgetäuschten Anruf kann ich heute nicht durchziehen. (Sagte ich schon, dass ich mein Handy vergessen habe?)

Die Türen schließen. Es gibt kein Zurück. Passend zu diesem Gedanken sperrt MBW gerade unsere Fahrräder aneinander. »Du, ich glaube, die klaut keiner, wenn wir daneben sitzen«, kann ich mir nicht verkneifen. »Ist Vorschrift. Man muss Räder in der S-Bahn ansperren!«, erwidert mir mein gewissenhafter Freund. Vorschrift, Hautkrebs – das kann ja heiter werden.

Ich werde einfach versuchen, nicht so streng mit ihm zu sein. Nur weil er angezogen ist wie ein Clown und sich an Vorschriften hält, ist er doch nicht automatisch ein uninteressanter Mann (»Doch, doch! Mit dem will ich nicht schlafen!«, schreit mein *Es*. »Christiane, so wirst du nie den Mann fürs Leben finden!«, kämpft mein *Über-Ich* in der Stimme meines Vaters dagegen an). MBW setzt sich neben mich und strahlt über das ganze Gesicht.

»Irre, dass du gekommen bist!« Irre. Er sagt es. Völlig irre. Als ich gerade versuche, mir einzureden, dass ich auch einen tollen Tag mit einem Mann in grünen Socken verbringen könne, zückt MBW einen Stadtführer und untermalt diese Geste mit dem schrecklichen Satz: »Ich habe ein wenig Kultur im Gepäck. Du bist doch eine schnelle Leserin, oder?« Und ich dachte, wir fahren zum Baden. Wieso habe ich gestern eigentlich nicht den Bodybuilder-Mann links von mir angesprochen? Ich blöde, vernünftige Kuh. Und was zum Teufel ist eigentlich ein Jungunternehmer?

Immer wenn man denkt, es kann nicht mehr schlimmer kommen, endet es in einer Katastrophe. Nachdem ich die ganze S-Bahn-Fahrt über gelb markierte Stellen aus dem Stadtführer lesen musste, fürchtete ich, am Ziel angekommen, gleich von ihm abgefragt zu werden. Das hat er sich wohl gerade so verkniffen.

Leider sollte sich MBW während unseres Ausfluges als pedantischer, sexistischer und geiziger Klugscheißer entpuppen. Nicht gegen, sondern um Punkt ein Uhr, holte er sein Lunchpaket heraus: ein Baguette vom Vortag, eine halbe Gurke und ein Stück alte Salami. Nein danke, ich möchte nichts. Danach ermahnte er mich, besser in den Schatten zu gehen, denn die Mittagssonne dürfte man nicht unterschätzen. Ich wollte nicht hören, bekam einen Sonnenbrand und der Badeteil wurde von MBW zur Strafe beendet. Danach stand besagte Kultur auf dem Programm. Als ich den Stadtplan nach allen Regeln der Kunst auffaltete, dann auch noch richtig herum hielt und in die entsprechende Richtung deutete, schrie er entzückt auf: »Christiane, du bist die erste Frau, die mit einem Stadtplan umgehen kann!« Manche Männer kann man eben nur schwer beeindrucken.

Das Haus der Wannseekonferenz betrachteten wir nur von außen und die Fahrt auf die Pfaueninsel könnten wir uns genauso gut sparen, fand MBW. Kostenpunkt zwei Euro fünfzig. Da half auch kein Betteln meinerseits. Nach einer Brause und MBWs Wehklage über seine Exfreundin, die ihm regelrecht die Luft zum Atmen nahm und nur an ihre Karriere dachte, beendete ich vorzeitig das Kulturprogramm – auch ohne Vortäuschung falscher Anrufe.

Zu guter Letzt konnte es sich mein neuer, ausgelassener Bekannter nicht verkneifen, noch einen Witz zum Besten zu geben. »Warum braucht eine Frau keinen Regenschirm?« – »Sag's bitte nicht!« – »Wer braucht schon 'nen Schirm zwischen Küche und Schlafzimmer.« Schallendes Gelächter von meinem Gegenüber. Zurück an der S-Bahn Wannsee, ließ ich MBW alleine in die Bahn steigen und bat ihn, Vernunft hin oder her, sich seinen Strohhut in seinen pseudo-kosmopolitischen Jungunternehmer-Arsch zu stecken und meine Nummer sofort zu löschen. Sollte er jemals einer Menschenseele erzählen, dass ich mit ihm baden war, würde ich ihm die Luft zum Atmen nehmen.

Dann kehrte ich um und fuhr alleine auf die Pfaueninsel. Ich fand ein ruhiges Plätzchen in der Sonne und genoss die Einsamkeit. Nur wir drei: Humboldt, Gauß und ich. Herrlich.

Was ich lernen musste:

1. Männer mit Hut sind eine Mogelpackung.
2. Vernunft ist bei der Suche nach dem Mann fürs Leben völlig fehl am Platz.
3. Einfach mal die Seele baumeln zu lassen ist risikofreier, als mit Sonnenstich nach dem Mann fürs Leben zu suchen.

DER 8. VERSUCH

»I wanna kiss you!«

1. Akt

Eine Woche nach dem Ausflug mit MBW sehne ich mich nach einem richtig schönen Mädchen-Abend. Ich rufe meine Freundin Tina an. Sie hat wie immer schon was vor, aber schlägt mir vor, sie zu einer Theateraufführung mit anschließender Premierenfeier zu begleiten. Tina ist mein ganz persönlicher Kultur-Scout. Sie weiß, wann und wo es die interessantesten Stücke, Happenings oder Performances zu sehen gibt. Außerdem hat sie meistens Freikarten oder persönliche Einladungen zu Künstlerpartys im intimsten Kreis. Als freie Theaterregisseurin verbringt sie ihre Zeit hauptsächlich damit, von einem Stück zum nächsten zu eilen oder durch die ganze Republik zu touren, um Theaterfestivals zu besuchen oder selbst daran teilzunehmen. Zwischendurch werden Förderanträge ausgefüllt, Gelder akquiriert und bis zum Erbrechen geprobt. Den Satz »Ich kann nicht mehr« kennt Tina nicht. Und ich kenne keinen anderen Menschen, der so viel Energie hat wie sie. Wir beide wiederum kennen uns noch aus dem Studium der Theater- und Medienwissenschaften. Allerdings erschien Tina das sehr theoretisch angelegte Studium schon nach dem ersten

Semester zu belanglos. Sie brach ab, bewarb sich weltweit um Assistenzen und Hospitanzen. Nach einigen Lehr- und Wanderjahren begann sie, sehr erfolgreich eigene Projekte zu realisieren. Tinas Liebesleben steht dagegen schon immer an zweiter Stelle. Sie ist sich selbst genug und ihre Arbeit erfüllt sie. Ein beneidenswerter Zustand, wie ich finde.

Eine Stunde bevor das Stück beginnt, treffen wir uns im Theater »Hebbel am Ufer«. In nur sechzig Minuten versuchen wir uns im Eiltempo alles zu erzählen, was wir in letzter Zeit erlebt haben. Ich berichte von meiner bisher erfolglosen Suche nach dem Mann fürs Leben und Tina schwärmt von dem Stück, das wir gleich sehen werden. Die Performancegruppe kommt aus Argentinien und wenn ich sie richtig verstanden habe, geht es um Frauen und ihre Väterkonflikte.

»Das ist unser Stück, Christiane. Denn unsere Väter sind an allem schuld«, sagt Tina. »Zum Beispiel an unserer künstlerisch ausgerichteten Berufswahl. Du schreibst Sexbücher, anstatt Juristin geworden zu sein. Eine ganz klar passiv-aggressive Reaktion auf die väterliche Erwartungshaltung. Genauso unsere Unfähigkeit, uns auf ernsthafte Bindungen mit *normalen* Männern einzulassen. Schon aus Trotz kommt das nicht infrage. Im kläglichen Versuch, eine eigenständige Person zu werden, suchen wir uns immer Männer aus, die unsere Väter ablehnen. Nur, um ja nicht ihren Vorstellungen gerecht zu werden. Um zu provozieren, zu rebellieren. Und warum? Um endlich ihre Aufmerksamkeit zu ergattern. Um endlich einmal wahrgenommen zu werden. Ach, das ganze Leben ist ein einziger Abnabelungsprozess.«

Ich versuche, Tinas Redefluss zu folgen. Aber ich kann ihr in alldem nicht uneingeschränkt zustimmen. Die seltenen Male, als ich einen Mann mit nach Hause brachte, meinte mein Vater nur: »Wenn du mit ihm glücklich bist, sind wir es halt auch.« (Vorausgesetzt er ist kein Lehrer oder Schauspieler.) Selbst bei dem 15 Jahre älteren Häschen-Mann – oder Till, dem arbeitslosen Künstler, der sein ganzes Geld in Tätowierungen gesteckt hat – gab es kaum Proteste (nur heimlich verdrückte Tränen der Verzweiflung). Außerdem: Sexbücher? Ich dachte, ich schreibe intelligente Frauenliteratur, gepimpt mit Erotik.

»Wie läuft's denn bei dir in der Liebe?«, frage ich weniger tiefenpsychologisch fundiert nach. »Ach«, sagt Tina und winkt ab. »Ich habe eine Affäre mit so einem Franzosen. Der wollte heute auch kommen. Dann stell ich ihn dir mal vor. Komm, wir müssen los. Das Stück fängt gleich an.« Wie gesagt, Männer stehen bei ihr an zweiter Stelle.

2. Akt

Ehrlich gesagt habe ich das Stück nicht wirklich verstanden. Hysterische Frauen in Brautkleidern und als Bräutigam verkleidete Väter. Irgendwie eine sehr inzestuöse Veranstaltung, aber durchaus amüsant. Nach der Aufführung gehen wir zur Party in die Theaterbar. Sogar die DJane trägt ein Brautkleid.

»Hey girls, how did you like the performance?«, fragt uns ein dunkelhaariger Mann mit französischem Akzent, der ein bisschen wie der junge Bob Dylan aussieht. »Bonsoir Nicolas!«, begrüßt ihn Tina mit einem Küsschen und zwinkert mir zu. Danach verfällt sie in einen schier endlosen Monolog über Kunst und Künstlichkeit, über Authentizität in Abgrenzung zur Echtheit der Realität. Oder so ähnlich. Ich schalte ab und starre auf den jungen Mann neben Bob Dylan, der mich an Terence Stamp aus Pasolinis »Teorema« erinnert. Ich glaube, ich habe mich gerade verliebt. Als Tina gezwungenermaßen eine Redepause einlegt, um mal Luft zu schnappen, nutzt Nicolas die Gelegenheit, um Bier zu holen. Tina begleitet ihn und ich bleibe zurück, mit dem Freund der Affäre meiner Freundin.

»Hello«, sagt er schüchtern. »I am Antoine Leval. What's your name?« Madame Leval, würde ich gern sagen. »Christiane.« Ich gebe ihm die Hand, und »typisch Franzose« gibt er mir sofort drei Küsschen. Mehr! Ich will mehr! »You smell good«, sagt der schöne Mann. »You, too«, sage ich unschlagfertige Person. Tina hätte bestimmt einen besseren Spruch parat gehabt.

Tina und Nicolas kommen mit vier Bier zurück. Nicolas findet die Party »boring«, und die Herren drängen darauf, in den »Fuchsbau« zu fahren, eine Bar in Kreuzkölln. Die Franzosen spendieren das Taxi, und zwanzig Minuten später finden wir uns in einer verrauchten Kneipe wieder. Ich weiß zwar nicht, warum es hier besser sein soll, aber Monsieur Antoine Leval würde ich überallhin folgen. Sogar nach Scheiß-Paris.

Tina und Nicolas knutschen die ganze Zeit, unterbrochen von Tinas rhetorischen Ergüssen. Antoine interessiert sich dafür, wo ich wohne und ob ich einen Freund habe. Ich sage: »No. Right now, I am single.« Antoines Kopf kommt auf mich zu. »I wanna kiss you!« Als ich gerade über eine schlagfertige Antwort nachdenke, spüre ich schon seine Zunge tief in meinem Mund. Sehr tief.

Ja, ich weiß, ich habe mir eben noch gewünscht, dass er mich küsst. Aber doch nicht so! Es ist nicht halb so schön, wie ich es mir ausgemalt habe. Es ist ganz und gar nicht schön. Seine Bartstoppeln reiben an meiner Haut, er schmeckt nach Nikotin und stimuliert mit seiner Zunge schon fast meine Mandeln.

»Wow. You are fast!« Damit drücke ich ihn von mir weg und ringe nach Luft. Antoine lacht und steht auf. Im selben Moment erhebt sich auch Nicolas und die beiden Herren verschwinden wortlos, aber gemeinsam, auf Toilette. Tina grinst mich an. »Die sind ganz süß, oder?« – »Woher kennst du sie?« Tina überlegt. »Nicolas habe ich im Möbel-Olfe kennengelernt, die Kneipe am Kottbusser Tor. Er sieht aus wie der junge Bob Dylan, findest du nicht? Er ist nicht der Hellste, aber dumm fickt gut.« Meine Freundin – das unbekannte Wesen – lacht laut los.

Die beiden kommen zurück und Nicolas geht richtig ran, fasst Tina unter ihr T-Shirt und küsst ihren Hals. Ich versuche, mit Antoine noch ein wenig zu plaudern: »Why do you go to toilette together?«, frage ich interessiert nach. »To take cocaine.« Aha. Dann schiebt er wieder seine Zunge in meinen Rachen. Ich »küsse« ein bisschen mit, drücke ihn dann aber bestimmt zurück. »Why do you take cocaine?«, frage ich irritiert. Antoine lacht. »Why do you drink beer? It is the same.« Zack, wieder Zunge im Mund. So schön er auch aussieht und so sexy dieser französischen Akzent auch ist: Er benimmt sich nicht gerade einfühlsam.

Diesmal erlöst mich Tina, die mich antippt. »Christiane, wir hauen ab. Ich muss mal eben das Loch performen«, flüstert Tina mir zu und küsst mich auf den Mund. Ich glaube, das macht die Herren jetzt irgendwie scharf. »Schon?«, frage ich nach. »Wir haben uns noch kaum unterhalten.« – »Lass uns morgen mal skypen«, schlägt Tina vor und rückt ihr T-Shirt zurecht. Nicolas greift ihr an den Hintern und schon sind die beiden verschwunden.

»Can we go to your place? I wanna kiss you down there!« Ich bin eindeutig nicht betrunken genug, um über den Satz »I wanna kiss you *down there*« hinwegsehen zu können. »Let's talk a little more«, schlage ich ausweichend vor. Vielleicht wird er mir noch sympathisch. »I don't want to talk. I wanna fuck you. Now.« Ach so. Na dann. Dann werde ich mal eben bezahlen und mein Höschen schon mal ausziehen, oder was? Ich schlage ihm vor, uns erst noch ein bisschen kennenzulernen. Er meint »Why losing time? Now, I want you!«

Jetzt bin ich echt verärgert. Ich bin richtig enttäuscht, dass der schöne Mann so ein Blödmann ist. »Do you promise to shut up, when we fuck?« Antoine möchte gern wissen »why the hell, I should shut up when we fuck?« – »Because you talk bullshit all the time?« Daraufhin schlägt Antoine vor, dass ich ein bisschen Kokain nehmen könnte, »to relax«.

3. Kein Akt

Nicht mal die verlockende Aussicht darauf, meinen Vater mit diesem koksenden Franzosen zu schockieren, reicht aus, um mit einem Vollidioten ins Bett zu gehen. Zumindest nicht mit einem, der sich noch vor dem Akt als ein solcher entpuppt. Ich lasse Antoine beleidigt zurück. Er meint noch, ich sei »not cool at all«. Ich gebe zurück, er sei eben nicht »hot enough«. Dabei mache ich seinen Akzent nach, den isch inzwischen gar nischt mehr seksie, sondern nur noch albern finde.

Was ich gelernt habe – oder: die Katharsis

1. Mädchen-Abende schließen Sex und Drogen nicht aus.
2. Unsere Väter sind an fast allem schuld.
3. Ein Mann, der eine Frau erst unter Drogen setzen muss, um sie ins Bett zu bekommen, ist kein Mann fürs Leben.

DER 9. VERSUCH

Sportfreunde Stiller – oder: »Tage wie dieser«

1. »Erste Wahl«?

Als mein Handy an diesem Dienstag klingelt, brauche ich einen Moment, um den Namen »Sven« auf meinem Display einer Person zuzuordnen. Kann das sein: Sven? Mein Sven? Mein Exfreund Sven? »Hallo?«, antworte ich nach wiederholtem Klingeln zögerlich. »Hallo Christiane. Ich bin's.« Tatsache, er ist es.

Sven und ich waren vor drei Jahren mal ein Paar. Wir waren insgesamt ein knappes Jahr zusammen – allerdings mit so einigen Unterbrechungen. Wenn ich mich recht erinnere, haben wir abwechselnd vier Mal Schluss gemacht, um es dann immer wieder ein allerletztes Mal zu versuchen. Der Krug geht eben so lange zum Brunnen, bis er bricht. Wir konnten nicht ohne, aber auch nicht miteinander. Wir hassten und wir liebten uns. Hätte man unsere Beziehung verfilmt, wäre es eine Mischung aus »Szenen einer Ehe«, »Bonny und Clyde« und »Monaco Franze« geworden, denn abgesehen davon, dass sich Sven sehr für »Menschen interessierte«, nannte er mich durchweg »Spatzl«. Mit Sven wurde es nie langweilig: Es war aufregend und anstrengend, leidenschaftlich und zermürbend.

Sven ist ein absoluter Chaot. Er ist unbeschwert, witzig und ein begnadeter Liebhaber. Aber leider auch unzuverlässig, verantwortungslos und ein Weiberheld. Ich konnte mich nie zu hundert Prozent auf ihn verlassen. Als er mich eines Tages am Flughafen versetzte – weil er auf der Autobahn wegen eines leeren Tanks liegen geblieben war –, war das Fass voll, der Krug zerbrach. Kein »Aber Spatzl, schau, es war so …« konnte mich aufhalten. Ich flog ohne ihn in unseren lang ersehnten Pärchenurlaub, der eigentlich als Startschuss für einen erneuten Beziehungsanlauf gedacht war. In einer deprimierenden Woche alleine am Strand von Gran Canaria (ich hasse die Kanaren noch mehr als die Ostsee) wurde mir klar, dass ich an erster Stelle einen Mann will, auf den ich mich voll und ganz verlassen kann.

Sven und ich haben uns einvernehmlich getrennt. Diesmal für immer. Einvernehmliche Trennungen sind das Schlimmste. Denn wenn die Vernunft siegt, kann die Liebe nicht so groß gewesen sein, oder? Da der Schmerz zu verkraften war, sind Sven und ich »Freunde« geblieben. Ich melde mich, wenn ich mal in Hamburg bin (was ich eher selten bin) und er meldet sich, wenn er in Berlin ist (was er oft ist, aber dann nicht tut, weil er eine seiner zahlreichen Freundinnen dabeihat oder besucht). Außer heute. »Schön, dass du anrufst. Wie geht es dir?«

Sven erzählt mir, dass er zur »Bread & Butter«-Modemesse nach Berlin kommt. Er hat die Grafik für ein paar Modelabels gemacht und daher Einladungen zu diversen Partys und Veranstaltungen. »Und da dachte ich, dass es doch schön wäre, dich bei dieser Gelegenheit mal wiederzusehen. Hast du Lust, mich auf die Eröffnungsfeier zu begleiten?« Ich muss zugeben, ich wundere mich doch sehr, dass Sven ausgerechnet mich fragt. Bestimmt kennt er genug Modemiezen, die sich für so eine Karte ein Bein ausreißen – oder ihm einen blasen würden. Sollte ich tatsächlich seine erste Wahl sein? Das kann ich mir beim besten Willen nicht vorstellen. Ich vermute, dass ihm entweder seine eigentliche Begleitung abgesprungen ist, oder er eine günstige Übernachtungsmöglichkeit braucht. Aber das behalte ich jetzt mal für mich.

»Ich weiß nicht«, stammle ich ins Telefon, um Zeit zu gewinnen. »Ach komm schon. Das wird eine super Party. Die Sportfreunde Stiller spielen.« Jetzt muss ich laut loslachen: »Du hasst die Sportfreunde!« – »Aber du nicht«, kontert Sven.

Ich muss zugeben, die »Bread & Butter« reizt mich schon. Ich war noch nie dort. Bisher dachte ich, da dürfen nur Modedesigner und Topmodels hin. Abgesehen davon würde ich mich tatsächlich freuen, Sven mal wiederzusehen. Ich hatte ihn wirklich gern. Bei vielen Männern, die ich nach Sven kennengelernt habe, habe ich die Unbeschwertheit vermisst, die ich bei ihm so sehr genossen und zugleich gefürchtet habe.

»Na gut. Ich komme mit. Wann ist die Eröffnung?« – »Heute Abend«, sagt Sven. »Ich bin in zwei Stunden da, sagt mein Navi. Wenn du magst, hole ich dich ab. So gegen 21 Uhr?« Das ist so typisch. Er ruft mich zwei Stunden vorher an und geht davon aus, dass ich nichts vorhabe. Außerdem habe ich nichts anzuziehen für eine Modeparty. Fakt ist aber auch, dass ich tatsächlich nichts vorhabe und für ein Sportfreunde-Konzert sollte sogar mein Kleiderschrank noch ausreichen. Außerdem vermute ich auf einer Modemesse viele schöne Männer. Und bin ich es meinem Selbstversuch nicht geradezu schuldig, diese Vermutung empirisch zu überprüfen?

»Ich hab zwar schon was vor, aber das könnte ich schieben«, lüge ich und schäme mich gleich ein bisschen, so kindisch zu sein. »Freut mich«, sagt Sven. »Dann bis gleich. Ach und Christiane?

Könnte ich vielleicht auf deiner Couch schlafen?« Wusste ich es doch.

2. »Ich, Roque«

Ich habe seit Jahren keine Sportfreunde mehr gehört. Aus dem Alter bin ich längst raus – dachte ich zumindest. Aber als ich jetzt zur Einstimmung das Album »Burli« einlege, kann ich noch immer bei »Ich, Roque«, mitsingen: »Hey, hey, hey, der Modefreak jubiliert, er hat den Anzug anprobiert. Und seine Freundin frohlockt, wie der Anzug rockt. Auf der Jeans da steht Punk, den Nietengürtel im Schrank ...« Nietengürtel ist eine gute Idee. Außerdem habe ich noch dieses schwarze Pailletten-Oberteil, das mir Sven zum 26. Geburtstag geschenkt hat. Ob er sich daran noch erinnern wird?

Als es exakt um 21 Uhr an meiner Tür klingelt, bin ich echt überrascht. Nein, ich finde es geradezu unheimlich. Wenn Sven zwei Stunden sagt, kann man von mindestens drei, wenn nicht vier ausgehen. »Ich komme gleich raus«, sage ich durch die Sprechanlage, schlüpfe in meine Schuhe und werfe einen letzten prüfenden Blick in den Spiegel. Wer weiß, vielleicht hat sich Sven ja verändert? Womöglich ist er inzwischen ein verantwortungsvoller, reifer, zuverlässiger Mann geworden, der immer noch unbeschwert und nach wie vor ein großartiger Liebhaber ist? Vielleicht war Sven mein Mann fürs Leben – und nur der Zeitpunkt falsch gewählt. Nach drei Jahren kann ein zweiter, prüfender Blick nicht schaden. Was habe ich schon zu verlieren, außer einen Abend auf der Couch?

Sven steht mit seinem Audi mitten auf der Straße, sozusagen in dritter Reihe. Er sitzt hinter dem Steuer, telefoniert und ignoriert das hupende Fahrzeug hinter sich. Ich springe auf den Beifahrersitz und Sven beendet sein Telefonat. »Spatzl! Schön, dich zu sehen!« Dauerhupen hinter uns. »Sven, ich glaube, du musst hier wegfahren.« – »Der soll sich jetzt mal nicht so anstellen«, wiegelt Sven ab und gibt mir ein Küsschen auf die Wange. »Man wird doch noch schnell dem Spatzl Hallo sagen dürfen. Hübsch siehst du aus.« Als der Fahrer aus dem hinteren Wagen schon aussteigt, gibt Sven Gas und winkt dem aufgebrachten Mann noch kurz durch den Rückspiegel zu.

»Wenn du so weitermachst, bist du deinen Führerschein bald los«, kommentiere ich sein Verhalten. Sven lacht: »Den bin ich eh los. Bin schon wieder geblitzt worden. Wenn ich richtig gezählt habe, war das jetzt mein fünfzehnter Punkt. Dieses Punktesystem ist einfach nur unfair. Immerhin fahre ich seit 15 Jahren unfallfrei. Aber ich habe gerade mit meinem Anwalt telefoniert. Der wird das schon regeln.« Ich verkneife mir einen Kommentar – sonst bin ich gleich wieder die unentspannte Juristentochter.

Sven sieht nach wie vor sehr gut aus. Er ist nicht besonders groß, hat aber liebe Augen, einen femininen Mund, braunes Haar mit modischem Seitenscheitel und einen außergewöhnlichen, aber funktionierenden Kleidungsstil. Sven ist vermutlich der einzige Mann, der in einer Strickjacke mit Karomuster und kurzen Hosen gut aussieht. Auf der Fahrt zum Gelände Tempelhof überlegen wir, wann wir uns das letzte Mal gesehen haben.

»War das nicht im Januar?«, fragt Sven. »Nein. Wir waren zwar am 06. 01. um 20 Uhr verabredet, aber du hast um fünf vor acht betrunken angerufen und gesagt, dass du es doch nicht nach Berlin schaffen würdest, weil du immer noch Silvester feierst.« – »Stimmt. Das war krass«, lacht Sven, als er sich daran erinnert. »Sag mal, wirfst du mir das immer noch vor?«, fragt er überrascht nach. »Nein. Das ist kein Vorwurf. Nur ein Tatsachenbericht. Aber heute hat es ja geklappt. Und das ist doch schön, oder? Wie gefällt dir eigentlich mein Oberteil?« – »Toll. Ist das neu?« War ja eigentlich klar.

Am Messegelände angekommen fragt Sven den Parkwächter, ob er hier parken könne. »Ne, det is nur für Mitarbeiter«, lautet dessen schlichte Antwort. Sven bedankt sich freundlich, ignoriert diese Anweisung und fährt schnurstracks an ihm vorbei auf das Gelände. »Wir sind ja heute fast Mitarbeiter. Schließlich bin ich der Grafiker«, antwortet Sven auf meinen fragenden Blick. Ich weiß, dass es sinnlos ist, ihn zu überreden, das Auto irgendwo legal abzustellen. Was soll's. Sein Führerschein ist eh schon Geschichte.

Am Eingang zum Messegelände drückt Sven mir eine Akkreditierung mit Passfoto in die Hand. »Luise Müller?«, lese ich irritiert den Namen auf dem Kärtchen. »So heiße ich nicht und diese braunhaarige Frau mit Pony sieht mir auch gar nicht ähnlich.« Sven winkt ab: »Das passt schon. Einfach selbstbewusst vorzeigen, dann hält dich auch niemand auf.« Das fängt ja gut an. »Sven, warum bin *ich* hier, und nicht Luise Müller?« Sven bleibt kurz stehen: »Spatzl, ich wollte dich gern sehen. Und Luise ist eine Kollegin. Sie war so nett, mir ihre Akkreditierung für dich zu, sagen wir, zu leihen.« Ich weiß, dass das gelogen ist, aber folge Sven wortlos durch die Eingangskontrolle. Dort halte ich wie angewiesen erhobenen Hauptes meine Karte hoch und werde durchgewunken. »Siehst du, Spatzl. War gar kein Problem.« Tage wie dieser beweisen es: Menschen ändern sich nicht. Sven ist immer noch ein Chaot und auch immer noch sehr liebenswert. Aber als Partner würde er mich in den Wahnsinn treiben – nach wie vor. Ich denke, Luise ging es ähnlich.

3. »Im Namen der Freundschaft«

Sven und ich verbringen einen sehr lustigen Abend miteinander. Wir tanzen, trinken, flirten miteinander – und auch mit anderen. Ich fühle mich jung und schön. Das liegt vermutlich an den Sportfreunden, unserer Musik »von früher« oder vielleicht auch an Sven, meiner alten Liebe. Vielleicht aber auch an den vielen unglaublich attraktiven Menschen, die uns hier umgeben und eine Atmosphäre von »Unbeschwertheit« versprühen.

Um drei Uhr morgens nehmen Sven und ich ein Taxi zu mir. Nicht etwa deshalb, weil Sven so vernünftig gewesen wäre, nicht mehr zu fahren. Sondern aus dem einfachen Grund, weil sein Auto abgeschleppt wurde. Sven sagte nur: »Ach blöd, mein iPhone liegt noch im Handschuhfach«, und damit war die Sache auch schon wieder vergessen. Sven bittet den Taxifahrer, noch bei McDrive vorbeizufahren, und spendiert mir, dem Spatzl, ein Kinder-Menü. Mein erster Cheeseburger seit drei Jahren.

Cheeseburger hin oder her: Ich weiß, dass Sven nicht mein Mann fürs Leben war und auch nie sein wird. Und daher darf ich heute Nacht auch mit ihm schlafen. Ach, manchmal liebe ich das Suchen und Nichtfinden nach dem »Mann fürs Leben«.

Was das Spatzl gelernt hat:

1. Eine aufgewärmte Suppe schmeckt sehr wohl noch gut – macht aber leider nicht satt.
2. Das Punktesystem des deutschen Verkehrsverbandes ist total unfair.
3. In Berlin unter der Woche nach 18 Uhr abgeschleppt zu werden kostet 125 Euro.

DER 10. VERSUCH

Toni – der Tandempartner

1. Ciao, Marco, Ciao!

Das kleine Intermezzo mit Sven hat es mir mal wieder vor Augen geführt: Es ist an der Zeit, *neue* Männer kennenzulernen. Beziehungen, die früher nicht funktioniert haben, werden auch später – also jetzt – nicht funktionieren. Und solange man weder verheiratet ist, noch Kinder zusammen gezeugt hat, gibt es keinen triftigen Grund, für aussichtlose Zweierkonstellationen zu kämpfen. Eine Beziehung sollte an erster Stelle bereichernd, nicht kräftezehrend sein. Und sei der Sex auch noch so toll.

Die leidenschaftlichsten Begegnungen hatte ich meistens auf Reisen. Als ich während meiner Studienzeit einen Monat »Sprachurlaub« in Rom machte, verliebte ich mich schon am zweiten Tag in Marco, den Kellner aus der kleinen Bar neben meiner Wohnung. Marco und ich verbrachten vier berauschende Wochen zusammen. Und da man eine Sprache entweder in der Wiege oder im Bett lernt – wie meine Schwester zu sagen pflegt – und ich für die Wiege schon zu alt war, machte ich mit Marcos Hilfe sehr schnell große Fortschritte in der italienischen Sprache. Allerdings gibt es viele Dinge, für die man gar keine Worte braucht. Wir waren verliebt, tranken Nero d'Avola wie Wasser und trieben es rund um die Uhr. Als sich mein Aufenthalt langsam dem Ende entgegen neigte, versprachen wir uns, einander niemals zu vergessen, immer zu lieben und uns so bald wie möglich wiederzusehen. Nach einem tränenreichen Abschied am Flughafen Fiumicino folgten sehnsüchtige SMS und schwülstige E-Mails in einem Sprachgewirr aus Deutsch, Englisch und Italienisch. Drei unendlich lange Wochen später kam mich Marco in Erlangen, wo ich damals studiert habe, endlich besuchen.

Ich habe diesmal keine zwei Tage gebraucht, um meine Emotionen einzuordnen. Schon nach zwei Stunden wurde mir klar, dass meine Liebe, die in der ewigen Stadt begonnen hatte, auch an diese gebunden war. Ein Italiener in Erlangen ist nicht das Gleiche wie ein Italiener in Rom. Die Pizza schmeckte ihm nicht, der Espresso bereitete ihm »schifo« (Ekel) und den Wein empfand er als Unverschämtheit, auch wenn das Etikett dasselbe war. Neben seinem Gestänker über Deutschland, die Deutschen, die deutsche Sprache und das deutsche Wetter ging mir sein Gesäusel über »amore«, seine permanente Romantik und seine überholten Vorstellungen einer Paarbeziehung im 21. Jahrhundert nur noch auf die Nerven. Seine Souveränität, die ich in Rom so bewundert hatte, war spurlos verschwunden.

Außerdem strengte es mich an, in einer Fremdsprache meine Bedürfnisse und Wünsche zu formulieren und ständig nach Worten zu suchen, die ich nicht kannte. Ich sehnte mich nach einem Partner, der mich verstand, auch mal einen Tag ohne Pasta leben könnte und die Finger von meinem Po lassen würde, wenn ich ihn darum bitte.

Nach drei Tagen Italien in Erlangen dachte ich darüber nach, Marco das Titellied von der Zeichentrickserie »Marco« vorzuspielen: »Ciao, Marco, ciao! Sing, wenn du einsam bist! Ciao, Marco, ciao! Sing, wenn man dich vergisst!« Da er das ja doch nicht verstehen würde, wählte ich den direkteren Weg und sagte ihm ins Gesicht, dass ich nicht mehr mit ihm zusammen sein wollte. Dabei stellte ich fest, dass es eigentlich ganz einfach ist, in einer Fremdsprache Schluss zu machen. Man konzentriert sich so sehr auf Vokabeln und Grammatik, dass man den Inhalt des Gesagten selbst kaum noch wahrnimmt. Während Marco eine Träne über die Wange kullerte, freute ich mich darüber, mich so erfolgreich ausgedrückt zu haben.

Im Gegensatz zu Marco und seinem Herzen litten meinerseits nur meine hart erarbeiteten Italienischkenntnisse unter unserer Trennung, die sich ebenso schnell wieder verflüchtigten, wie sie gekommen waren. Heute reichen sie gerade noch aus, um Pizza zu bestellen. Aber das ist eh total peinlich, denn jeder Deutsche denkt, er könne auf Italienisch bestellen. Sogar Gerhardt Polt in der berühmten Szene aus »Fast wia im richtigen Leben«: »Herr Ober! Cameriere! Cameriere! Ähm voliamo prego äh due äh questi calamari diavolo e due insalate miste äh und poco di pane, subito. Wir warten schon geraume Zeit, jetzt.«

Um nicht bald wirklich wie Polt zu klingen, beschließe ich, meine Fremdsprachenkenntnisse schleunigst wieder auf Vordermann zu bringen.

Und da ich nicht nur ein Faible für die italienische Sprache und Lebensart, sondern nach wie vor auch für die italienischen Männer habe, werde ich meine Suche nach dem Mann fürs Leben mit diesem Vorhaben verbinden: Ich suche mir einen Italiener in Berlin. Erst mal nur zum Sprachaustausch und wer weiß, vielleicht wird ja mehr daraus. Möglicherweise lassen sich kulturelle Barrieren leichter überwinden, wenn man sich in einen Italiener verliebt, der freiwillig und gern in Deutschland lebt, sogar ein paar Brocken Deutsch spricht und total verrückt ist nach Wurst mit Sauerkraut.

2. »Toni – L'uomo della mia vita«?

Nach einer halben Stunde im Copyshop ist mein Werk vollbracht: »Suche Tandempartner Italienisch–Deutsch«, steht fett geschrieben auf den gelben Zetteln. Die schon streberhaft vorgefertigten Stellen zum Abreißen verraten meinen Vornamen und meine Handynummer. Ich habe mich bewusst dafür entschieden, diesen Aushang nicht zweisprachig zu gestalten. Denn der Italiener, der »Suche Tandempartner Italienisch–Deutsch« nicht versteht, der sucht auch niemandem zum Sprachaustausch. Und »ernste« Absichten sollte er schon verfolgen. Das tue ich ja schließlich auch.

Anschließend hefte ich drei dieser Zettel an die Pinnwand der Sprachschule in der Kastanienallee und verteile den Rest an Litfaßsäulen sowie auf den Toiletten von Cafés und diversen italienischen Restaurants meiner Nachbarschaft. Die restlichen lege ich im »Circus« im Weinbergsweg aus. Ein beliebtes Backpacker-Hostel, das sich mehr und mehr zum In-Treffpunkt eingeschworener ausländischer Cliquen etabliert.

Fünf Tage später bin ich zugegeben ein bisschen enttäuscht, noch keinen Anruf bekommen zu haben. Als ich schon überlege, meine Suche mit Hilfe des Internets über meinen Kiez hinaus auszuweiten, bekomme ich eine SMS: »Hallo. Ich möchte gern treffen um Tandem zu machen. Hast du Zeit heute? Wir treffen um die acht an GLS? Tanti saluti, Toni!« Ich schreibe ihm sofort zurück: »Con piacere. A dopo. Viele Grüße, Christiane!«

Mit einem deutsch-italienischen Wörterbuch bewaffnet, stehe ich Punkt acht Uhr vor der GLS-Sprachschule und blicke mich suchend um. Kein heißblütiger Italiener in Sicht. Ähnlich wie bei meinem Internet-Blind-Date fürchte ich mich jetzt davor, auf den Stereotyp-Italiener mit zurückgegelten Haaren, Goldkette und hervorquellender Brustbehaarung zu treffen. Doch der Vorteil im Vergleich zum Internet-Date ist hier, dass man sich offiziell zum Sprachaustausch trifft und nicht um einander als mögliche Beziehungspartner abzuscannen. Irgendwie fühlt es sich etwas weniger peinlich und dafür umso polyglotter an.

Um Viertel nach acht ärgere ich mich über Tonis Verspätung, denn ich warte schon geraume Zeit, jetzt! Ich verstehe einfach nicht, dass es diesem Italiener selbst nicht zu blöd ist, klischeegetreu zu spät zu kommen. So können wir Vorurteile gegenüber anderen Kulturen nie abbauen.

»Ciao, sei Christiane?«, spricht mich ein dunkelhaariges Mädchen von der Seite an. Irritiert bejahe ich ihre Frage und reiche ihr die Hand. Sie umarmt mich, gibt mir zwei Küsschen und plappert auf Italienisch weiter. Ich glaube, sie erklärt mir gerade, warum sie – Toni – so spät dran sei. Ich sage »Ach, fa niente«, und fühle mich Polt wieder ein bisschen näher. Wir setzen uns auf die Terrasse vom Café der GLS-Sprachschule. Nachdem wir Rotwein bestellt haben, um unsere Zungen zu lockern (auch wenn ich mir das anders vorgestellt habe), erkläre ich ihr meine Irritation: »Ho pensato che sei un ragazzo, per il nome: Toni!« Toni lacht los und erklärt mir in gebrochenem Deutsch, dass Toni ihr Spitzname sei. »Eigentlich ich heiße Antonia.«

Meine anfängliche Enttäuschung, heute definitiv wieder nicht den Mann fürs Leben kennengelernt zu haben, legt sich schnell. Toni und ich verstehen uns hervorragend. Trotz unserer Sprachbarriere sind wir knapp zwanzig Minuten später schon bei den wirklich wichtigen Themen des Lebens angekommen: Wir sprechen über die Liebe, die Männer und über das Nichtfunktionieren von Mann-Frau-Beziehungen. Wenn sich Frauen über so etwas unterhalten, ist es eine Kleinigkeit, sich über Lappalien wie eine Fremdsprache hinwegzusetzen. Wir sprechen abwechselnd deutsch und italienisch, dann mischen wir wieder ein bisschen. Wenn wir damit nicht weiterkommen und wir zu ungeduldig werden, um nachzuschlagen, weil es doch gerade so spannend ist, weichen wir auf Englisch aus. Nach drei Stunden haben wir das Gefühl, uns schon ewig zu kennen. Wir planen alle möglichen gemeinsamen Unternehmungen. Toni studiert in Berlin Germanistik und hat auch nicht vor, so bald wieder nach Ferrara zurückzukehren. Dort sei ihr zu viel »casino«, weicht sie auf ihre Muttersprache aus. »Durcheinander«, helfe ich ihr übersetzend aus. Ich glaube, »casino« war mein erstes Wort, das ich in Rom gelernt habe. (Wieso nur?) Allerdings bedeutet »casino« übersetzt auch »Bordell« und sollte nicht verwechselt werden. »Wenn du auf der Polizeiwache rufst: »Was für ein Bordell«, könnte es passieren, dass sie dich festnehmen. »*Fest nehmen?*«, fragt Toni grinsend nach und kichert. Sie findet, wir sollten das unbedingt mal zusammen ausprobieren. Dann steht sie auf und holt uns noch zwei Rotwein: Nero d'Avola. Diese Frau gefällt mir.

3. Il fratello

Kurz vor Mitternacht verabschieden wir uns und machen ein Treffen für nächstes Wochenende aus. Toni feiert ihren 26. Geburtstag und gibt eine Party in ihrer WG. Sie sagt, ich müsse unbedingt kommen. Es werden »tanti amici« da sein. Sogar ihr Bruder würde kommen. Den müsste ich unbedingt kennenlernen. Bestimmt würden wir uns ausgezeichnet verstehen. Ich stimme Toni zu, denn da bin ich mir ganz sicher. Diese Frau als Mann wäre der Hit.

Che cosa ho imparato:

1. Nach drei Gläsern Wein spreche ich besser italienisch als jeder Italiener.
2. Fremdsprachen lernt man nicht *nur* im Bett.
3. Wir sind alle ein bisschen Polt.

DER 11. VERSUCH

Leider doch: Auf die Größe kommt es an

1. Trennen

Das Eigelb von den Eiern trennen und in einen Messbecher geben«, erklärt mir Konstanze am Telefon streng. Ich klemme das Handy zwischen Ohr und Schulter und versuche ungeschickt, ihre Anweisung zu befolgen.

»Ich finde, *Eigelb von Eiern trennen* klingt irgendwie nicht richtig. Eigelb und Ei gehören doch zusammen, so wie Finger und Hand. Oder Mutter und Kind.« Konstanze seufzt. »Christiane, du willst doch ein Tiramisu machen, oder? Also trenn jetzt das verdammte Eigelb vom Ei.« Ist ja gut. Ich trenne ja schon.

»Ist das schlimm, wenn noch ein bisschen Eigelb im Eiweiß schwimmt?« Konstanze seufzt noch lauter: »Wieso bringst du nicht einfach eine Flasche Wein mit auf diese Italiener-Party?« – »Na hör mal. Ich suche doch den Mann fürs Leben. Und falls er da sein sollte, muss ich ihn schon ein bisschen beeindrucken.« Konstanze lacht. »Wenn du ihn beeindrucken willst, sprich italienisch, zeig Dekolleté oder zieh am besten gleich ein Dirndl an. Da stehen die Italiener drauf. Aber gegen das Tiramisu seiner italienischen Mamma kommst du eh nicht an. Das ist wie ein Kampf zwischen David und Goliath.« – »Aber David hat gewonnen«, gebe ich zu bedenken. »Außerdem, ich habe gar kein Dirndl.« Konstanze kapituliert. Den Rest des Rezeptes notiere ich mir auf einen Zettel, um ihre Zeit und Nerven zu schonen.

Konstanze und ich kennen uns schon »seit immer«. Unsere ersten achtzehn Lebensjahre haben wir Tür an Tür einer Doppelhaushälfte bestritten. Wären wir nicht zusammen aufgewachsen, hätten wir vermutlich nichts miteinander zu tun, denn wir sind grundverschieden. Konstanze findet Secondhand-Läden »widerlich«, lebt in einer teuren Designerwohnung in München, arbeitet als Grafikerin und hat keine Zeit für Männer. Unsere unterschiedlichen Präferenzen zeichneten sich bereits im Kindesalter ab: Während ich mit dem Nachbarsjungen Doktorspielchen machte, spielte Konstanze schon im Sandkasten »Kuchen backen«. Ihr früh erworbenes Talent setzt sich bis heute fort. Sie ist eine begnadete Küchenfee und daher die Frau, die ich anrufe, wenn ich in die Notsituation gerate, backen oder kochen zu müssen. Ich könnte natürlich auch meine Mutter fragen, aber das endet immer mit Vorwürfen ihrerseits: »Wie? Du hast kein Nudelholz?«

In Bezug auf mein Faible für italienische Männer findet Konstanze, ich sollte mir besser einen Mann fürs Leben ohne Ödipuskomplex suchen. Ich dagegen finde, sie sollte ihre Vorurteile abbauen und mal für eine Woche nach Rom fliegen. Konstanze hasst Rom: »Was soll ich da? Es ist heiß, laut und schmutzig. Da fahr ich lieber nach Sylt. So, jetzt muss ich los, zu einem Meeting.«

»An einem Samstag?«, frage ich irritiert nach. »Na klar. Bei uns in der Agentur existiert der Ausdruck *Wochenende* nicht!«

Ich glaube ihr kein Wort »Ach komm schon. Gib's zu: Du hast ein Verhältnis mit deinem Chef!« – »Von wegen!«, erzürnt sich Konstanze. »Ich bin vermutlich die Einzige in dem Laden, die nicht mit diesem Kerl schläft.« Ich lausche ihren Ausführungen über karrieregeile Kolleginnen, schnelle Nummern auf der Unisex-Toilette und unverhältnismäßige Gehaltserhöhungen. Dabei nippe ich ein bisschen am Amaretto. Wirklich sehr lecker. Nur noch ein kleines Schlückchen.

»Christiane? Du trinkst jetzt nicht gerade den Amaretto, oder?« Erwischt. »Findest du es nicht auch zu schade, dieses Zeug an den Kuchen zu verschwenden?« Bevor Konstanze auflegt, wünscht sie mir »trotz allem« eine schönen Abend: »Und denk immer daran: Du bist der Amaretto, er der Kuchen!«

2. Unterrühren und Vermischen

Ich komme absichtlich zu spät. Toni meinte »verso le nove«. Wenn eine Italienerin »gegen neun«, sagt, meint sie eigentlich: »Nicht vor elf.« Mein Tiramisu schmeckt hoffentlich besser, als es aussieht. Es war keine so gute Idee, es im Fahrradkorb zu transportieren. Ich klingle bei Antonia Rappoccio und überlege, ob Christiane Rappoccio gut klingen würde.

Etwas außer Atem im dritten Stock angekommen öffnet mir ein sehr hübscher, aber auch sehr kleiner Mann die Tür. »Hallo, ich bin Christiane.« Ich will ihm die Hand geben, verfange mich dabei in den Henkeln meiner Handtasche und das Tiramisu rutscht mir aus den Händen, direkt auf seine Hose. »Scheiße. Mein Tiramisu«, ist alles, was mir dazu einfällt. »Dein Tiramisu? Meine Hose!« Ups. »Tut mir leid.« Ich bin so ein Trampel. Wir stehen etwas unbeholfen im Gang und ich weiß nicht so recht, was ich tun soll. An seiner Hose rumzuwischen wäre bestimmt der falsche Weg. »Ich hol mal einen Lappen«, sage ich und verschwinde mit rotem Kopf in der Küche. Wer um Himmels willen trägt denn auch heutzutage noch weiße Jeans?

»Ciao Christiane! Benvenuta!«, umarmt mich Toni, mit einem Glas Sekt-Aperol in der Hand. Ich begrüße sie und versuche auf Deutsch-Italienisch von meinem Missgeschick zu erzählen und zeitgleich einen Lappen zu organisieren. Wieder zurück auf dem Gang ist der kleine Mann verschwunden. Mein Tiramisu, oder eher das, was davon übrig blieb, steht traurig auf dem Boden und sieht mich vorwurfsvoll an. Ich trage es in die Küche und stelle es unauffällig auf dem Buffet ab. Daneben steht ein richtiges Prachtexemplar von Tiramisu. Wie aus dem Rezeptbuch. So ein Angeber! (Ich könnte es glatt fotografieren, auf Facebook stellen und als meines ausgeben. Konstanze wäre bestimmt stolz auf mich.)

Toni nimmt mich am Arm und stellt mich ein paar Freunden vor. Ich kann mir keinen einzigen Namen merken und beschließe, einfach alle Marco zu nennen. Anschließend bekomme ich eine Wohnungsführung. Es handelt sich um eine typische WG: ein unbeachteter Putzplan in der Küche, abgedroschene Filmplakate an den Wänden und bunt zusammengewürfelte Secondhand-Ost-Möbel, die immer nur Nicht-Berliner für besonders hip halten. Konstanze würde das blanke Entsetzen packen. Und ehrlich gesagt kann ich das sogar ein bisschen nachvollziehen. Für diesen Lebensstil bin auch ich schon zu alt.

Ich wohne alleine und ja: Ich habe eine Putzfrau, die ich als »haushaltsnahe Dienstleistung« sogar von der Steuer absetzen kann. Und um das Klischee vollends zu bedienen: Natürlich kommt sie aus Polen. Ich liebe diese Frau. Ich habe sie nur einmal gesehen, zur Schlüsselübergabe. Sie meinte: »So scheene Wohnung, aber so schmuutzig!« Ihre regelmäßige Anwesenheit spiegelt sich nicht nur in meinen Badfliesen wider. Sie räumt auf, legt meine Wäsche zusammen und nimmt den Ein- oder Auszug eines Mannes genauso diskret wahr wie meine amourösen Ausrutscher, die von benutzten Gummis im Badmüll verraten werden.

Sie ist die unsichtbare Zeugin meines Lebens und ich bin sehr froh, dass es sie gibt. Auch weil sie die Einzige von uns beiden ist, die meinen Wochenkalender regelmäßig weiterblättert – fast, als möchte sie mir Mut machen, nicht aufzugeben. Als wollte sie sagen: »Kämpf weiter, kleiner Schmuutzfink!«

»Ti presento mio fratello: Andrea!«, verkündet Antonia stolz. Natürlich, der kleine Mann vom Tiramisu-Unfall ist ihr Bruder. Das musste ja so sein. Sie heißt Toni, er Andrea. Was haben sich ihre Eltern dabei nur gedacht? Zu meiner Erleichterung hat Andrea inzwischen eine saubere Hose an. »Wir kennen uns schon«, stammelt er und klingt dabei immer noch ein bisschen beleidigt. Mein zweiter Versuch, ihm die Hand zu geben, klappt. Immerhin. Toni lässt uns alleine und wendet sich einer Gruppe überschminkter Italienerinnen in zu engen Hüfthosen und zu hohen Stilettos zu.

»Tut mir wirklich leid wegen vorhin«, entschuldige ich mich erneut. »Schon gut«, sagt Andrea. »Gott sei Dank habe ich ja ein paar Klamotten zum Wechseln dabei.« – »Ja. Gott sei Dank«, stimme ich ihm zu und frage mich, wie er wohl reagieren würde, wenn er in eine echte Notsituation geraten würde. (»Nicht schießen! Das Hemd ist neu!«?)

»Bist du immer so ungeschickt?«, fragt Andrea. So ein Blödmann. »Ich bin nicht ungeschickt. Das ist ein deutsches Begrüßungsritual. Man kippt sich Kuchen über die Hose. Kennst du das nicht?« Andrea verzieht keine Miene: »Ich lebe und arbeite seit zehn Jahren in Düsseldorf. Mir hat noch nie jemand Kuchen über die Hose gekippt.« – «Wirklich nicht?«, frage ich gespielt verblüfft nach. »Dann wurde es aber wirklich höchste Zeit.« Ich grinse ihn an, aber Andrea findet mich offensichtlich nicht besonders lustig. »Jetzt komm schon. Ich habe doch gesagt, dass es mir leid tut. Ist doch nur Tiramisu. Sogar selbstgemacht!« – »Ja. Und meine Hose ist selbst bezahlt!«, sagt Andrea und geht.

Komischer Kerl. Das ist der unitalienischste Italiener, den ich je gesehen habe. Dafür bestätigt er das Vorurteil, dass man sich vor kleinen Männern in Acht nehmen soll. Ich schätze ihn auf maximal 1,65 Meter. Ich verstehe nicht, wie Toni glauben konnte, wir beide könnten uns gut verstehen, und beschließe spontan, dass Christiane Rappoccio ziemlich scheiße klingen würde. Dieser Typ ist eine absolut humorfreie Zone. Vielleicht dachte Toni, Gegensätze ziehen sich an. Vielleicht dachte sie aber auch, wir würden rein größentechnisch gut zusammenpassen. Das ist ein weitverbreiteter Irrtum, mit dem ich hiermit aufräumen möchte: Auch kleine Frauen wünschen sich große Männer. An der Seite eines sehr kleinen Mannes, womöglich noch Händchen haltend, hätte ich immer das Gefühl, auf Schulausflug zu sein – oder auszusehen wie Kinder, die ihre Eltern suchen.

Wieder zurück in der Küche beobachte ich, wie ein sehr süßer Typ (circa 1,81 Meter – perfekte Größe) sich tatsächlich – obwohl er die Wahl hat – für mein Tiramisu entscheidet, und nicht für das Angeber-Stück daneben. Als ich ihn gerade unauffällig fragen will, wie es ihm schmeckt, unterbricht uns ein Mädchen mit Puppengesicht: »Nicht das komische, Schatz. Ich hab das daneben gemacht.« Die sieht genauso perfekt aus wie ihr Dessert. »Das ist nicht komisch«, verteidige ich mein Tiramisu. »Das hat nur schon sehr viel erlebt!« Die beiden sehen mich an, als wäre ich geisteskrank.

Ich bleibe knapp zwei Stunden auf der Party, mache deutschitalienischen Small Talk, esse fast alleine mein Tiramisu auf und trinke Sekt-Aperol, bis mir schlecht wird. Diese ganze Feier erinnert mich an meine Studienaustauschzeit, als ich mit Erasmus-Studenten aus aller Welt im Kauderwelsch um die Wette getrunken habe. Ich fühle mich schrecklich alt und fehl am Platz.

Obwohl ich die ganze Zeit versucht habe, dem kleinen, gemeinen Mann aus dem Weg zu gehen, steht er plötzlich wieder vor mir. »Achtung!«, warne ich ihn. »Ich habe ein Getränk in der Hand!« Er zückt Stift und Zettel und fragt nach meiner Adresse. »Willst du mir eine Postkarte aus Düsseldorf schicken?« – »Nein«, sagt

Andrea trocken. »Aber die Rechnung für die Reinigung.« Also, dieser Italiener ist deutscher als jeder Deutsche.

3. Kalt stellen

Auf dem Weg nach Hause rufe ich meinen besten Freund Tom an und erzähle ihm von meinem deprimierenden Partyerlebnis: »Tom, ich bin alt. Und ungeschickt. Und backen kann ich auch nicht. Ich fühle mich wie mein eigenes Tiramisu: ungewollt und unperfekt.« Tom muss lachen und versucht, mich zu trösten: »Christiane, perfekte Menschen sind unheimlich und langweilig. Dein Tiramisu war bestimmt sehr lustig, so wie du!« Ich seufze. »Andrea fand mich gar nicht lustig und mir ist gerade auch nicht besonders nach Lachen zumute.«

»Kennst du den schon?«, fragt Tom und legt los, mir einen Witz zu erzählen: »Treffen sich ein blinder Elefant und ein blinder Frosch. Beide wissen nicht, was sie sind, also beschließen sie einander abzutasten, um es herauszufinden. Der Frosch hüpft auf den Elefanten und sagt: »Du bist groß, hast riesige Ohren und einen Rüssel. Du bist ein Elefant!« – »Hey, super! Danke«, freut sich der Elefant und fängt an, den Frosch abzutasten: »Du bist klein, schleimig und hast keinen Schwanz. Du bist ein Italiener!«

Was ich (neben Tiramisu machen) noch gelernt habe:

1. Geschwister können sehr unterschiedlich sein.
2. Ich brauche dringend ein Dirndl.
3. Die Mindestgröße beim Mann fürs Leben lege ich hiermit auf 1,75 Meter fest.

DER 12. VERSUCH

Partnercheck

1. Ein Mann nach Maß

Zurück zum Internet. Ich war schon sehr lange nicht mehr als Lola online unterwegs und freue mich, neben diversen nichtssagenden und primitiven Zuschriften auch eine Nachricht von Daniel – meinem bisher einzigem Internet-Date – vorzufinden. »Hallo Häschen! Danke noch mal für den schönen Abend. Ich bin übrigens wieder mit meiner Freundin zusammen. Man muss auch mal verzeihen können :-). Lieber Gruß, Daniel!« Ich bin zwar ein bisschen enttäuscht, aber nachdem ich nichts mehr von ihm gehört habe, hatte ich mir das schon fast gedacht. Außerdem kann ich Männer, die Emoticons verwenden, eh nicht ernst nehmen. Ich antworte mit einem kurzen »Viel Glück!«.

Und jetzt werde ich die volle Bandbreite dieser anonymen Partnerwahl ausnutzen und nicht nur die Mindestgröße festlegen, die mein Traummann haben sollte. Nein, jetzt werden härtere Geschütze aufgefahren. Ich baue mir einen Mann nach Maß und werde dafür alle zur Verfügung stehenden Einschränkungen nutzen, um meine Suche zu verfeinern und zu perfektionieren.

Unter dem Button »Stöbern und Suchen« bietet sich mir die Möglichkeit, meinen Traummann bis ins kleinste Detail zu kreieren. Ich gebe folgende Kriterien ein: Ich suche »Männer, die Frauen suchen«, »für eine feste Partnerschaft«, »zwischen 27–42 Jahre«, »1,75 –1,89 m Größe«, »Kinder: keine«, »Kinderwunsch: denkbar«, »Beziehungsstand: ledig«, »Wohnort: Berlin« und »Foto: vorhanden.« Sternzeichen, Augen- und Haarfarbe lasse ich offen. Ganz schön mutig, was? Suchen!

Ich klicke mich tapfer durch eine Ergebnisliste von über zweihundert Männern. Obwohl alle irgendwann schon anfangen, einander zu ähneln, und bunte Sternchen vor meinen Augen tanzen, habe ich eine Stunde später zehn Kandidaten ausgewählt.

Das sind Männer, auf die meine Suchkriterien zutreffen und die mich – zumindest vom Foto her – auch optisch ansprechen. Meinen Vorsatz, niemanden zuerst anzuschreiben, lasse ich heute mal unter den Tisch fallen. Schließlich bin ich diejenige, die aktiv sucht und sich nicht nur passiv finden lässt.

Alle diese Herren bekommen die gleiche Nachricht von mir. Ich schreibe ihnen, dass ich mich freuen würde, von ihnen zu hören – nachdem sie sich bitte auch mein Profil vorab sehr aufmerksam durchgelesen haben.

Aufgrund meiner bisherigen Erfahrungen habe ich mein Statement entsprechend verändert: »Ich kann weder kochen noch backen. Ich bin nicht perfekt, dafür lustig. Ich mag politisch unkorrekte Witze und bin auf der Suche nach einem Mann, der attraktiv, humorvoll, leidenschaftlich, sportlich, reisebegeistert, intelligent, selbstbewusst, zuverlässig und liebevoll ist. Mehrfachauswahl zwingend notwendig. Dieser Mann sollte auch nicht heulen, wenn er mal Tiramsu auf die Hose bekommt. Wenn du dich jetzt angesprochen fühlst, freue ich mich, von dir zu hören.«

Zwei Tage später: null Nachrichten.

2. Hochleistungssport Dating

Nach fünf Tagen habe ich neben zahlreichen unseriösen Zuschriften (»Was glaubst du eigentlich, wer du bist? Madonna?« Oder: »Macht doch nichts. Kannst du bügeln?«) auch eine – wie ich finde – interessante Nachricht von Nick_80: »Liebe Lola. Hast du vielleicht Lust, die Tage mal zusammen klettern zu gehen?« Der junge Mann auf dem Profilfoto trägt ein Käppi und grinst frech in die Kamera. Er hat blaue Augen und macht einen sehr sympathischen Eindruck. Größe: 1,80, Alter 29. Er sieht gut aus und anscheinend hat er sich sehr gründlich mit meinem Profil auseinandergesetzt. Denn ich habe geschrieben, dass ich unternehmungslustige Männer, die auch mal die Initiative ergreifen, sehr mag. Und Klettern habe ich unter »bevorzugte Freizeitbeschäftigungen« aufgeführt. Da wollte ich aber ganz schön angeben. Ich kann zwar ein bisschen klettern, aber nur, weil es mir der »Häschen-Mann« beigebracht hat. Mit Engelsgeduld hat er mir den »Achterkonten« wieder und wieder erklärt und anschließend todesmutig sein Leben in meine Hände gelegt. Was für ein tollkühner Mann, der sich von einem Häschen sichern lässt.

Beim Klettern selbst wusste ich manchmal nicht so genau, ob ich die schwierige Sechser-Route nun wirklich alleine geschafft habe oder ob er mit ein bisschen Ziehen von unten nachgeholfen hat. Der Häschen-Mann war mein bisher einziger und damit bester Kletterpartner. Seit er mich verlassen hat, war ich an keiner Kletterwand mehr. Erstens wusste ich nicht mit wem, und zweitens erinnern mich all die lustig bunten Griffe nur an ihn. Verdammter Pärchensport.

Höchste Zeit, mein Klettertrauma zu überwinden. Häschen-Mann hat immer gesagt: »Häschen, das A und O beim Klettern ist, sich gegenseitig hundert Prozent zu vertrauen.« Mit einem völlig Fremden, den ich noch nie zuvor gesehen habe, klettern zu gehen, wäre demnach die größte Dummheit, die ich begehen könnte. Sehr schön. Ich bin geradezu in Hochstimmung für Dummheiten. Außerdem habe ich Häschen-Mann vertraut, aber das hat auch nichts genützt. Im übertragenen Sinne ließ er mich zwar nicht abstürzen, aber alleine an der Wand zurück. Wenn auch mit Werkzeugkasten, dafür ungesichert. Jetzt muss ich sehen, wie ich ohne ihn weiterkomme. Ich bin ein Kletterhäschen. Ich muss Haken schlagen! Kann jemand kommen und mich sichern? (Ob ich diesen Aufruf in meinem Internetprofil posten sollte?)

Ich klicke auf »Antworten« und schreibe: »Donnerstag, 20 Uhr, Kletterhalle Magic Mountain?« Nick_80 ist gerade online und bestätigt den Termin mit: »Gern. Freu mich. Lieber Gruß, Nick.«

Als ich Donnerstag nach der Arbeit meine Klettersachen in eine Sporttasche packe, ist mir nicht wirklich wohl zumute. Ob Nick_80 überhaupt keine Bedenken hat, sein Leben in die Hände einer unbekannten, kleinen Frau zu legen? Und hoffentlich will er nach dem Klettern nicht noch mit mir in die Sauna gehen. Obwohl, dann könnte ich gleich die »hard facts« überprüfen. Ich werde ihn mir einfach mal ansehen – zuerst jedoch angezogen. Wenn er suspekt oder betrunken ist, kann ich immer noch umkehren.

Mit einer Viertelstunde Verspätung komme ich am Magic Mountain an. Ich schließe mein Fahrrad ab, als schon ein junger Mann auf mich zukommt: »Hallo Lola? Ich bin Nick.« Ich sehe in die blauen Augen eines freundlichen Gesichts und freue mich, dass er seinem Profilfoto eins zu eins entspricht. Er trägt sogar das gleiche Käppi. »Hallo. Tut mir leid, dass ich zu spät bin. Wartest du schon lange?« Nick meint, das sei kein Problem. »Wollen wir?«, fragt er und hält mir die Tür zur Halle auf.

Als jeder an den Tresen seine eigene Eintrittskarte kauft, mustere ich den jungen Mann verstohlen von oben bis unten. Er trägt ein schwarzes T-Shirt und schwarze Shorts. Darunter lugen spindeldürre, wenn auch sehr sehnige Ärmchen und Beinchen hervor. Ich schätze, er wiegt keine 55 Kilo. Das ist etwas unheimlich bei seiner Körpergröße. Ich bin mir nicht sicher, ob mich dieser Mann im Ernstfall halten könnte. Mir wird ein bisschen mulmig und ich schlage vor, erst noch etwas zusammen zu trinken, um Zeit zu schinden.

»Lass uns lieber gleich loslegen«, sagt Nick. »Die haben nur noch vier Stunden geöffnet.« Vier Stunden? Spinnt der? »Du, Nick. Äh, du heißt doch Nick, oder?« – »Ja, wieso? Heißt du nicht Lola?« – »Doch, doch«, lüge ich und bereue es im gleichen Moment. So viel zum Thema Vertrauen. »Also, vier Stunden lang zu klettern halte ich niemals durch.« Nick findet, wir sollten trotzdem gleich anfangen und wenn ich müde sei, könne ich ja Pause machen. Er würde so lange bouldern, also ohne Seil alleine trainieren.

»Bist du öfter hier?«, frage ich auf dem Weg zu den Umkleidekabinen. »Ja, so dreimal die Woche, aber nie am Sonntag, da trainier ich für den Marathon.« Alles klar. Der Typ ist ein Freak. Der sucht definitiv keine Freundin, sondern einen Sparringspartner. Bestimmt steht er auf Aktivurlaub. Mit dem Fahrrad über den Himalaya oder zu Fuß nach Rom. Ach was: Auf den K2! Und ich hatte doch gerade angefangen, mich mit dem Gedanken an Wellness-Urlaub anzufreunden.

»Meinst du denn, du kannst mich halten?«, frage ich etwas direkter nach, als wir mit Klettergurt einsatzbereit an der Wand stehen. Nick sagt, er hätte schon »ganz andere Kaliber« gesichert. Unverschämter Kerl.

Ich – das Kaliber – werde als Erste klettern und wähle eine einfache Vierer-Route zum Aufwärmen. Wir machen vorschriftgemäß den Partnercheck, wobei man gegenseitig überprüft, ob die Ausrüstung des anderen richtig sitzt und alle Sicherungen korrekt angebracht sind. Als Nick meinen Hüftgurt noch etwas fester zurrt, berührt er nicht mal versehentlich meinen Po.

Entweder er ist nicht interessiert, sehr schüchtern, viel zu anständig oder schwul. Ich fühle mich schwer und unsportlich und ganz plötzlich sehne ich mich nach dem Häschen-Mann, der meinen Gurt viel zärtlicher gerichtet hätte. Anschließend hätte er sehr liebevoll und verantwortungsbewusst alle meine Knoten überprüft und nachgefragt, ob ich noch kann oder lieber Pause machen möchte.

Nick kennt keine Pausen. Die nächsten Stunden sind die härtesten, seit ich meinen Dating-Marathon begonnen habe. Zumindest in körperlicher Hinsicht. Nick scheucht mich von einer Wand zur nächsten und ist noch dazu streng darauf bedacht, meine Technik zu verbessern und mir Tipps zu geben, um die ich ihn nicht gebeten habe: »Du musst deine Beine mehr nutzen. Nicht alle Kraft aus den Armen holen!«, ruft er zu mir nach oben. Ich stelle mir vor, wie ich meine Beine nutze, um ihm einen kräftigen Arschtritt zu verpassen, und schaffe es dabei, den kleinen, fiesen, roten Griff zu erreichen. Nick dagegen schafft es, zwei Stunden lang kein einziges Wort mit mir zu wechseln, das nicht mit Seil, Sichern, Händen, Füßen oder Knoten zu tun hätte.

Nach einer Vierer-, drei Fünfer-, zwei Sechser- und einer Siebener-Route, an der ich auch nach wiederholtem Versuch kläglich scheitere, gebe ich auf. Meine Beine zittern, meine Zehen schmerzen und meine rechte Hand hat Striemen vom Seil. Ich mache den Vorschlag, vielleicht jetzt noch etwas zusammen an der Bar zu trinken: »Dann können wir uns auch ein bisschen unterhalten, ohne Höhenunterschied oder Seil zwischen uns.« Nick lehnt ab. Er möchte dann lieber noch ein bisschen alleine trainieren. »Meld dich, wenn du mal wieder klettern willst«, schlägt er abschließend vor. Dann nimmt er sein Käppi ab und es kommt eine nicht besonders schöne Halbglatze zum Vorschein. Das kommt davon, wenn man »Haarfarbe« als Suchkriterium offen lässt. Aber ich habe so das dumpfe Gefühl, ich bin auch nicht sein Typ.

3. Muskelkater

Nach einem entspannenden Saunadurchgang allein verlasse ich frisch geduscht die Kletterhalle. Neben zwei, drei vereinzelten Paaren ist Nick der Einzige, der noch sehr verbissen am Boulderfelsen hängt. Er bemerkt mich gar nicht, als ich an ihm vorbeigehe. Ich spüre eine kurze Wehmut aufkommen, weil ich schon wieder an den Häschen-Mann denken muss. Mit ihm hat das alles viel mehr Spaß gemacht. Nach dem Klettern haben wir uns immer noch zwei halbe Hähnchen mit Pommes geholt und wieder zu Hause bekam ich eine Ganzkörpermassage, um dem bösen Muskelkater vorzubeugen. Scheiße. Jetzt vermisse ich ihn schrecklich.

Ganz nostalgisch unserer Tradition folgend, fahre ich zur S-Bahn Schönhauser Allee und hole mir alleine ein halbes Hähnchen. Denn ich finde, das habe ich mir heute wirklich verdient.

Als ich vor dem Einschlafen noch meinen Posteingang checke, finde ich tatsächlich eine Nachricht von Nick_80 vor: »Hey Lola. War echt schön, dich kennenzulernen. Wir sollten das dringend wiederholen.« Ich klicke auf »Antworten« und schreibe: »Hallo Nick. Du hast mich nicht kennengelernt. Aber falls ich mal einen Rekord im Speedklettern aufstellen möchte, ruf ich dich an. Lola.«

Was ich gelernt habe:

1. Die Wahrnehmung zweier Menschen kann sehr unterschiedlich sein.
2. Eine alte Liebe kann man nicht ersetzen.
3. »Sportlich« sollte in den Suchkriterien durch »massiert gern« ersetzt werden.

DER 13. VERSUCH

Plötzlich verliebt

1. Liebe auf den ersten Blick

Freitagabende im Sommer sind die schönsten Momente des Jahres. Die schreckliche Arbeitswoche ist überstanden und ein sonniges Wochenende steht bevor. So wie heute, an diesem Freitag, dem 13. August. Ich treffe mich mit meinen Freundinnen Charlotte, Lisa und Alina bei unserem Lieblingsitaliener in Kreuzberg: Il Casolare. Wir wollen einfach ein bisschen den Abend ausklingen oder in eine Partynacht übergehen lassen. Darüber wird gerade heiß diskutiert, als Paolo, Lisas Freund und praktischerweise Kellner im »Casolare«, Sekt-Aperol für alle an unseren Tisch bringt. Der geht aufs Haus – wie immer.

Es ist jetzt schon über zwei Jahre her, dass ich mit Lisa um die Weihnachtszeit hier essen war. Ich konnte es nicht mehr länger ertragen, ihr dabei zuzusehen, wie sie Paolo aus der Ferne anschmachtete, aber sobald er an unseren Tisch kam, in eisiges Schweigen versank. Wenn Lisa verliebt ist, wird sie zuallererst immer furchtbar unfreundlich. Beim Rausgehen habe ich Paolo unauffällig die Rechnung zugesteckt, auf der ich Lisas Namen plus Handynummer notiert hatte. Mit dem Satz »Meine Freundin mag dich« ließ ich Paolo verdutzt zurück. Als ich Lisa kurz darauf beichtete, was ich getan habe, war sie kurz davor, mir die Freundschaft zu kündigen. Aber nachdem Paolo schon zwei Tage später anrief, die beiden sich trafen, sofort verliebten und seitdem ein glückliches Paar sind, ist sie mir gar nicht mehr so böse.

»Tanzen, Strandbar oder Pannacotta essen, bis uns schlecht wird?«, schlägt Charlotte zum Thema Abendplanung vor. Sie selbst ist für Tanzen, Alina für Strandbar und Lisa für Pannacotta und früh ins Bett gehen. Immerhin sei heute Freitag, der 13., und man müsse das Schicksal ja nicht herausfordern.

»Christiane? Deine Stimme gewinnt. Auf was hast du Lust?«, werde ich aus meinen Gedanken gerissen. Ich sehe die drei erschrocken an: »Mädels, es ist passiert. Ich habe mich gerade verliebt. Jetzt nicht schauen!« Wie auf Kommando drehen sich alle drei hektisch suchend um. »Nicht schauen!«, wiederhole ich flüsternd, aber eindringlich. Wir stecken unsere Köpfe zusammen. »Er sitzt auf elf Uhr: grünes T-Shirt, schwarze Haare: der Mann meines Lebens.« Die drei Damen folgen, so unauffällig sie es eben nur können (mit Speisekarte vor dem Gesicht), meinem Blick zu einem Tisch, der schräg gegenüber von unserem steht.

»Oh ja. Der ist echt schön!«, findet Charly. »Aber seine Freunde sind auch nicht übel«, stellt Alina fest. »Sind das Italiener?« – »Ne, ich glaube Franzosen«, sagt Lisa. Dann kommen Wein und Pizza, und für einen kurzen Moment haben sie die Männer vergessen. Ich dagegen versuche auch während des Essens, den schönen Mann mit Blicken zu hypnotisieren. »Schau mich an, schau mich an!«, wiederhole ich im Geiste ein Mantra, das ich still in seine Richtung sende, während ich aussehe wie die Schlange Kaa aus dem »Dschungelbuch«. Nichts. Keine Reaktion. Obwohl ich ihn regelrecht anstarre, hat er noch kein einziges Mal zu mir rüber gesehen. Er ist zu sehr in ein anscheinend ernsthaftes Gespräch mit seinen zwei Freunden verwickelt. Keine Frau am Tisch. Immerhin.

Als wir schon recht alkoholisiert versuchen, die Rechnung durch vier zu teilen, werde ich langsam nervös: »Mädels, was soll ich denn jetzt machen? Der schaut nicht mal rüber und ich muss ihn unbedingt kennenlernen. Wie sollen wir denn sonst heiraten und glücklich werden?« Lisas Augen leuchten auf: »Der Nummerntrick! Du gehst zuerst raus und ich lege ihm dann deine Nummer auf den Tisch.« Alle sind begeistert, außer mir: »Aber woher weiß er dann, wer ich bin?« – »Na, ist doch klar: Wir schreiben deinen Namen daneben!«, schlägt Charly vor, die schon ein bisschen lallt. »Charlotte, er kennt meinen Namen nicht!« Alle kichern. »Ich hab's«, sagt Alina. »Ich male ein Bild von dir neben die Nummer. Mit deiner Sonnenbrille und deinem schrecklichen Blümchen T-Shirt. Dann weiß er sofort, um wen es sich handelt. Er wird dann zwar enttäuscht sein, dass nicht ich es bin, aber damit muss er leben. Ist das T-Shirt eigentlich von deiner Oma?« Wer meine Freundinnen hat, braucht keine Feinde. Außerdem is det Vintage.

2. Liebe auf den zweiten Blick

Wir haben uns für die Strandbar entschieden, sitzen barfuß im Sand und ich könnte immer noch vor Scham im Boden versinken. Man sollte an einem Freitag, den 13. einfach keine Männer ansprechen. Aus der Ferne habe ich beobachtet, wie der schöne Mann völlig irritiert den Zettel von Lisa entgegengenommen hat. Kein Lächeln, kein suchender Blick nach der Frau mit dem Blümchen-T-Shirt.

»Das war echt peinlich«, stelle ich mit Blick über die Spree und Bier in der Hand fest. »Ach, komm schon. Ein Versuch war es wert!«, probiert Alina mich aufzuheitern. »Du suchst doch den Mann fürs Leben. Da muss es schon statistisch gesehen ein paar Mal schiefgehen, bevor es klappen kann«, legt Charly nach. Lisa fühlt sich schuldig und schweigt.

»Wisst ihr überhaupt, wie oft es in letzter Zeit schiefgegangen ist? Von Tiramisu auf der Hose über einen schwulen Gärtner bis hin zu einem fanatischen Kletterfreak. Heulsusen, Kokser und Besserwisser. Mir reicht's. Ich habe keine Lust mehr, weiter zu suchen. Vielleicht versuche ich es mal mit einer Frau«, beschließe ich meinen kleinen Ausbruch der Enttäuschung. Dann piept mein Handy. Wir sehen uns mit diesem »Ne, oder? Is jetzt nicht wahr«-Blick an, und ich versuche nicht hysterisch zu werden, als ich nach meinem Telefon krame. Ich lese die Kurznachricht laut vor: »Hello girl with the flower shirt. I am hosting a party tonight with dj friends at Watergate. Your name is on the guest list. Anybody else? xRicardo?« Hysterisches Gekreische. Ich schreibe ihm zurück: »Charlotte, Lisa, Alina, see you later, Christiane.« Watergate: Wir kommen!

Um nicht völlig verzweifelt zu wirken, bleiben wir noch bis ein Uhr in der Strandbar, gönnen uns Cocktails und stellen uns vor, wie ich später unseren Kindern erzählen werde, wie Mama und Papa sich kennengelernt haben. Wir werden sie zweisprachig erziehen, da Ricardo, wie mir die Vorwahl seiner Handynummer verrät, anscheinend Spanier ist. Im Sommer werden wir in Berlin und Barcelona leben, und im Winter reisen wir durch Südamerika. Das wird so schön.

Als wir vier schon ziemlich angeheitert gegen halb zwei das Watergate betreten, ist der Club noch ziemlich leer. Das nervt echt an Berlin. Ich bin einfach nicht mehr in dem Alter, in dem man bis morgens um sieben ausgehen kann. Für solche Sünden bestraft mich mein Körper mindestens noch drei Tage danach. Aber auf der Suche nach dem Mann fürs Leben – und so kurz vor dem Ziel – werde ich jetzt nicht aufgeben. Ich bestelle Wodka Red-Bull.

Da ich kurzsichtig bin und mich nicht näher ans DJ-Pult rantraue, schicke ich Lisa vor, um nachzusehen, ob Ricardo schon auflegt. Lisa kommt zurück und schüttelt den Kopf: »Dein Traummann ist nicht in Sicht. Ich geh mal zu den anderen tanzen.

Kommst du mit?« Jetzt schüttle ich den Kopf. Dafür bin ich nun doch zu aufgeregt. Ich fühle mich, als wäre ich wieder zwölf Jahre alt und in den Jungen aus der Parallelklasse verliebt. Nur, dass der Pausenhof zum Club wurde und ich nicht mehr fragen würde, ob wir zusammen eislaufen gehen wollen. Ach, früher war alles irgendwie einfacher.

Eine geschlagene Stunde später steht er plötzlich vor mir. Der schöne Mann im grünen T-Shirt. Er begrüßt mich mit zwei Küsschen und ich bedanke mich artig für die Einladung. Seine beiden Freunde halten sich ganz dezent im Hintergrund, winken mal kurz rüber und verschwinden dann in der Menge.

Wir stellen uns an die Bar und Ricardo bestellt sich ein Glas Wasser. Ich möchte nichts, aber er fragt auch nicht danach. Bestimmt ist er auch aufgeregt. Ich sehe ihn mir an und kann mich vor Begeisterung kaum noch zurückhalten. Er ist von Nahem noch schöner als aus der Ferne. Braune Augen, schwarze, wuschelige Haare, dunkle Haut, arabischer Einschlag. Ich frage ihn, ob er Spanier sei, wegen der Handynummer. Sein Vater sei Araber, seine Mutter Spanierin, erklärt mir Ricardo. Seine tiefe Stimme klingt wie Musik in meinen Ohren. Dann verstummt er wieder. Ich stelle ihm noch mehr Fragen, interessiere mich dafür, was er macht (er ist DJ), warum er in Berlin ist (weil er DJ ist), wie lange er bleibt (bis übermorgen), wann er auflegt (gleich) und wann wir heiraten wollen. Letzteres habe ich nur gedacht. Aber ich will, dass er weiterredet, dass er mir in die Augen sieht, mit mir flirtet, vielleicht mal versehentlich meine Hand berührt. Aber: Nichts davon passiert.

Ricardo antwortet knapp und stellt keine Gegenfragen. Ich schätze ihn auf 26. Das stimmt. »Me too«, lüge ich ungefragt und erschrecke über dem Gedanken, unsere Ehe auf einer Lüge aufzubauen. Ricardo redet nicht mehr als notwendig, ist dabei weder abweisend noch besonders angetan. Ich kann nicht sagen, ob er schüchtern oder einfach nicht interessiert ist. Er trinkt Wasser, lächelt, wenn ich lächle, aber eher so, wie man sein Gegenüber im

Zugabteil anlächelt, wenn man aus Versehen dessen Bein berührt hat. Ich kann nicht gerade behaupten, dass zwischen uns Funken sprühen würden. Ich werfe einen verstohlenen Blick zu meinen Freundinnen auf die Tanzfläche, die sich – im Gegensatz zu mir – anscheinend prächtig amüsieren.

»I have to work now«, verabschiedet sich Ricardo. »See you later«, sage ich hoffnungsvoll und starre ihm noch ein Weilchen hinterher. Als zukünftige Frau des DJs begebe ich mich nun auch auf die Tanzfläche. Ich stehe nicht besonders auf Electro, aber die Musik ist tanzbar, wenn auch etwas öde. Inzwischen ist die Tanzfläche dennoch gut gefüllt.

»Und? Werdet ihr heiraten?«, brüllt Charly fragend in mein Ohr. »Wir konnten uns noch auf keinen Termin einigen«, brülle ich zurück. »Ich glaube, er ist sehr schüchtern.«

Um drei Uhr morgens gibt Lisa auf, eine halbe Stunde später verabschieden sich auch Alina und Charly. »Christiane, wir sind alt und brauchen unseren Schönheitsschlaf! Viel Glück und ruf morgen mal an, wie es ausging – falls ihr dann nicht schon in den Flitterwochen seid.« Ich bleibe alleine an der Bar zurück. Mir schwant, dass das Leben an der Seite eines DJs sehr anstrengend werden könnte.

Irgendwann setzt sich ein ziemlich großer Mann mit kurzen Haaren und muskulösem Oberkörper neben mich und zündet sich eine Zigarette an. »Darf man hier rauchen?«, frage ich verwundert nach, ich alte Spießerin. »Oh entschuldige, stört dich die Zigarette?« – »Nein, ich wusste nur nicht, dass man rauchen darf.« Er grinst: »Darf man auch nicht. Aber da ich zu dem Laden gehöre, wird mich vermutlich niemand rauswerfen. Und wenn du magst, darfst du auch eine rauchen.« – »Nein danke«, lehne ich ab. »Zu großzügig von dir. Aber ich wollte eh mal vor die Tür.« – »Darf ich dich begleiten?« Ich zucke mit den Schultern. »Da du zu dem Laden gehörst, darfst du wahrscheinlich tun und lassen, was du willst, oder?«

3. Liebe zu viert?

Die nächsten zwei Stunden verbringe ich tanzend, rauchend und trinkend mit meinem neuen Bekannten Stefan. Er ist witzig, wenn auch ein ziemlicher Angeber. Er redet viel, spendiert mir ein Getränk nach dem anderen, interessiert sich für mich, fragt, was ich mache, wie alt ich sei und mit wem ich hier sei. Ich sage: »Mit dem DJ«, und komme mir total bescheuert vor. »Mit dem kleinen Spanier?« – »Der ist nicht klein«, verteidige ich meinen Mann in spe. »Ne, nicht klein, aber halt sehr jung.« – »So? Und wie alt ist das reife Früchtchen?« – »33 und Single!«, antwortet er und grinst mich an. Dann kommt Ricardo auf mich zu und Stefan räumt ganz geschäftsmäßig ein paar Bierflaschen vom Boden hinter die Tresen. »Good music!«, sage ich und komme mir schon wieder wie ein kleines Mädchen vor.

»Thank you. I go to my hotel now, with my friends. Do you want to join us? Make love to us?« – »Pardon?«, frage ich nach. Ich glaube, ich habe mich eben verhört. »Do you want to make love to us?« – »Who is us?«, frage ich noch mal nach. »Me, Guillermo and Carlos.« – »And I shall make love to all of you?« – »Yes. One by one, or together. How you like better.« Ehrlich gesagt hatte ich zwar schon öfter mal Fantasien zum Thema Gruppensex. Aber in meiner Vorstellung hat sich das mehr so ergeben: Ein sexy Typ, eine schmalbrüstige Französin und ich. Oder zwei unglaublich attraktive Männer, die mich mit vier Händen und zwei Zungen nach allen Regeln der Kunst befriedigen. Aber drei Penisse und ich? Wo sind denn jetzt meine Freundinnen, wenn ich sie mal brauche? Gästeliste gegen Gangbang klingt nach keinem fairen Deal. Außerdem: Heiraten wir dann alle?

In meinem Kopf sehe ich mich vor dem Altar stehen. Neben mir Ricardo, mit seinen zwei Freunden im Schlepptau. Ich sage: »No, thank you«, drehe mich um und verlasse die Kirche, äh, das Watergate. Als ich Richtung Oberbaumbrücke losrenne (Lola ist

’ne lahme Ente gegen mich), ruft jemand meinen Namen. Es ist Stefan. Er kommt hinter mir her und fragt, ob er mich nach Hause bringen dürfe. Mit dem Taxi. Er wohne auch in Prenzlauer Berg und wollte eh gerade gehen. Ich lasse mich gern fahren, aber nur unter der Bedingung, dass ich weder mit ihm noch mit ihm *und* seinen zwei Freunden schlafen müsste.

An meiner Haustüre angekommen, bleiben wir noch einen Moment im Taxi sitzen und quatschen – trotz laufender Uhr – ein bisschen weiter. Stefan fragt, ob er mich mal anrufen dürfe und ob ein Abschiedskuss anstelle von Gangbang okay für mich wäre. Oje, ich glaube, ich bin schon wieder verliebt.

Was ich gelernt habe:

1. Man kann die Liebe seines Lebens an einem Tag treffen – und wieder verlieren.
2. Man kann sich an einem Tag durchaus auch mehrmals verlieben, auch an einem Freitag, den 13.
3. Freundinnen sind nie da, wenn man sie wirklich braucht.

DER 14. VERSUCH

Zufall oder Schicksal?

1. Auf keinen Fall

Ich werde auf keinen Fall zuerst anrufen! Schon aus Prinzip nicht.« Konstanze lacht am anderen Ende der Leitung laut auf. »Du kannst ihn küssen, aber nicht anrufen? Das macht keinen Sinn. Langsam glaube ich, du willst den Mann fürs Leben schon *aus Prinzip* nicht finden.« – »Ich habe wenigstens Prinzipien«, gebe ich beleidigt zurück. »Und eines ist eben, dass ich nicht zuerst anrufen werde. Außerdem war das doch nur ein kleiner Abschiedskuss. Ein kleiner, wunderschöner Abschiedskuss, allerdings.« Konstanze kreischt los: »Christiane, dich hat's total erwischt. Du bist verknallt!« Unsinn. »Konstanze, ich kenn den doch gar nicht. Das ist ein Angeber in Baggy Pants. Ein Kind im Körper eines Mannes. Eines sehr starken Mannes, wohlgemerkt. Oh Gott, der hat so einen schönen Körper!«

Jetzt fragt Konstanze etwas genauer nach. »Wie *toller Körper*? Hast du ihn nun nur geküsst, oder auch ein bisschen mehr?« – »Eher auch ein bisschen mehr«, gestehe ich. »Und was wurde aus der Regel: Kein Sex in der ersten Nacht?« Ich seufze. »Regeln sind zum Brechen da.« Konstanze überlegt. »Und was ist der Unterschied zwischen Prinzipien und Regeln?« – »Keine Ahnung, ehrlich gesagt. Aber ich würde sagen, Prinzipien kann man vorschieben, wenn man Angst hat, und Regeln kann man brechen, wenn man mutig wird.«

Konstanze findet, das leuchte ein und ich beichte ihr die ganze Wahrheit: »Es wäre die reinste Todsünde gewesen, diesen Mann wegzuschicken. Im Club habe ich ihn gar nicht richtig wahrgenommen, weil ich so auf diesen albernen DJ fixiert war. Aber dann, im Taxi ... Stefan war so süß. Eigentlich wollte ich nur noch etwas mit ihm trinken, aber kaum waren wir in der Wohnung, hat er angefangen, mich wieder zu küssen. Erst ganz zärtlich, dann immer wilder. Als er mich auf die Arme genommen und nach oben getragen hat, hat mein Kopf gegen meinen Körper verloren. Mal wieder.« – »Das kann mich mir vorstellen«, seufzt Konstanze. »Und dann? War es gut? Ist er über Nacht geblieben? Habt ihr noch zusammen gefrühstückt?« – »Na ja, wir sind erst gegen zehn Uhr eingeschlafen. Also ja, es war gut. Als wir mittags aufgewacht sind, habe ich gesagt, dass ich noch zu tun hätte.« – »An einem Samstag? Das glaubt dir doch kein Mensch«, sagt ausgerechnet Konstanze – die Frau, die immer samstags ein Meeting hat.

Bevor ich Stefan mittags vielleicht etwas zu eilig hinausgebeten habe, fragte er, ob er sich melden dürfte. Da war ich mir noch ganz sicher, dass er wieder anrufen würde. Aber jetzt, nach dem Telefonat mit Konstanze, bin ich doch verunsichert. Sie meinte, ich wäre vielleicht etwas zu unfreundlich nach vollzogenem Geschlechtsakt gewesen. Und nicht nur deshalb, weil ich ihm kein Frühstück angeboten habe, sondern auch, weil ich ihm die Wohnungstüre vor der Nase zugeschlagen habe, als er noch auf meiner Fußmatte kniete, um sich seine Turnschuhe anzuziehen. »Wenn du ihn wiedersehen willst, ruf ihn an!«, beendete Konstanze auf ihre unvergleichliche Art unser Telefonat.

Ich aber finde, dass jetzt Schluss ist mit Regelnbrechen. Außerdem haben sich bisher immer gerade die Typen wieder gemeldet, zu denen ich nicht besonders nett war. Wenn er sich für mich interessiert, wird er sich melden. Und wenn nicht, kann er mir eh gestohlen bleiben. Dann werfe ich einen eindringlichen Blick auf mein Handy und schicke einen Wunsch ans Universum: »Stefan! Ruf mich an!«

2. Glücksfall

Meine Partynacht mit Stefan und dem perversen DJ liegt jetzt drei Tage zurück und ich bin immer noch müde, habe Muskelkater, Nackenschmerzen und fühle mich irgendwie vergiftet. Ich werde wirklich alt. Auch wenn ich mir anfangs vorgenommen habe, niemandem von Stefan zu erzählen, konnte ich es natürlich keine zwölf Stunden für mich behalten. Die meisten Frauen würden von so einem One-Night-Stand vermutlich nur dann erzählen, wenn sich der Mann wieder meldet, geradezu aufdringlich wird oder sie heiraten will. Falls der das nicht tut, schweigt man wie ein Gentleman. Dann hat man sich wenigstens keine Blöße gegeben, da niemand weiß, dass man verschmäht wurde.

Das Wort »Blöße« kommt in meinem Wortschatz nur leider nicht vor. Zumindest nicht in Zusammenhang mit Freundinnen. Also habe ich neben Konstanze auch Alina davon erzählt, um mir eine zweite Meinung einzuholen. Die Neuigkeiten haben sich schneller verbreitet als ein Buschfeuer in Australien und inzwischen habe ich mindestens fünf Meinungen zu den Themen »Tür zuschlagen«, »zusammen Frühstück: ja oder nein« und »Zugzwang beim Oralverkehr«.

Meine Freundinnen rufen jeden Tag an und fragen nach, ob er sich schon gemeldet habe. Wie soll man da bitte schön einigermaßen cool bleiben. »Nein. Hat er nicht. Aber du wirst die Erste sein, die es erfährt«, verspreche ich jeder einzelnen und übe schon mal Telefonkonferenzen zu schalten.

Ich bin wirklich deprimiert, dass Stefan nicht anruft. Um mich von meinem Frust abzulenken, habe ich heute auf Empfehlung von Konstanze ihren Bekannten Tobi Teuchert auf Facebook angeschrieben. Da ich bisher weder Glück mit Online-Dating noch mit Facebook-Kontakten hatte, war ich von ihrem Vorschlag anfangs nicht besonders angetan. (Nicht, dass ich wieder im SM-Club lande.) Aber Konstanze meinte, ich sollte ihrer persönlichen Empfehlung ruhig vertrauen. Schließlich würde sie mich seit 29 Jahren kennen und könnte daher sehr wohl einschätzen, wer zu mir passen würde.

Konstanze hat Tobi Teuchert in ihrem Tennisverein kennengelernt. Er ist Banker und gerade von München nach Berlin gezogen, weil er einen »hervorragend bezahlten Job« angenommen hat. Er ist 34, Single und »total süß«. Und Konstanze ist wirklich kritisch. Eigentlich würde sie sich unter normalen Umständen niemals dazu hinreißen lassen, das Wort »süß« außerhalb einer Backbeschreibung zu verwenden. Doch sein Profilfoto bestätigt mir diese Behauptung. Er hat zwar einen bunten Stern auf den Oberarm tätowiert, aber so ein Tattoo relativiert auch das negativ vorbelastete Banker-Image. Ich habe Tobi unter dem Vorwand angeschrieben, einen Tennispartner zu suchen. Er hat meine Freundschaftsanfrage sofort bestätigt, aber auf meinen konkreten Vorschlag nicht geantwortet. Vielleicht ist das auch ganz gut so, denn ich habe seit bestimmt zehn Jahren keinen Tennisschläger mehr in der Hand gehabt.

Freitagabend überredet mich Tom, auf eine »Goodbye Summer«-Party an den Bundespressestrand zu kommen: »Komm schon, Christiane. Wir machen einen Kumpelabend, wie in alten Zeiten. Mit Mädchenbier. Seitdem du auf Männerfang bist, bekomme ich dich ja kaum noch zu Gesicht!« Ich wüsste zwar nicht, warum man das Ende des Sommers feiern sollte, aber Tom hat recht: Ich habe ihn schändlich vernachlässigt. Ein fataler Fehler, denn platonische Freundschaften halten bekanntlich länger als jede sexuell aktive Partnerschaft.

Ein paar Stunden später sitzen Tom und ich in Liegestühlen auf der Dachterrasse und genießen den Sonnenuntergang. Um uns herum tobt das Leben: Salsa-Musik und braun gebrannte, schicke Menschen mit Cocktails in der Hand. »Ich weiß: Die Leute hier sind schrecklich, aber die Aussicht ist unschlagbar«, kommentiert Tom meinen skeptischen Blick. Ich seufze: »Tom, sechs Tage! Stefan hat sich nach sechs Tagen immer noch nicht gemeldet. Besteht noch Hoffnung?« Tom meint, die Hoffung sterbe zuletzt. Und Männer würden eben manchmal etwas länger brauchen.

»Aber du rufst ihn auf keinen Fall an! Das ist unattraktiv«, instruiert mich Tom. Gott sei Dank habe ich einen besten Freund, der mir Einblicke in das männliche Gehirn gewähren kann. (Ist *männliches Gehirn* eigentlich ein Oxymoron?)

Nach zwei Schweigeminuten fange ich erneut mit dem Thema Stefan an: »Ich hätte ihn nicht mit nach Hause nehmen dürfen, stimmt's?« Tom zuckt mit den Schultern. »Unterschiedlich. Manche Männer würden das Interesse verlieren, andere bekommen es erst.« Ich werfe Tom einen genervten Blick zu. »Tom, jetzt sag doch einfach mal deine Meinung. Was denkst du: Ruft er mich wieder an, oder nicht?« – »Christiane, keine Ahnung. Ich kenn den doch gar nicht.« Tom treibt mich noch in den Wahnsinn.

»Egal. Spekulier doch einfach mal. Was denkst du ganz persönlich, ohne Anspruch auf Objektivität oder Wahrheit? Was sagt dein Bauch?« Tom lacht los. »Christiane, mein Bauch sagt relativ wenig dazu, ob dich ein Mann, den ich nicht einmal gesehen habe, wieder anrufen wird. Wenn sich mein Bauch darüber Gedanken machen würde, wäre ich wirklich besorgt. Oder erfolgreicher Bauchredner.« Tom trinkt seinen letzten Schluck Bier und legt danach seinen Zeigefinger auf seine Lippen. »Psst. Ich hör was. Ja, tatsächlich, mein Bauch, er spricht. Er sagt: Bier!« Schon verstanden. Wir knobeln, ich verliere (wie immer) und stehe mürrisch auf, um uns noch zwei Becks Gold zu holen.

Die Schlange ist ewig lang. Als ich schon etwas genervt in der Menge stehe, entdecke ich so ziemlich genau auf meiner Augenhöhe einen bunten Stern. Einen tätowierten, bunten Stern, der mir irgendwie bekannt vorkommt. Mein Blick schweift vom Arm über den Hals in das Gesicht von: Tobi Teuchert.

»Tobi Teuchert?«, frage ich den jungen Mann neben mir. »Ja?«, antwortet er. »Hallo, ich bin Christiane. Eine Freundin von Konstanze und seit Kurzem auch deine Facebook-Freundin!« Tobi Teuchert lächelt. Ich muss schon sagen: Konstanze hat maßlos untertrieben. Er reicht mir die Hand. »Hallo. Natürlich. Du wolltest Tennis spielen, oder?« – »Ja, aber du hast nicht geantwortet. Ich nehme an, du hast Angst zu verlieren. Stimmt's?«

Bier holen dauert an diesem Abend sehr lange. Die Leute ziehen an uns vorbei und Tobi und ich bewegen uns kaum vorwärts. Wir unterhalten uns so angeregt über Berlin und München und über Eltern, die ihre Kinder zum Tennisspielen gezwungen haben, weil es ihrer Ansicht nach zu einer akademischen Ausbildung dazugehörte. Ich habe so das dumpfe Gefühl, dass wir flirten.

»So ein Zufall«, kommentiere ich unsere Begegnung. »Oder Schicksal?«, fragt Tobi und grinst mich schon wieder so unverschämt süß an. »Christiane, du bist sehr sympathisch.« – »Du auch. Aber denk nicht, das könnte mich aufhalten, dich vom Platz zu fegen. Wann hättest du denn mal Zeit?« Tobi sieht sich kurz um und sagt: »Ja, also, das könnten wir ja über Facebook ...« Dann verstummt er. Sein Blick geht an mir vorbei und automatisch drehe ich mich um. Hinter mir steht eine blonde Frau mit verschränkten Armen. Tobi eilt auf sie zu und sagt: »Das ist meine Freundin Susanne.« Ich lächle sie an, versuche meine aufsteigende Enttäuschung zu verbergen und strecke ihr die Hand entgegen: »Hallo Susanne, ich bin Christiane!« Die Frau rührt sich keinen

Millimeter, die Arme bleiben verschränkt. Sie sieht mich vernichtend an, dreht sich um und geht. Tobi eilt ihr hinterher. Na dann, ich geh mal Bier holen.

»Tom, das ist heute irgendwie nicht mein Tag«, schließe ich meine kurze Erzählung von dem Intermezzo mit Tobi Teuchert an der Bar. »Schade eigentlich. Er schien nahezu perfekt. Bis auf seine doofe Freundin.« Tom grinst: »Und seinen bescheuerten Namen. Das hat mein Bauch gesagt!« Wir lachen. Dann piept mein Handy. »Hallo Kleine. Hast du Lust, heute ins Watergate zu kommen? Lieber Gruß, Stefan.« Vielleicht ist heute doch mein Tag. Ich antworte: »Hallo Stefan. Schön von dir zu hören. Ich kann heute leider nicht. Gern ein anderes Mal.« Schließlich ist heute Kumpelabend. Und: Willst du was gelten, mach dich selten!

3. Reinfall

Zwei Tage später kann ich es nicht lassen und schicke Tobi Teuchert eine kurze Nachricht auf Facebook: »Lieber Tobi, ich hoffe, du hast wegen mir keinen Stress bekommen. War trotzdem nett, dich (und Susanne) kennengelernt zu haben. Deine Facebook-Freundin Christiane!« Zwei Minuten später erhalte ich eine Chat-Nachricht von Tobi. Er schreibt: »Hallo. Ich liebe meine Freundin sehr. Also: Lass bitte die Finger von mir.« Dann wirft er mich aus seiner Freundschaftsliste und loggt sich aus. Diese Nachricht war so absurd, dass ich, nach einem kurzen Moment des Entsetzens, darüber lachen muss. Ich stelle mir vor, wie Susanne hinter Tobi Teuchert steht und ihm eine in Zeitungspapier eingewickelte Pistole an den Kopf hält, während er Blut und Wasser schwitzend auf die Tastatur eintippt. Welcher Mann schreibt schon »Lass die Finger von mir!«?

Höchste Zeit, Konstanze anzurufen und mich für ihre persönliche Empfehlung zu bedanken.

Was ich gelernt habe:

1. Empfehlungen von Freundinnen sollte man mit Vorsicht genießen.
2. Männer können mit dem Wort »Bauchgefühl« nicht schamfrei umgehen.
3. Von Männern, die den Namen einer Überraschungseifigur tragen, werde ich ihn Zukunft die Finger lassen.

DER 15. VERSUCH

Inkognito

1. Der Mann von gegenüber

Ich arbeite seit über drei Jahren in einem Büro in Berlin-Charlottenburg. Montag bis Freitag von neun bis 18 Uhr. Mindestens dreimal die Woche treffe ich dabei auf den Mann von gegenüber. Entweder, wenn ich mittags essen gehe, nachmittags Zigaretten hole oder abends das Büro verlasse. Er sitzt im Café nebenan oder eben gegenüber, in seinem eigenen Büro, Erdgeschoss, bei offenen Türen. Glasfront – versteht sich. Wenn ich ihn dort sitzen sehe, sieht er immer danach aus, als würde er Geld zählen.

Irgendwann hat dieser Mann, der entweder Kaffee trinkt oder (vielleicht) Geld zählt, angefangen, mich zu grüßen. Anfangs wortlos. Nur ein kurzes Kopfnicken in meine Richtung, ein Signal des Erkennens, ein stilles »Hallo Nachbarin«. Ich habe diesen Gruß erwidert und ein stilles »Hallo (sexy) Nachbar« in seine Richtung zurückgesendet.

Für Männer wie ihn wurde das Adjektiv »attraktiv« erfunden. Er hat graumeliertes Haar, dunklen Teint, ist nie ganz glatt rasiert, trägt legere – und wie ich vermute – sehr teure Kleidung. Er sieht aus wie eine Mischung aus Richard Gere und Mehmet Kurtulus.

Wie ein türkischer Richard Gere vielleicht. Kann aber auch sein, dass er Grieche ist. Ich weiß es nicht, denn ich habe noch nie wirklich mit ihm gesprochen. Aus dem stillen Kopfnicken wurde irgendwann ein »Na?«, später sogar ein echtes »Hallo« und je nach Gelegenheit auch mal ein »Tschüss«. Das war's.

Ich vermute, dass sein Büro zu dem Jazzclub daneben gehört, anscheinend arbeitet er dort. Obwohl ich jeden Tag daran vorbeigehe und vom Hörensagen weiß, dass dieser Club ziemlich »angesagt« sein soll, war ich noch nie dort. Wenn etwas Gutes zu naheliegt, wird es seltsamerweise schnell uninteressant. Noch dazu würde ich mich nicht gerade als Jazzfan bezeichnen. Ich habe eigentlich keine Ahnung von Jazz, aber assoziiere damit dickbäuchige Männer mit Vollbart und Trompete. Abgesehen von diesen Vorurteilen bin ich froh, wenn ich Charlottenburg nach Feierabend verlassen kann. In Charlottenburg ist die Kneipendichte so gering, dass jeder, der hier wohnt, immer eine gute Flasche Wein im Kühlschrank hat.

Als mich heute Alina anrief und fragte, ob ich Lust hätte, mit ihr und Sonja zu einem Konzert ausgerechnet in diesen Jazzclub zu gehen, reagierte ich mehr als skeptisch. »In Charlottenburg ausgehen? Das klingt wie Partymachen auf Rügen.« Sonja ist unsere einzige Freundin, die in Charlottenburg wohnt. Kein Mensch weiß, wieso. Nicht mal Sonja selbst. Alina meinte, das Konzert wäre der Hammer. Weniger Jazz, mehr so Funk-Fusion. Und der Club wäre schließlich *total angesagt.*

»Ich weiß. Ich arbeite schließlich gegenüber und ich glaube, ich kenne einen Mitarbeiter. Also, nur vom Sehen. Wir haben noch nie mehr als drei Worte gewechselt. Aber er ist, na ja, irgendwie schon ganz sexy.« – »Suchst du nicht den Mann fürs Leben?«, fragt Alina ketzerisch nach. »Weißt du, Christiane, ich habe mal gelesen, dass man den Partner fürs Leben zu neunzig Prozent im Umkreis von zehn Kilometern vom Wohn- oder Arbeitsort trifft.« – »Wo hast du das denn gelesen?« Alina überlegte: »In der

›Neon‹?« Na gut. Das ist natürlich eine zuverlässige und wissenschaftlich fundierte Quelle. Bevor sie noch ein »Wer nicht wagt, der nicht gewinnt«, anfügen kann, gebe ich schon nach. Vielleicht bekomme ich einen Nachbarschaftsrabatt.

2. Spieglein, Spieglein an der Wand

Die Situation ist folgende: Es ist Montag, 17 Uhr und ich bin wie so oft alleine im Büro. Da ich das heute Morgen schon wusste, und weder an Funk Fusion noch an Männersuche dachte, bin ich ungeschminkt, trage scheußliche Flip-Flops, eine Jogginghose und ein Guns-N'-Roses-Top. Ich weiß, ich habe einen Luxusjob. Wer mit solchen Klamotten ins Büro gehen kann und nicht in einem Jugendzentrum arbeitet, ist einfach nur zu beneiden. Ich hatte mal ein Jobangebot im Bundestag, aber die strenge Kleiderordnung schreckte mich ab. Kostüm und Pumps, fünfmal die Woche, acht Stunden am Tag – ohne mich! Allerdings hätte ich dann jetzt kein Problem. Aber in meinem Street-Credibility-Outfit kann ich da heute Abend nicht hingehen. Nachbarin hin oder her, so würden die mich nicht reinlassen. Zu Recht. Würde ich nach der Arbeit die zwölf Kilometer nach Hause radeln, um mich umzuziehen und zu schminken, und anschließend wieder zurückfahren, wäre ich nicht nur total verschwitzt, sondern auch viel zu spät. Außerdem ist mir das zu anstrengend. Ich muss das irgendwie anders organisiert bekommen. Das ist alles nur eine Frage der Logistik.

So kommt es, dass ich mich nach Feierabend im Make-up-Laden am Ku'damm einfinde. Dort arbeitet meine Freundin Paula und ihr schwuler spanischer Kollege Alberto. Alberto liebt es, Frauen zu schminken. Sobald keine Kunden im Laden sind, fängt er an – sehr zum Leidwesen von Paula –, an ihr rumzupinseln. Obwohl oder vielleicht gerade *weil* sie Maskenbildnerin ist, kann sie es nicht leiden, geschminkt zu werden.

Alberto und ich kennen uns erst seit Kurzem. Paula hat ihn vor drei Wochen erstmals zu unserem Sushi-Lunch-Termin mitgebracht und wir haben einander sofort ins Herz geschlossen. Als sie ihn heute fragt, ob er mich schminken möchte, ist Alberto hellauf begeistert: »Christiane, te pongo más guapa que Penélope Cruz!«, verspricht er, schon mit dem Pinsel in der Hand. Noch schöner als Penélope Cruz? Da muss er aber ganz schön tief in seine Trickkiste greifen.

Alberto legt sich so richtig ins Zeug. Ich bekomme eine leichte Grundierung und Glitzer-Bronze-Puder auf Gesicht und Dekolleté. Er schafft es, meine Schlupflider in große Rehaugen zu verwandeln, meine Wimpern um das Doppelte in die Länge zu tuschen und mit Konturenstift, Farbe und Lipgloss meine so gut wie nicht vorhandene Oberlippe auf Penélope-Niveau zu schminken. Währenddessen kämpft Paula mit meiner unfrisierten Mähne und bringt mit zwei anliegenden Zöpfen, die sie mit ein paar Haarnadeln am Hinterkopf locker befestigt, ein wenig Ordnung auf meinen Kopf.

Inzwischen ist der Laden längst geschlossen und die beiden sind voll und ganz auf den Notfall »Christiane« eingestellt. Alberto erzählt uns währenddessen von seiner neuesten Liebschaft mit einem heißblütigen Portugiesen, den er in einem Swingerclub kennengelernt habe. »Christiane, kennst du Poppers?«, fragt mich Alberto mit dem Lippenstift in der Hand. »Ne. Wasndes?«, quetsche ich irgendwie raus, ohne meine Lippen dabei zu bewegen. »Wenn du nimmst, wenn du hast Sex. Puh … Macht dich ganz verruugt!« Wir müssen alle lachen und der Lippenstift rutscht fast in meine Nase. »Paula, gibst du mir bitte fette Schminke?« – »Fettschminke«, korrigiert ihn Paula. Die beiden sind so süß. Ich würde jetzt lieber mit ihnen um die Häuser ziehen, als in den Seniorenclub zu gehen.

Nach einer geschlagenen Stunde holt Paula endlich den Spiegel: »Punkt, Punkt, Komma, Strich, fertig. Und? Wie gefällt es dir?« Ich sehe eine fremde Frau im Spiegel. »Bin das ich?« Ich muss sagen, die beiden haben ganze Arbeit geleistet. Ich sehe aus wie eine erwachsene Frau. Wie eine sehr hübsche erwachsene Frau. Ich beschließe, mich nie wieder abzuschminken, bedanke mich überschwänglich bei meinen Rettern in der Not und kaufe all den Kram, den sie gerade in mein Gesicht geschmiert haben. Leider kann ich die zwei Süßen nicht überreden mitzukommen. Verständlich. Denn wer steht schon auf Jazz?

Schade, dass mich Stefan jetzt nicht sehen kann, denke ich auf dem Weg zu Sonja (wobei ich mich in jedem Schaufenster stolz betrachte) und wundere mich, dass ich schon wieder an diesen Proleten in Baggy Pants denken muss, der auf meine letzte SMS nicht mehr geantwortet hat. Das kommt davon: Sobald man mit einem Kerl schläft, kann Frau nicht mehr klar denken. Auch, wenn er vor dem Sex völlig uninteressant war. Nach dem Austausch von Körperflüssigkeiten setzt irgendein archaischer Instinkt ein, der rationale Denkprozesse sofort im Keim erstickt. Leider funktioniert das bei Männern nicht so leicht. Vermutlich, da diese eh nicht über rationale Denkprozesse verfügen. Dementsprechend sollte ich mir dringend noch einen scharfen Fummel anziehen, um heute Abend endlich die volle Aufmerksamkeit vom Mann von gegenüber auf mich zu lenken.

Das versteht Sonja natürlich und ich darf ich mich nach Herzenslust in ihrem Kleider- und Schuhschrank bedienen. (Seltsamerweise haben kleine Frauen oft kleine Freundinnen. Sonja, Alina und ich sind alle unter 1,60 Meter.) Ich entscheide mich für ein weinrotes – und bestimmt sündteures – Bustierkleid und schwarze Sandalen mit leichtem Absatz. Um es nicht völlig zu übertreiben, lehne ich ihr Angebot, mir noch den Schmuck ihrer verstorbenen Großmutter auszuleihen, dankend ab. Ich sehe jetzt schon aus, als würde ich zur Oscarverleihung gehen.

»Du siehst toll aus!«, staunt Alina, als wir uns mit ihr vor dem Jazzclub treffen. »Nicht zu übertrieben?«, frage ich verunsichert nach. »Ich fühle mich so verkleidet. Außerdem bilde ich mir ein, meine eigene Oberlippe zu sehen.« – »Quatsch«, sagt Sonja. »Für Charlottenburg ist das genau das Richtige!« Wir ergattern einen Tisch in der ersten Reihe, bestellen Ricard (das trinkt man in Charlottenburg) und warten auf den Auftritt der Musiker. Hinter dem Tresen entdecke ich den Mann von gegenüber. Er zählt kein Geld, sondern öffnet eine Rotweinflasche. Er trägt einen grauen Leinenanzug und sieht unverschämt gut aus. Ich nicke ihm wie gewohnt zu, aber er blickt verdutzt auf den jungen Mann neben sich. Da begreife ich es: Er erkennt mich nicht.

3. Aschenputtel

Als ich am nächsten Morgen am Büro ankomme, sitzt er schon draußen vor dem Café und liest seine Morgenzeitung. Ich sperre absichtlich langsam mein Fahrrad ab und beobachte aus den Augenwinkeln, ob es vielleicht jetzt zu einem Zeichen des verspäteten Erkennens kommen könnte. Ich stelle mir vor, wie es ihm plötzlich wie Schuppen von den Augen fallen würde. Gleich wird er mich ansehen und sagen: »Bist du nicht diese wunderschöne Frau von gestern Abend? Vor der Bühne rechts, rotes Kleid, ein Glas Ricard? Du bist mir die ganze Nacht nicht mehr aus dem Kopf gegangen. Da du leider nicht deinen Schuh verloren hast, wollte ich heute Aushänge machen, um dich wiederzufinden! Willst du mich heiraten?«

Doch nichts davon passiert.

»Hallo!«, sage ich nach einem kurzen Räuspern lauter und mutiger als sonst, als ich an seinem Tisch vorbei Richtung Eingangstüre gehe. »Hallo«, sagt der Mann von gegenüber, sichtlich unbeeindruckt von meiner ungewohnt enthusiastischen Begrüßung. Dann vertieft er sich wieder in seine Morgenzeitung. Als er dabei die Seiten umblättert, reflektiert etwas im Sonnenlicht: ein Ehering.

Was ich gelernt habe:

1. Viel hilft nicht immer viel.
2. Kleider machen Leute – unerkannt.
3. Der Mann von gegenüber ist schon verheiratet.

DER 16. VERSUCH

Jumping Dinner

1. Ein Angebot sucht seine Nachfrage

Es ist Ende August. Inzwischen sind schon fast drei Monate vergangen, seitdem ich mich aktiv auf die Suche nach dem Mann fürs Leben gemacht habe. Ich fürchte, den einen oder anderen habe ich bereits wieder vergessen – oder verdrängt. Der Einzige, an den ich noch denken muss, ist Stefan. Aber auch nur deshalb, weil er sich nicht mehr meldet. Mein letzter SMS-Vorschlag, mal zusammen einen Kaffee zu trinken oder ins Kino zu gehen, blieb unbeantwortet. Vielleicht mag er weder Kaffee noch Filme. Oder er hat sein Handy verloren. Nein, ich hab's: Bestimmt wurde er überfallen. Das wird es sein.

Die Ausbeute der letzten Zeit war wirklich enttäuschend: Dimitrios ist verheiratet, Tobi Teuchert möchte, dass ich die Finger von ihm lasse. Ricardo macht es nicht ohne seine Kumpels und Nick_80 würde mich nur besteigen, wenn ich ein Fels wäre. Da fällt mir auf, dass all diese Männer einen entscheidenden Nachteil gemeinsam haben: Sie sind definitiv nicht auf der Suche nach der Frau fürs Leben. Und bestimmt nicht die Nachfrage das Angebot?

Leider schrecke ich immer noch ein bisschen davor zurück, meinen Mann fürs Leben über konventionelle Partnerbörsen zu suchen. Ich fürchte, unsere Kinder könnten später enttäuscht sein, wenn sich die Mami den Papi »aus dem Katalog« ausgesucht hätte. (Da kann ich ja gleich zur Samenbank gehen.) Aber der entscheidende Vorteil von Partnerbörsen ist, dort auf Männer zu treffen, die ein eindeutiges Beziehungsinteresse bekunden. Also fahre ich tapfer meinen Rechner hoch und gebe bei Google »Single + Berlin« ein. Anschließend klicke ich mich durch Singlebörsen, Singleurlaube, Singlewandern, Singlecafés und Singlepartys, bis ich das Wort »Single« nicht mehr ertragen kann. Ich lasse es für heute gut sein, setze mich vor den Fernseher, zappe mich durch die Kanäle und öffne eine Flasche Rotwein. (Trinken macht auch ohne Mann Spaß.)

Oft, wenn man sich mit einem bestimmten Thema stark beschäftigt, kommt es einem vor, als drehe sich gerade die ganze Welt darum. Natürlich beschäftigen sich in Wirklichkeit nicht mehr oder weniger Leute damit als sonst. Man hat sich einfach nur dafür sensibilisiert. Daher wundert es mich überhaupt nicht, dass ich ausgerechnet jetzt in »Stern TV« einen reißerischen Beitrag über die Möglichkeiten der Partnersuche in Großstädten entdecke.

Neben mir bereits bekannten Möglichkeiten wie Speed-Dating und Kuschelpartys (gruselig) erfahre ich zum ersten Mal vom Jumping Dinner. Ich folge dem Wink des Fernsehers, fahre meinen Rechner erneut hoch und recherchiere: Das nächste Jumping Dinner in Berlin findet bereits diesen Samstag statt. Die Voraussetzungen, um daran teilnehmen zu können, sind neben einer Gebühr von 26 Euro das Vorhandensein eines Autos und einer Küche. Sofort wähle ich Charlottes Nummer: »Charly? Hast du eigentlich noch das Auto von deinem Bruder?«

Eine halbe Stunde später erkläre ich es Charlotte schon zum dritten Mal: »Pass auf: Es gibt drei Gänge. Du und ich, wir müssen einen davon kochen und bekommen dazu vier Gäste, die wir nicht kennen. Für die anderen beiden Gänge fahren wir in zwei andere Wohnungen und treffen dort jeweils auf wieder vier neue Leute. Das bedeutet, wir lernen zwölf Leute kennen, verteilt auf drei Wohnungen.«

Charly schweigt lange am anderen Ende der Leitung. Das ist ein gutes Zeichen. Sie denkt. »Und welchen Gang müssen wir kochen?« Keine blöde Frage. »Soweit ich verstanden habe, erfahren wir das erst zwei Tage vorher. Genauso wie die Adressen der anderen Gastgeber.« Charlotte bleibt skeptisch, aber ich gebe nicht auf: »Schau mal. Das ist gar keine peinliche Datingbörse oder so. Das ist einfach, um Leute kennenzulernen. Wie bei »Das perfekte Dinner«, nur ohne Punktevergeben und ohne Fernsehkameras. Das wird bestimmt lustig. Außerdem habe ich uns eh schon angemeldet. Kannst du eigentlich kochen?«

Ja, ich gebe zu, das war gemein. Ich hätte mir auch vom Jumping-Dinner-Team einen weiblichen oder männlichen Kochpartner zuweisen lassen können. Aber das habe ich mich nicht getraut. Und meine Freundinnen unterstützen meine Männersuche schließlich auch, wenn es darum geht, auf irgendwelche Gästelisten gesetzt zu werden.

Zwei Tage vorher erhalte ich wie angekündigt den Jumping-Dinner-Ablaufplan. Der Schock ist groß: »Charly, wir haben den Hauptgang!« – »Ach du Scheiße!« Ja, Charlotte hat den Ernst der Lage sofort erkannt. Wieso habe ich eigentlich nicht Konstanze, die Küchenfee, gefragt? Na gut, die Anreise aus München wäre vielleicht ein bisschen aufwendig geworden. Außerdem ist Samstag ja ihr »Meeting-Tag«.

Charly und ich haben uns für halb sechs in meiner Wohnung verabredet, um den Hauptgang gemeinsam vorzubereiten. Sie stellt das Auto, ich die Küche. Das alles erkläre ich gerade Tina über Skype, die schon wieder auf dem Sprung zu einem Theaterfestival ist. Sie grinst in ihre Webcam, pafft den Rauch in die

Linse und findet das total aufregend: »Voll das Happening, ey! Wann geht's denn los?« Ich greife nach dem Ablaufplan und stelle entsetzt fest, dass wir schon um 18 Uhr zur Vorspeise in Wedding sein müssen. Ich bin irgendwie von 19 Uhr ausgegangen. Charly hat die Organisation in meine Hand gegeben. Schlimm genug, dass ich sie zu diesem Blödsinn verpflichtet habe, meinte sie. Ich verabrede mich mit Tina für morgen zum Frühstück, klicke auf »Gespräch beenden« und stürze in meine Küche. Jetzt habe ich gerade mal eine halbe Stunde Zeit, Pastasauce für sechs Leute zu kochen. Ohne Hilfe! Völlig panisch schneide ich Zwiebeln, öffne Dosen, zerreiße Parmaschinken, hacke auf Chilischoten ein und werfe alles in eine Pfanne. Salz, Pfeffer, umrühren, fertig. Charly klingelt.

»Das riecht aber gut«, lügt sie und fängt an zu lachen. Ich erkläre ihr unser, na gut, *mein,* verplantes Timing. Wir haben noch knapp zehn Minuten Zeit, um den Tisch zu decken und peinliche Gegenstände in meiner Wohnung zu verstecken. Das wäre auch zu schaffen gewesen, wenn wir nicht angefangen hätten zu diskutieren, nachdem Charly meine Kinderfotos in die Kategorie »peinlich« gesteckt hat. Nur weil ich aussah wie Prinz Eisenherz mit Zahnlücke und Brille. Ich finde, ich habe mich gemacht, aber schiebe das Foto vorsichtshalber hinter das Regal. Um zehn vor sechs springen wir ins Auto. Ich bin ungeduscht, schlecht geschminkt und nicht gekämmt. Super Voraussetzungen, um den Mann fürs Leben zu treffen.

2. Dumping Dinner

Die Vorspeise (Salat mit Hähnchenbrust, sieben Punkte) bei Johanna, 26, in Wedding verläuft in der Tat ganz lustig. Die Gastgeberin ist gerade frisch nach Berlin gezogen und versucht auf diese Weise, Leute in der neuen Heimat kennenzulernen. Ihre

Kochpartnerin ist von Beruf Köchin (wie unfair), fast vierzig und auf der Suche nach einem potenziellen Vater für noch ungezeugte Kinder. Marcus, 44, ist Softwareentwickler und erzählt von seiner Exfrau, die ihn wegen einer Frau verlassen hat. Seine ihm zugewiesene Kochpartnerin – Juliane, 38 – ist schon sichtlich genervt von ihm. Kein Wunder, die beiden haben sich schon um drei Uhr nachmittags getroffen, um gemeinsam das Dessert (solche Glückspilze) herzurichten. Sein Gejammer wäre mir auch auf die Nerven gegangen und ich flüstere Charly noch schnell »du bist die Beste« zu, da mir ein fremder Kochpartner dank ihr erspart geblieben ist.

Gegen halb acht müssen wir alle wieder los. Jedes Paar fährt zu einer anderen Adresse für den Hauptgang. Charly und ich fahren zurück in meine Wohnung, setzen Nudelwasser auf, erhitzen die Sauce und zünden Kerzen an. Punkt 20 Uhr kommen unsere ersten Gäste: Ralf, 39, Immobilienmakler, und Suzanne, 33, arbeitslose Architektin. Ralf drückt mir einen riesigen Lilienstrauß in die Hand und lobt meine Wohnung. Vor allem die hervorragende Lage. Der Mann kennt sich aus. Er sieht nett aus und die Lilien sind wunderschön. Fünf Minuten später klingeln Klara, 30, und Joachim, 38. Außer Charly und mir haben sich bisher alle anderen einen fremden Kochpartner zuteilen lassen. Ich bewundere ihren Mut, während ich die Nudeln abgieße und Ralf mir beflissen zur Hand geht.

Die Sauce reicht nur ganz knapp für sechs Portionen und Joachim sagt vor dem Essen tatsächlich »Mahlzeit«. (Er ist raus.) Noch dazu gibt er nach einer halben Portion (Penne all' Arrabiata, vier Punkte?) schon auf. Es sei ihm zu scharf. So eine Heulsuse. Aber ich gebe zu, ich habe diese Chilischoten wirklich unterschätzt. Auch als Charly dem schwitzenden Joachim noch einen Becher Crème fraîche auf den Teller kippt, schafft er keinen Bissen mehr. Ralf isst Joachims Portion gern noch auf. Mein Held!

Wir stellen uns die gleichen Fragen wie zur Vorspeise: Wer schon mal an einem Jumping Dinner teilgenommen habe und was man beruflich so mache. Joachim behauptet, Straßenkünstler zu sein. Erst als wir ihn auffordern, ein bisschen zu jonglieren, rückt er mit der Wahrheit raus: Er ist Unternehmensberater. Charly kann ihre Enttäuschung nicht verbergen: »Schade, Straßenkünstler wäre lustiger gewesen.« Joachim ist ab jetzt noch stiller als Suzanne, die – nach meinem Gefühl – schon jetzt in Ralf verliebt ist. Dafür unterhalten sich Charly und Klara bestens. Beide arbeiten im Bereich Entwicklungshilfe. Auch Ralf und ich verstehen uns hervorragend. Er wäre mir vermutlich auf offener Straße nicht aufgefallen, aber er hat Humor, ist redselig und kein Angeber. Ach, ich mag es einfach, wenn Männer mir Blumen schenken.

Gegen 22 Uhr brechen wir alle in unterschiedliche Richtungen zum Dessert auf. Charly und ich finden uns in Schöneberg wieder, bei Jonathan, einem wissenschaftlichen Mitarbeiter aus dem Bundestag. Die Wohnung ist sauber, ordentlich und langweilig. Er auch. Neben Jonathan treffen wir dort auf Marta aus Portugal, Felix, den Lehrer für Deutsch und Physik (ein Besserwisser – mein Vater hatte recht), und seine Kochpartnerin Lena, die irgendwas in der Werbebranche macht. Das ganze Dessert (Tiramisu, zehn Punkte. Ganz klar!) verläuft sehr reserviert und ist höchstens aus kulinarischer Sicht ein krönender Abschluss. Ich habe von den vielen unterschiedlichen Weinen schon einen kleinen Schwips und quatsche dauernd dazwischen. Mittlerweile bin ich die immer selben Fragen ziemlich leid. Außerdem interessieren mich diese Menschen einfach nicht. Ich stelle fest, dass ich nach nur zwei Minuten beurteilen könnte, ob ich jemanden interessant finde oder nicht. Das mag oberflächlich sein, entspricht aber nun mal der Realität. Ich sollte mich vielleicht doch mal beim Speed-Dating anmelden. Da hat man den Small Talk wenigstens nach wenigen Minuten hinter sich. Charly macht tapfer

Konversation, wobei sie auch schon ein Gähnen unterdrücken muss.

Als wir gegen Mitternacht völlig erschöpft im Auto sitzen, beschließen wir, uns das noch ausstehende »Get Together« zu sparen. Charly ist zu müde, ich zu betrunken. Jumping Dinner ist echt anstrengend.

Auf der Heimfahrt fragt mich Charly, ob mich einer der Männer interessieren würde. Ich denke kurz nach: »Also, mit Ralf würde ich mich schon noch mal treffen. Aber wenn er mich interessant fand, kann er mich ja anrufen.« Schließlich hat jeder die Nummer seiner Gastgeber erhalten, womit Regel Nummer zwei in Kraft tritt. Charly hat mit Klara Nummern ausgetauscht. Klara meinte, sie wüsste eine Stelle, auf die sich Charly unbedingt bewerben sollte.

»Mal sehen, ob dieser Abend unser Leben verändern wird«, sagt Charly, als sie mich vor der Haustüre rauslässt. »Und danke, dass du mich überredet hast. Das war wirklich lustig!« Ich schwanke zur Haustüre, winke ihr noch mal kurz zu und betrete meine Wohnung, die immer noch nach Essen riecht. Welch ungewöhnlicher Duft in meinem Zuhause. Ralfs Blumen zaubern ein Lächeln auf meine Lippen. Ich bin aber auch wirklich leicht zu beeindrucken.

3. Die Revanche

Am nächsten Morgen treffe ich mich wie ausgemacht mit Tina im Café Möbel zu unserem Lieblings-Käsefrühstück. Gerade, als ich ihr von unserem »Happening« erzähle, piept mein Handy: »Hey, echt unfair, dass ausgerechnet die zwei interessantesten Frauen nicht mehr zum Come Together kamen. Würde mich gern für die Penne Arrabiata revanchieren. Lieber Gruß, Ralf!« Tja, jetzt stellt sich nur noch die Frage, ob er Charly oder mich mochte.

Was ich gelernt habe:

1. Ich muss dringend einen Kochkurs machen oder mich in einen Mann verlieben, der ein Restaurant besitzt.
2. Die meisten Leute reagieren empört, wenn man sich in großer Runde nach ihren sexuellen Vorlieben erkundigt.
3. Der Mann, der zwei Portionen von meiner Pasta schafft, hat sich wirklich eine Revanche verdient.

DER 17. VERSUCH

Ab in den Süden

1. Underdog oder Rampensau?

Ein paar Tage später habe ich schon sehr intensiven SMS-Kontakt mit Ralf. Heute Nachmittag hat er mich sogar todesmutig angerufen und gefragt, ob ich Lust hätte, am Wochenende mit ihm essen zu gehen. Ich gebe zu, ich freue mich sehr, dass es tatsächlich noch Männer gibt, die Frauen anrufen *und* zum Essen einladen wollen. Ich dachte, diese Generation sei schon längst ausgestorben oder verheiratet. Ich sagte zu, allerdings erst für nächste Woche. Zum einen, weil Frauen, die sofort zusagen, schnell uninteressant werden, und zum anderen – und das ist wieder mal der eigentliche Grund –, weil ich am Wochenende gar nicht in der Stadt bin.

Ich fahre nach München, um Konstanze zu besuchen. Es ist längst an der Zeit, mir ihre Designerwohnung und ihr makelloses Leben anzusehen. Glücklich, auch – oder gerade *weil* – ohne Mann. Bin ich etwa neidisch?

Ein bisschen vielleicht. Möglicherweise würde mir mein Singledasein auch nichts ausmachen, wenn ich beruflich ausgelasteter wäre. Obwohl ich eine 40-Stunden-Woche habe und nebenberuflich noch als freie Autorin arbeite, habe ich irgendwie immer noch genug Zeit, mir über meinen fehlenden Deckel Gedanken zu machen. Vielleicht bin aber auch ich der Deckel, der seinen Topf sucht? Wenn man nicht mal weiß, ob man Deckel oder Topf ist, wie soll man denn da suchen? Geschweige denn finden? Fragen über Fragen.

Eines jedoch weiß ich ganz genau: Ich bin einfach keine Karrierefrau. Aber auch keine Hausfrau. Ich bin irgendetwas dazwischen. Vielleicht eine karrierebewusste Hausfrau. Denn am liebsten hätte ich einen Partner, der arbeiten geht (damit er nicht die ganze Zeit zu Hause rumsitzt) *und* ganz verrückt danach ist, den Haushalt zu schmeißen (weil ich das hasse). Ich würde von zu Hause aus oder in unserem Sommerhaus an der Côte d'Azur an meinen Büchern arbeiten und wöchentliche Kolumnen schreiben. Nebenher würde ich Reisen organisieren, Partys ausrichten und natürlich meinen Mann mit Zärtlichkeiten verwöhnen – ihn mit meinem fröhlichen Wesen und meinem liebeshungrigen Körper beglücken.

Vielleicht gibt es solche Männer in Berlin einfach nicht. Möglicherweise liegt es an der Hauptstadt, dass ich keinen Partner finde, der meine allzu herkömmlichen Ansprüche erfüllen könnte. Berlin ist einfach zu unkonventionell, zu sexy und zu arm.

Vielleicht aber finde ich genau so einen Mann in München. Dort, im Süden, soll es noch Männer geben, die anstelle von Selbstverwirklichungsprojekten richtige Jobs haben, Ski fahren können, zum Frühstück Weißwürste essen und abgesehen davon nicht allzu verkorkst sind. Berlin ist die »Rampensau«, München der »Underdog«. Das habe ich zumindest mal gelesen. Vielleicht finde ich in München meinen Underdog fürs Leben – den eigentlichen Superhelden.

Von dieser Vorstellung motiviert, steige ich Freitagnachmittag in den Zug und richte mich für die nächsten sechs Stunden bequem ein. Ich habe meinen Laptop dabei, die neue »Neon« und eine externe Festplatte mit über hundert Filmen, die mir der Häschen-

Mann einst geschenkt hatte. Was er wohl gerade macht? Ob er auch ab und zu an sein Ex-Häschen denken muss? Ich verstehe nicht, wie er so schnell aus meinem Leben verschwinden konnte. Er hatte nicht mal Zeit für einen Abschiedsbrief. Er nahm ein Post-it!

Ich kann nichts dagegen tun: Zug fahren lässt mich immer ganz melancholisch werden. Doch bevor ich anfange zu heulen, schließe ich die Augen und lasse mich von den schaukelnden Bewegungen des Zuges in den Schlaf wiegen.

2. »Der ewige Stenz«

Als ich Samstagmorgen mit Konstanze über den Viktualienmarkt schlendere, ist all meine Melancholie verflogen und die Welt wieder in Ordnung. Die frühe Herbstsonne taucht die Obst- und Gemüsestände in ein warmes Licht, die Atmosphäre ist idyllisch, nahezu ländlich. Ja, hier in Bayern ist die Welt noch in Ordnung. Die Uhren ticken langsamer, die Menschen strahlen Gemütlichkeit aus.

Konstanze führt mich in ein Frühstückscafe am Gärtnerplatz und wir unterhalten uns wie in alten Zeiten. Ohne Vortäuschung falscher Zufriedenheit, offen, aufrichtig und selbstironisch, um am Ende festzustellen, dass es uns in der Tat mehr als gut geht. Konstanze hat zu viel zu tun, ich zu wenig. Sie hat keine Zeit, ihr Geld auszugeben, ich dagegen mehr Zeit als Geld. Es könnte schlimmer sein und keine von uns beiden will mit der anderen tauschen. Das Leben ist schön.

Wir gehen bummeln, kaufen ein paar Designerschnäppchen aus dem Schlussverkauf (eine Art Kompromiss zwischen Secondhand und Haute Couture) und auf dem Markt Zutaten für unser Abendessen ein. Zurück in Konstanzes lichtdurchfluteter Wohnung, die wirklich makellos schön und raffiniert eingerichtet ist (ich sage nur »Soft-close-Toilettendeckel«), verbringen wir einen entspannten Nachmittag. Wir legen Gesichtsmasken auf, lackieren uns gegenseitig die Fußnägel – auch wenn Konstanze sonst immer zur Pediküre geht. Nebenher schauen wir drei Folgen »Monaco Franze« – eine bayerische Kultserie, in der Helmut Fischer als leichtlebiger Vorstadt-Casanova brilliert. Wir kennen die Staffel »Der ewige Stenz« in- und auswendig. Schließlich sind wir Kinder der 80er-Jahre und außerdem gab es nur die zehn Folgen.

Danach legen wir die »Bravohits 14« ein, trinken Martini und Konstanze macht uns Dorade auf Steinpilzen und Pfifferlingen. Ich darf aus der Ferne zusehen, aber die Küche nicht betreten. Wäre Konstanze ein Mann, würde ich ihr glatt einen Antrag machen.

Wir wollen den Abend ruhig ausklingen lassen, irgendwo noch gemütlich ein Glas Wein trinken und in süßer Erinnerung an alte Zeiten schwelgen: als wir Kinder waren und Seifenkisten gebaut haben (obwohl Konstanze lieber Kaufladen spielen wollte). Oder als wir regelmäßig vor dem bösen Nachbarsjungen flüchten mussten, der uns immer verprügeln wollte. Bis heute wissen wir nicht warum.

Gegen 22 Uhr betreten wir eine schicke Münchner Bar in Schwabing. Ich fühle mich ein wenig underdressed. Die meisten Herren tragen Anzüge oder zumindest Jacketts, die Damen Blusen und Halstücher, so wie Konstanze. Ich habe das Gefühl, »Berlin« steht mir auf der Stirn geschrieben, und fast bin ich ein bisschen stolz darauf, mich zumindest rein äußerlich von der Münchner Schickeria zu unterscheiden. Sobald ich den Mund aufmache, verrate ich mich eh, denn meinen süddeutschen Akzent konnte ich nie ganz ablegen.

Kaum Platz genommen, kommen wir mit den zwei Herren im Anzug ins Gespräch, die mit uns den Tisch teilen. Peter und Paul (kein Scherz) sind Kollegen bei einem deutschen Energieversorger. Sie haben ein ziemlich erfolgloses Meeting zum Thema »Expansion nach Osteuropa« hinter sich und denken über alternative Berufsmöglichkeiten nach.

Peter, 44 Jahre, träumt davon, sein eigenes Delikatessengeschäft zu eröffnen, und Paul, 45 Jahre, wäre gern Weinbauer in Südfrankreich. Ich muss sofort an das Sommerhaus an der Côte d'Azur denken, mit den Partys und den vielen Reisen. Aber leider passt Paul so gar nicht in dieses Bild. Er hat etwas sehr Ernstes, fast Schwermütiges an sich. Er sieht aus wie ein Mann, der das Alleinsein bevorzugt. Ich tippe bei ihm auf den Typ »Einsamer Wolf«. Die kenne ich schon und weiß inzwischen auch, dass sie sich niemals zur Geselligkeit bekehren lassen. (Sie ziehen es vor, sich per Post-it zu verabschieden, wenn es brenzlig wird!) Außerdem ist Paul zu alt. Genauso wie Peter auch, der dafür umso redseliger und fröhlicher ist. Die beiden Herren finden uns »junge Dinger« äußerst amüsant (sogar Paul schmunzelt vor sich hin) und spendieren uns eine Runde Cocktails. Dann noch eine. Und noch eine.

Zwei Stunden und ein paar Drinks später sind wir längst beim Thema »Mann – Frau« angekommen. Vermutlich war ich für diesen Themenknick verantwortlich, da ich vor lauter Cocktails von meinem aktuellen Selbstversuch erzählt habe. Peter ist seit vier Jahren geschieden und Single – »mit Ausnahme einiger lockerer Affären«, wie er behauptet. Paul hat einen unehelichen Sohn, den er höchstens einmal im Monat sehen dürfe – was an seiner schlechten Beziehung zur Mutter des Kindes läge, »oder an seiner schlechten Beziehung zu den Menschen im Allgemeinen«, wie er selbst ergänzt. Wusste ich es doch: Einsamer Wolf.

Der feuchtfröhliche Abend nimmt seinen Lauf und Peter stellt wiederholt die Frage, wie das nun heute mit der »Logistik« aussehe. »Wie meinst du das denn immer, mit der Logistik?«, hakt Konstanze nach. »Na, wer schlaft heit wo?«, präzisiert er sein Anliegen mit bayerischem Dialekt, der proportional zum Alkoholpegel steigt. »Na ich bei Konstanze und ihr nicht«, erkläre ich ziemlich deutlich.

»Aber mir ham beide a große Wohnung mit am super Bett!«, lässt uns Peter wissen. Paul hält ihn zu etwas mehr Zurückhaltung an und entschuldigt sich für »seinen allzu forschen Freund«. Peter gibt nach und schlägt vor, dann wenigstens noch irgendwo »danzen« zu gehen. Konstanze und ich haben uns von dem Gedanken, einen ruhigen Abend zu verbringen, eh schon längst verabschiedet. Außerdem erinnern uns die beiden total an das Duo »Manni Kopfeck und Monaco Franze« aus »Der ewige Stenz«. Und wann hat man schon mal die Gelegenheit, mit diesen beiden auszugehen? Danzen is a super Idee!

Peter und Paul übernehmen die Rechnung, während uns Konstanze ein Taxi ruft. Als die beiden im Auto diskutieren, ob wir nun ins »Atomic Café« oder ins »Pacha« gehen sollten, schlägt Konstanze vor, zum »Kuhstall« zu fahren. Dort müssten wir bestimmt nicht anstehen und als sie das letzte Mal vor drei Jahren dort gewesen sei, hätte sie sich hervorragend amüsiert. Bravohits 14 garantiert! Ich finde, »Kuhstall« klingt spannend und passt hervorragend zu meiner ländlichen Urlaubsstimmung. Die Herren geben nach: Alles, was die Damen wünschen. (»Ja, ganz wunderbar!«, wie Manni sagen würde.)

Im Kuhstall angekommen steigen wir auf Wodka Red-Bull um, und die beiden werden mit jedem Glas mutiger. Als uns Peter und Paul dann zum »danzen« auffordern und Foxtrott-Haltung einnehmen, lehnen wir kichernd ab. So betrunken sind wir dann doch noch nicht. Allerdings finden Konstanze und ich uns eine Stunde später an einer Stange wieder und entdecken unser neues Talent: Poledance.

Als hätten wir unser Leben lang nichts anderes getan, springen wir an die Stange, um uns daran akrobatisch nach unten zu drehen. Nur mit den Schenkeln, fast ohne Festhalten! Nie im Leben hätte ich gedacht, meine Küchenfee sexy an einer Stange tanzen zu sehen. Und ich muss sagen, sie macht das wirklich ausgezeichnet, um nicht zu sagen: Ganz wunderbar!

Inzwischen haben sich zahlreiche junge Männer um uns versammelt, die uns anfeuern. In einer kurzen Tanz- und Trinkpause fragt uns einer von ihnen, warum wir denn mit diesen »alten Säcken« hier wären. Konstanze sagt: »Weil die zahlen! Des is a gmahde Wies'n!« Das war gemein, aber wir müssen trotzdem darüber lachen. Schließlich bekommt Konstanze Mitleid, geht zurück an den Tisch und macht ein bisschen Benefizknutschen mit dem einsamen Wolf Paul (»Ein bisserl was geht immer!«). Ich erwehre mich Peters Annäherungen und fröne stattdessen meinem neuen Interesse, dem Poledance.

Gegen vier Uhr morgens springe ich ein letztes Mal an die Stange, bevor mich Konstanze von der Tanzfläche zerrt und in ein Taxi schiebt. Peter und Paul winken zum Abschied. »Servus, Spoatzls!« Ach, jetzt hab ich die beiden schon fast lieb gewonnen.

3. Filmriss

Am nächsten Morgen werde ich von frischem Kaffeeduft geweckt und brauche einen Moment, um mich zu orientieren. Ich bin in München, bei Konstanze, in ihrem Gästezimmer. Das ist schon mal gut. Mein Kopf tut weh. Aber noch viel mehr schmerzt dagegen der Rest meines Körpers. Ich habe blaue Flecken an den Innenseiten meiner Schenkel, eine Beule auf der Stirn (wie ist das denn passiert?) und Muskelkater in den Armen. Mein Magen knurrt. Als Konstanze mit Frühstück – selbstgemachter Hefezopf (ich will sie unbedingt heiraten!) – das Zimmer betritt, fangen wir beide an zu lachen. Sie hat eine doppelt so große Beule mitten auf der Stirn. Jetzt erinnere ich mich wieder: Bei einem Simultansprung an die Stange haben wir unsere Köpfe aneinandergeschlagen.

»Na, Ms Poledance, hast du von deinem Mann fürs Leben geträumt?« Ich sehe Konstanze fragend an. »Na, der Bäcker aus Bogenhausen. Du hast mir gestern Nacht im Taxi erzählt, dass du jetzt Bäckerin wirst, um den Rest deines Lebens an der Seite dieses Mannes Teig zu kneten.« Richtig. Da war was. Aber ich kann mich kaum noch erinnern.

»Habe ich schon irgendetwas unterschrieben?« – »Nein«, lacht Konstanze. »Und seine Nummer wolltest du auch nicht haben, weil du keine Männer mehr anrufst, wie du zwanzig Mal betont hast.« Oh Gott. »Habe ich ihm meine Nummer gegeben?« Konstanze drückt mir eine Tasse Filterkaffee in die Hand (ich wusste gar nicht, dass es den noch gibt). »Keine Sorge. Das habe ich verhindert. Schließlich weiß ich, wie es um deine Backqualitäten bestellt ist.« Ich muss lachen und zitiere den guten alten Monaco: »Mei Fräulein, des is aber schon recht lang her, dass mich jemand so schön bedient hat, und auch noch so hübsch war.«

Was i g'lernt hob:

1. Eine berufliche Neuorientierung in Richtung Poledance wäre eine Option.
2. Auch eine Sandkastenfreundin hat eine unbekannte Seite (Filterkaffee?).
3. Ich bin eine Rampensau. Oder frei nach Monaco Franze: »Ich brauche äh ... ich benötige eine literarische Rechtfertigung respektive historische Untermauerung meines durch und durch unsoliden Lebenswandels.«

DER 18. VERSUCH

Enttäuschung zum Nachtisch

1. Stofftischdecken statt Kaviar

Ein Wochenende München reicht völlig aus, um mir meine Liebe zu Berlin wieder zu vergegenwärtigen. Immer wenn ich in diese Stadt zurückkomme und bereits aus der Ferne den Fernsehturm erblicke, huscht ein Lächeln über mein Gesicht. Wie schön, wieder zu Hause zu sein, denke ich dann und kaufe gleich dem nächsten »Motz«-Verkäufer ein Exemplar seiner Obdachlosenzeitung ab.

Mein Mann fürs Leben müsste sich auch in Berlin zu Hause fühlen. Er muss kein echter Berliner sein (gibt es die überhaupt noch?) und schon gleich gar kein Berlin-Fan – das sind die Schlimmsten. Es reicht aus, wenn er eine natürliche Hassliebe zu Berlin pflegt, so wie ich auch.

Ralf ist, soweit ich weiß, Wahlberliner. Er kommt eigentlich aus Mainz, aber für seine Herkunft kann man ja nichts. Das weiß ich selbst am besten. Er hat per SMS seinen Wunsch wiederholt, mich zum Essen »ausführen zu dürfen«. Wir haben uns für Mittwochabend verabredet, und ich sollte das Restaurant aussuchen.

Aus Bequemlichkeitsgründen – und auch wegen der rot-weiß karierten Stofftischdecken – habe ich mich für den Italiener ums Eck entschieden. Außerdem gibt es dort eingelegte Oliven zum Aperitif, und ich bin ein bisschen in den langhaarigen Kellner verliebt, der immer »Bellissima« zu mir sagt. Die Stimmung ist lebendig, das Essen hervorragend und bezahlbar. In zu teuren Restaurants fühle ich mich gar nicht wohl. Ich mag es nicht, wenn ich mehr als eine Gabel habe, der Kellner mir den Stuhl unter den Po schiebt und ich den richtigen Moment abpassen muss, um mich zu setzen.

Am Mittwochabend beschränkt sich mein Styling auf ein frisches Oberteil, Haare kämmen und Lidstrich nachziehen. Obwohl es erst eineinhalb Wochen her ist, dass Ralf als Jumping-Gast in meiner Wohnung war, habe ich ihn nicht mehr genau vor Augen. Ich kann mir einfach keine Gesichter merken. Aber ich habe ihn als nett, aufmerksam und gesellig in Erinnerung. Ich werde mir diesen Immobilienmakler einfach noch mal genauer ansehen. Liebe auf den zweiten Blick hält bekanntlich eh länger. Außerdem freue ich mich auf den Kellner.

2. Couch statt Candle-Light

Ralf holt mich pünktlich ab (diesmal leider ohne Lilien), begrüßt mich vornehm mit Handschlag und geleitet mich galant unter einem Regenschirm zum Restaurant. Dort angekommen schiebt er mir – unwissend über meine Abneigung – den Stuhl unter meinen Po, vergisst dagegen, mir Jacke und Schal abzunehmen. Kaum hat auch Ralf Platz genommen, studiert er umgehend die Speisekarte. Eingepackt wie ich bin, sitze ich ihm etwas verkrampft gegenüber und entledige mich schließlich selbst meiner Regenkleidung.

Wir bestellen Aperitif und gemischte Antipasti zur Vorspeise. Ralf verdrückt in einer Minute geschätzte 25 Oliven, trinkt seinen

Ramazotti auf ex und bestellt gleich den zweiten, plus einen Liter Rotwein. Ich glaube, er ist nervös.

»Meinst du nicht, ein halber Liter würde ausreichen? Schließlich musst du noch fahren«, stelle ich verantwortungsbewusst fest. »Ach was«, sagt Ralf. »Ich bin in Berlin noch nie kontrolliert worden, und im Notfall schlafe ich eben auf deiner Couch.« Ralf lacht. Ich nicht. Das gibt Punktabzug. »Na ja, wir müssen ja nicht austrinken«, versuche ich den Vorschlag mit der Couch freundlich, aber bestimmt zu übergehen.

Ich bestelle Pizza mit Rucola und Parmaschinken, Ralf wählt das Entrecôte – ein Wort, das schreckliche Assoziationen bei mir auslöst. Außerdem ordert er bei dem süßen Kellner Wasser »con gas«. Ich stelle fest, dass ich es nicht mag, wenn jemand »con gas« zum Kellner sagt und frage mich, ob die Deutschen das Wort »Kohlensäure« überhaupt noch kennen.

Ralf legt sein iPhone auf den Tisch und erzählt mir von seiner stressigen Arbeitswoche. Von Wohnungsabnahmen, Besichtigungsterminen und Ärger mit der Stadtverwaltung, die immer alles ein bisschen zu genau nehmen würde: »In Berlin kann man eher ein Altenheim abreißen, als einen Baum fällen. Diese Ökonazis machen meinen Job nicht gerade einfacher.« Aha. »Wieso willst du denn Bäume fällen?«, frage ich unbedarft nach. »Weil die das ganze Licht nehmen, was den Wert eines Objektes nicht gerade steigert.« Natürlich. Ich Dummerchen.

Ralf erzählt mir von seinem Ferienhaus in der Schweiz, seinem Ferrari und der unbändigen Liebe zu seiner Mutter. Fast habe ich das Gefühl, der arme Kerl hat sich fest vorgenommen, alles falsch zu machen, was man bei einem ersten Date nur falsch machen kann. Das ist doch eigentlich mein Job und daher schon wieder fast sympathisch.

Ich erzähle Ralf von meiner Tätigkeit als Autorin, unter anderem für Erotikliteratur, was er wiederum total »spannend« findet. Dieses Phänomen habe ich schon öfter beobachtet: Männer, die einem völlig unkreativen Job nachgehen (irgendetwas mit Zahlen), fühlen sich von den sogenannten Kreativen häufig geradezu magisch angezogen. Für solche Menschen stellt ein »kreativer Partner« eine Art Ausgleich für ihr eigenes, meist ungenutztes oder gar nicht vorhandenes Kreativpotenzial dar. An der Seite eines solchen Mannes wird man zu einer Art »Creative-It-Girl«. Aber sobald man sich beklagen würde, zu wenig Geld zu verdienen oder in der Branche nicht genügend Anerkennung zu finden, kontern diese Männer mit: »Hättest du was Richtiges gelernt, müsstest du jetzt nicht jammern.«

Ich behalte diese These für mich und interessiere mich nun wieder für Ralfs Leben. Er lässt sich nicht lange bitten, alles – aber auch wirklich alles – zu erzählen: behütete Kindheit, hervorragende Ausbildung, Ziele, die realisiert wurden, Fehler, die man nicht gemacht habe, bis eines Tages diese Frau auftauchte, der man die Welt zu Füßen legte. Vermutlich sei genau das der Fehler gewesen, denn sie habe ihn reingelegt, hintergangen und verlassen. »Und das Kind hat sie gleich mitgenommen, denn ganz plötzlich war ich nicht mal mehr der Vater!«, erzürnt sich Ralf und kippt ein fast volles Glas Rotwein.

Ralf stürzte in eine tiefe Krise, die ihn veranlasste, sich einer Psychoanalyse zu unterziehen, zu der er inzwischen dreimal die Woche gehe. Sein Therapeut praktiziere nach der Methode von Jacques Lacan, was ein echter Schock ist für eine Freudianerin wie mich. Das Ganze koste zwar eine Stange Geld, aber sei »die Sache« auf jeden Fall wert. Schließlich gäbe es da einiges aufzuarbeiten, denn abgesehen von seinem Vertrauensverlust in das weibliche Geschlecht, sei die Kindheit dann doch nicht so behütet gewesen. Der Vater habe es zwar nie böse gemeint, aber ...

Das alles und noch viel mehr erfahre ich, während ich versuche, eine trockene Pizza mit viel Wein runterzuspülen. Nein, es schmeckt mir nicht wirklich. In Wahrheit laufen alle Alarmglocken bereits auf Hochtouren. Nichts gegen schlimme Kindheiten.

Da halte ich es wie Frank McCourt in »Die Asche meiner Mutter«: »Eine glückliche Kindheit lohnt sich ja kaum.« Aber untergejubeltes Kind, unverarbeitete Ex-Beziehung, verklärte Kindheitserinnerungen und dann auch noch Analyse nach Lacan – das ist zu viel! Dieser Mann muss dringend bei sich aufräumen, aber ohne mich. Denn ich habe keine Lust mehr, anderen Leuten beim Aufräumen zuzusehen oder gar behilflich zu sein. Es sei denn, sie sind die Liebe meines Lebens oder mit mir verwandt. Aber Immo-Ralf? Nein, nein und nochmals nein.

Ich entscheide mich gegen ein Dessert, für einen Schnaps und in Erinnerung an Regel Nummer fünf (»Keine Männer in einer Lebenskrise«) schiebe ich den Stuhl unter meinem Po alleine zurück, hole meinen Mantel selbst und lasse mich trotzdem einladen. Emanzipation ist: den Mann bezahlen zu lassen, ohne sich verpflichtet zu fühlen.

Ich wünsche Ralf viel Glück bei all seinen Vorhaben und verbiete ihm, mich vor einem, nein, sagen wir besser drei Jahren, wieder anzurufen.

3. Freud statt Lacan

Am nächsten Tag finde ich mich bei meinem wöchentlichen Therapietermin ein. Ich liege auf der Couch und schimpfe über Ralf und sein Psycho-Gelaber. Mein Therapeut (ein Freudianer, wie er im Buche steht! Er hat sogar ein Schwarz-Weiß-Foto von Sigmund im Regal stehen und sieht ihm noch dazu ein bisschen ähnlich) fragt mich, warum ich auf Menschen, die psychologische Hilfe in Anspruch nehmen, so abweisend reagieren würde.

»Was macht das mit Ihnen?«, will er von mir wissen. Ich liege auf dem Rücken, starre an die Decke und versuche, assoziativ zu antworten: »Ich weiß auch nicht. Es macht mich einfach wütend. Ich will einmal einen *normalen* Mann kennenlernen.« Das

Doktorchen schweigt. Ich interpretiere dieses Schweigen als Zeichen dafür, dass ich diesen Satz aus meiner Position heraus, selbst auf einer Couch liegend, vielleicht noch mal überdenken sollte.

»Ich weiß«, sage ich. »Ich bin ja auch bei Ihnen auf der Couch. Aber wäre auch schade, wenn nicht, oder?« Wie immer ignoriert das Doktorchen meinen hilflosen Versuch, meine Verzweiflung zu überspielen, indem ich einen Scherz mache.

»Ich kann es mir auch nicht erklären«, setze ich meinen Redefluss etwas ernsthafter fort. »Versuchen Sie es!«, fordert er mich ungewohnt hartnäckig auf. Ich seufze: »Ich bin irgendwie, na ja, enttäuscht!«, platzt es aus mir heraus. »Ich bin einfach enttäuscht. Ich will niemanden mehr mit Problemen. Die habe ich selbst. Ich will einen tollen Mann. Keinen Problemfall. Ich will einen unbeschwerten, grundsätzlich glücklichen Mann, der sein Glück mit mir teilen und nicht sein Leid mit mir mildern will. Und wenn er schon Therapie macht – was völlig in Ordnung ist –, dann doch bitte nicht nach Lacan, diesem französischen Quacksalber.« Ich bilde mir ein, meinen Therapeuten, der hinter mir auf einem Stuhl sitzt, schmunzeln zu spüren. Nach einer langen Pause sagt er endlich etwas. Er sagt einen sehr guten Satz, wie ich finde. Ich werde ihn mir merken.

Was ich gelernt habe:

1. Es ist mein gutes Recht, enttäuscht zu sein.
2. Emanzipation ist, wenn man trotzdem lacht.
3. Der Kellner ist viel süßer zu mir, wenn ich ohne männliche Begleitung komme.

DER 19. VERSUCH

»Abenteuer Nordsee«

1. Zwischen Flögeln und Fickmühlen

Ich kann Taxifahrer, die ihrem Fahrgast ein Gespräch aufzwingen wollen, nicht ausstehen. Am allerschlimmsten finde ich jene, die ungefragt darüber klagen, wie wenig sie verdienen. Das macht mir, dem Fahrgast, Schuldgefühle. Aber heute bin ich mal wieder genau an einen solchen geraten. Auf dem Beifahrersitz ausgeliefert, höre ich mir stoisch seine Ausführungen über ausgebeutete Taxifahrer an, schüttle betroffen den Kopf und schweige schuldbewusst.

Auch als wir auf der Kantstraße in einen Stau kommen, bleibe ich gelassen. Ich muss zwar schnellstmöglich zum Bahnhof, aber im Gegensatz zu ihm möchte ich keine Schuldgefühle provozieren. Doch jetzt fängt er an, zusätzlich zu seiner Kapitalismuskritik auch noch über den Verkehr zu schimpfen und mir zu erklären, dass Zeit auch Geld sei und *er* sich daher keinen Stau erlauben dürfe, weil das nur Zeit koste, aber weniger Geld einbringe. Obwohl ich mich frage, wer hier jetzt der Kapitalist ist, fühle ich mich noch schuldiger und sage: »Es tut mir leid.« Mein redseliger Freund dagegen ignoriert meine Entschuldigung, macht einen illegalen U-Turn und fährt dahin zurück, wo er mich abgeholt hat, um eine andere Strecke zu versuchen (K.I.T.T. – Hol mich hier raus!).

Auf der fünfzehnminütigen Fahrt erfahre ich, wie viel ein Korea-Urlaub für eine vierköpfige Familie kostet (zehntausend Euro) und dass er als Taxifahrer maximal fünfzig Euro am Tag verdiene, wofür er mindestens zwölf Stunden arbeiten müsse. Bevor ich ausrechnen muss, wie viele Stunden er Taxi fahren müsste, um mit seiner Familie endlich mal wieder die Verwandtschaft in Korea besuchen zu können, kommen wir Gott sei Dank schon am Bahnhof an. Letzten Endes waren wir zwar nicht schneller, aber er hat mehr verdient, weil wir immer in Bewegung waren. Natürlich zahle ich in bar (Kartenzahlung käme einer Kriegserklärung gleich) und selbstverständlich gebe ich Trinkgeld – aber anscheinend nicht genug. Denn ich muss meinen schweren Rucksack selbst aus dem Kofferraum holen und alleine auf meinen Rücken hieven. Ich hatte noch nie so viel Gepäck. Nicht mal, als ich drei Wochen lang durch Indien gereist bin.

Leider geht es heute nicht nach Mumbai, sondern nach Otterndorf – was nicht weniger exotisch klingt, wie ich finde. Soweit ich weiß, liegt das in der Nähe der Nordsee. Meine Freundin Moni hat mich eingeladen. Ihr Bruder würde dort, auf einem stillgelegten Bauernhof, der seit 1861 in Familienbesitz sei, die Party des Jahrhunderts feiern.

»Wir werden feiern, trinken, tanzen und knutschen!«, hat sie gesagt. Wer könnte da Nein sagen? Noch dazu muss ich eh Richtung Norden, da ich anschließend zwei Wochen beruflich nach Hamburg beordert wurde, um eine Kollegin im Büro zu vertreten. Bei solchen Aufträgen (und nach Gesprächen mit Taxifahrern) liebe ich meinen Job ganz plötzlich, denn ich liebe Hamburg. Nicht so sehr wie Berlin, aber in Hamburg verbringe ich gern eine aufregende, abwechslungsreiche und unvernünftige Zeit. Wenn ich mit Berlin verheiratet wäre, wäre Hamburg mein Liebhaber.

Und ein wenig Abwechslung könnte ich gerade wirklich ganz gut vertragen. Aber zuvor will ich sehen, ob und welche Rolle die Nordsee in meinem Liebesleben einnehmen könnte.

In Hamburg steige ich in den Metronom Richtung Cuxhaven um, natürlich nicht, ohne mir vorher ein Jever für die Fahrt zu kaufen (Ich liebe Biertrinken im Zug. Das hat so was Asoziales). Erst als wir Hamburg-Harburg schon hinter uns lassen, öffne ich mein friesisch-herbes Getränk, um mich auf den Norden einzustimmen. Ich lehne mich genüsslich zurück und blicke auf die rauen Felder Norddeutschlands, die in der Dämmerung an mir vorüberziehen. Ich fahre an Ortschaften vorbei, die entzückende Namen tragen, wie Himmelpforten oder Hechthausen. Sogar Buxtehude ist dabei. Endlich weiß ich mal, wo das liegt.

Selbstverständlich bin ich hervorragend vorbereitet für meine Exkursion und schlage meinen kleinen Deutschland-Reiseführer samt Landkarte auf, um zu überprüfen, ob dieser Zug auch richtig fährt. (Ja, ich gehöre auch zu den Leuten, die immer denken, die bessere Strecke als Google-Maps zu kennen.) Otterndorf liegt in der Nähe von Cuxhaven. Ich entdecke all die lustigen kleinen Ortschaften auf meiner Karte und noch viel mehr: Südlich von Otterndorf gibt es ein Fleckchen namens »Fickmühlen« und ein bisschen darüber finde ich »Flögeln«. Na, das klingt doch so, als könnte es lustig werden an der Nordsee.

Gezwungenermaßen lausche ich dem Gespräch echter norddeutscher Jugendlicher im Abteil neben mir. Einer der Pickelgesichter hat gerade über Handy lautstark mit seiner Freundin gestritten, die, soweit ich das seinen knappen Antworten entnehmen konnte, ihm vorgeworfen hat, nicht mit ihr einkaufen gegangen zu sein. Er legt genervt auf und erzählt seinen Kumpels von seiner letzten Shoppingtour mit ihr: »Ne, also da hab ich echt keinen Bock mehr drauf, ne, wo man in jeden Scheißladen laufen muss, ne, und unbedingt was kaufen muss, ne. So mit Zwang, ne.« Die anderen beiden stimmen ihm murmelnd und rülpsend zu.

Eine Durchsage im Metronom unterbricht seine Erzählung: »Sehr geehrte Damen und Herren. Bitte beachten Sie, dass in diesem Zug keine alkoholischen Getränke erlaubt sind.« Der ganze Zug lacht. Ich trinke einen Schluck Bier, verstecke die Flasche unter dem Tisch und schließe meine Augen. Schließlich wird das heute noch eine lange Nacht. Möglicherweise die erste Nacht mit meinem zukünftigen norddeutschen Ehemann Sören aus Flögeln. Wer weiß?

2. Ein Mann namens Bumso

Als in ich Otterndorf auf Gleis eins (von zweien) ankomme, ist keine Moni in Sicht. Das ist so typisch. Sie bestellt mich an den Arsch der Welt und kommt trotzdem zu spät. Moni ist eine dieser Frauen, die immer – wirklich immer – entweder zu spät kommt, oder aber, falls sie pünktlich ist, ihr Handy noch am Ohr hat, beziehungsweise gleich »nur noch kurz« telefonieren muss. Wenn sie dann fertig telefoniert hat, warte ich noch auf den Satz: »Ich muss mich nur noch schnell schminken.« Dann weiß ich wieder, dass sich die Welt nicht geändert hat – und nie ändern wird. Moni schminkt sich immer und überall: in der Straßenbahn, hinter dem Steuer und während des Fahrradfahrens. Okay. Das noch nicht, aber das kann ja noch kommen. Immerhin hat sie schon einmal im Biergarten (sehr zum Leidwesen aller umsitzenden Gäste) »nur noch schnell« ihre Schuhe imprägniert.

Als ich mir gerade im Einklang mit der Natur am Bahnhof Otterndorf eine Zigarette anstecke, fährt Moni hupend um die Ecke. Ich rauche unbeirrt weiter, da ich mich auf weitere Telefon-Wartezeit einstelle.

»Christiane! Tut mir leid, dass ich zu spät bin. Ich habe meinem Bruder noch beim Aufbauen geholfen. Schön, dass du gekommen bist!« Wow. Ich bin beeindruckt. Kein Handy und kein Schminktäschchen in Sicht. Das muss an der Landluft liegen. Wir umarmen uns und ich darf auch ohne parallel geführtes Telefonat in aller Ruhe zu Ende rauchen.

Auf der Fahrt zum Hof tauschen wie ein paar Updates aus, was schnell geschehen ist, weil es keine gibt. Ich erkundige mich nach Monis Liebesleben: »Und? Für wen hast du dich entschieden? Klaus, Sven oder Tim?« – »Für Tom.« – »Wer ist Tom?« – »Tom ist Tim, nehme ich an, denn ich kenne keinen Tim.« Ach so. »Ja ist doch toll, oder?« Moni seufzt. »Nicht wirklich. Tom will keine feste Beziehung. Zumindest nicht mit mir. Sven schon, aber das will ich nicht, wegen Tom. Und Klaus war ein Irrtum. Die Hormone. Der Alkohol. Oder was weiß ich.« Ja, das kann passieren. Immer verliebt man sich im Kreis. Das ist echt mies. Schon bei Shakespeare war das so, zum Beispiel im »Sommernachtstraum«. Aber da lag es an dem kleinen Elfen Puck, der den Liebesnektar versehentlich dem Falschen auf die Augenlider tröpfelte und damit das reinste Liebeschaos verursachte.

»Ach Moni, Oberon wird es schon richten.« – »Wer?« – »Der König der Elfen.« Moni lacht. »Bist du verliebt oder wieso redest du so geschwollenen Unsinn?« – »Das ist kein geschwollener Unsinn. Das ist Shakespeare.« – »Shakespeare, aha. Und? Ist der Single?« Ich starre Moni entsetzt an. »War nur ein Scherz. Ich weiß, wer Shakespeare ist. Und soweit ich weiß, ist der ziemlich tot. Warte ab. Heute Abend triffst du bestimmt deinen Mann fürs Leben. Zumindest einen Mann aus diesem Jahrhundert. Ich bin schon gespannt, mit wem du knutschen wirst.« – »Eher treffe ich Puck als den Mann fürs Leben«, erkläre ich resigniert. »Wer ist Puck?«

Ich sehe davon ab, Moni jetzt eine literarische Einführung in den »Sommernachtstraum« zu geben, lasse das Fenster runter und damit die unvergleichlich riechende Landluft ins Auto. Bei dem Geruch von Kuhmist assoziiere ich seltsamerweise keine unbeschwerte Kindheit am Stadtrand, sondern eine Fahrradfahrt auf »Unter den Linden«. Dort liegt zwar hauptsächliche Pferdescheiße von den vielen Touristenkutschen, aber die riecht genauso. Dann dreht Moni das Radio auf volle Lautstärke. Bei »Junge« von den Ärzten muss man einfach mitsingen: »Und wie du wieder aussiehst, Löcher in der Hose und ständig dieser Lärm ...«

Auf dem Hof angekommen zeigt sie mir das »bescheidene« Anwesen. Besser gesagt, das Gut. Es ist wunderschön: eine etwas heruntergekommene Villa, in der jedes Zimmer an »Vom Winde verweht« erinnert. Die Vorhänge sind sogar aus grünem Samt. Überall stehen alte Bauernschränke, Glasvitrinen und Ohrensessel, die bestimmt so manche Geschichte erzählen könnten. Vom Wohnzimmer, oder besser gesagt Salon, aus hat man einen weiten Blick über die Felder, die – wie Moni in einem Nebensatz erwähnt – auch zum Hof gehören.

»Na ja, ist ja nichts wert, hier am Arsch der Welt« winkt sie auf meinen beeindruckten Blick hin ab und lacht. Wenn Moni lacht, muss man immer mitlachen. Es ist irgendwie ansteckend.

»Schön, wirklich schön«, stammle ich fasziniert vor mich hin und fange an zu träumen. Am liebsten würde ich mich sofort in diesen braunen Ohrensessel setzen und mit Blick auf den mit Laub bedeckten Teich (ach was: See!) anfangen, einen Historienroman zu schreiben. Oder ein Märchen? Besser ein Kinderbuch? Einen Krimi? Egal, mit dieser Aussicht könnte ich nahezu alles schreiben. Dazu würde ich heiße Schokolade mit Baileys trinken und ab und zu Moni anlächeln, die in eine Decke gehüllt, mit einem Kätzchen auf ihrem Schoß, strickend neben mir sitzen und den Klängen von Beethovens Klavierkonzert in c-Moll lauschen würde.

»Und hier schlafen wir«, unterbricht Moni meine Träumereien und zerrt mich in den nächsten Raum. Vor mir liegen vier Matratzen. »Such dir eine aus! Dann gehen wir zu den anderen in den Stall. Es sind schon total viele Leute da. Ich muss mich nur noch kurz schminken.« Gott sei Dank. Sie wurde mir schon langsam unheimlich.

Ich ziehe es vor, Moni heute nicht beim selbstverliebten Schminken zuzusehen (wirklich, ich liebe diese Frau, aber sie ist sehr eitel und ich bin sehr ungeduldig). Lieber mische ich mich schon mal unter die Partygäste, die heute aus ganz Deutschland ins sagenumwobene Otterndorf angereist sind.

Eine kleine Tür neben der Speisekammer führt mich direkt in den ehemaligen Stall. Doch im Gegensatz zu meinen Erwartungen finde ich keine tanzwütige Meute vor, sondern vielmehr eine traute Gruppe, die sich an einer der vielen Biertisch-Garnituren niedergelassen hat.

»Hallo!«, werfe ich in die Runde und stelle mich vor. »Ich bin Christiane, eine Freundin von Moni aus Berlin.« Dann schüttle ich Hände und versuche, mir all die Namen zu merken. Außer Monis Bruder und seiner Freundin kenne ich hier niemanden. Ich lerne Ines und Jan kennen, die wie Geschwister aussehen (aber keine sind), Steffi und Stefan, die vorgestern geheiratet haben (das nennen die Flitterwochen?), sowie Annika und Martin, die sich gerade streiten, wer nach der Kleinen sieht. Nachdem ich mir aus dem aufgeblasenen Plastik-Pool einen gekühlten Dosensekt geholt und mich am Buffet bedient habe, ist mein erster Pärchenschock einigermaßen überwunden.

Ich setze mich tapfer in die Runde und höre einfach nur zu. Es geht um Wickeln, Stillen, Flitterwochen und erste gemeinsame Wohnungen sowie Steuerersparnisse durch Ehegattensplitting. Man muss nicht Miss Marple sein, um festzustellen, dass ich – zumindest bisher – der einzige Single auf dieser »Party« bin. Ich und Moni, die mich gerade kläglich im Stich lässt. Als sie nach über einer Stunde endlich zu uns stößt, ist der Stall bereits randvoll mit Pärchen, die sich wie die Gremlins zu vermehren scheinen.

»Moni, das ist nicht die Party des Jahrhunderts, sondern ein Pärchen-Sit-in«, flüstere ich meiner für die Location »Stall« etwas zu stark geschminkten Freundin zu. »Die Singlemänner kommen noch«, versucht Moni zu beschwichtigen. »Zumindest einer. Er ist ein echter Frauenschwarm. Du wirst ihn mögen!« Sie zwinkert mir zu und öffnet ihre Sektdose.

Jetzt bin ich wütend. Aber nicht, weil es keine Singlemänner gibt, sondern weil Moni anscheinend denkt, mich nur unter Vortäuschung falscher männlicher Tatsachen nach Otterndorf locken zu können. Das muss ich jetzt mal klarstellen: »Moni, ich wäre auch gekommen, wenn du mir gesagt hättest, dass dein Bruder ein paar befreundete Pärchen eingeladen hat, um in trauter Runde ein Wochenende auf dem Land zu verbringen. Nur weil ich gerade den Mann fürs Leben suche, heißt das nicht, dass ich mich für nichts anderes mehr interessiere. Aber mit Gesprächen über Babykacke kann man mich jagen – jetzt, später und für alle Zeiten!« Ich unterbreche meinen Redefluss, als es aus irgendeinem der inzwischen vier Babyfone zu plärren beginnt. Mindestens sechs Leute springen auf. Moni sieht mich schuldbewusst an, dann klingelt ihr Handy und damit ist das Thema beendet.

Pärchen hin oder her. Ich bin auf einem wunderschönen Bauernhof unter Menschen, die einander lieben. »Amüsier dich einfach!«, befehle ich mir selbst. Von nun an gebe ich alles: Erstens, ich trinke. Zweitens, ich mache Small Talk. Drittens, ich beginne, mich eingehend für die unterschiedlichen Paarkonstellationen zu interessieren. Vielleicht kann ich ja noch etwas lernen. Ich frage mich durch die Runde, wer sich wie kennengelernt habe, wie lange die Paare schon zusammen seien, ob sie zusammenwohnen würden, Kinder hätten, oder welche wollten. Ich trinke tapfer weiter. Dann frage ich, was sie so machen würden, wenn sie alleine seien, ob sie überhaupt noch alleine sein könnten, ob sie regelmäßig miteinander schliefen oder sich nach Abwechslung im Bett sehnten. Bevor ich Ines frage, wie es sich so anfühle, mit dem eigenen Bruder zu schlafen, steige ich auf Cola um. Als letzte

Amüsiermaßnahme versuche ich sogar zu tanzen, aber der frisch vermählte DJ spielt nur Liebeslieder. Ich kämpfe gegen Windmühlen!

Moni habe ich inzwischen komplett aus den Augen verloren. Ich nehme an, sie versteckt sich vor mir oder telefoniert mit Tim, Tom, Klaus oder Sven, vielleicht sogar in Konferenzschaltung. Das wäre wenigstens lösungsorientiert.

Wo bleibt denn nun der ominöse Singlemann? Ich bin inzwischen schon so verzweifelt und betrunken, dass ich nicht mehr besonders wählerisch wäre. Ich will auch dazugehören und engumschlungen tanzen! Nur heute Abend. Er muss nicht der Mann fürs Leben sein. Zwei Beine und zwei Arme reichen aus. Er muss nur dafür gut sein, jetzt verdammt noch mal mit mir in diesem Hühnerstall ein wenig zu schwofen.

Dann, wie aus dem Nichts, taucht *er* auf. Das entnehme ich zumindest dem Stimmengewirr, das einen Neuankömmling überschwänglich begrüßt: »Ey, alter Schwerenöter. Geil, dass du da bist.« Ich kann noch nichts von ihm erkennen, weil er von so vielen Leuten belagert wird, die sich über sein Kommen riesig zu freuen scheinen. Dann platzt Moni in den Tumult, sprengt die Menge, packt das Objekt meiner von ihr für mich bestimmten Begierde und stürmt damit auf mich zu. Sie präsentiert ihn mir wie ein Stück Fleisch, das sie einem ausgehungerten Löwen in den Käfig wirft. »Das ist meine Freundin Christiane (»Friss!«). Christiane, darf ich dir vorstellen: Das ist Bumso.«

Ich werfe Moni einen vielsagenden Blick zu. Einen Blick, der »Willst du mich total verarschen?«, oder auch »Lauf um dein Leben!« bedeuten könnte, während ich mir ein »Freut mich, Bumso« rauspresse.

Bumso? Eher knutsche ich mit Dumbo als mit Bumso. Abgesehen von diesem total bescheuerten No-go-Namen (»Nein, ich will nicht wissen, warum man dich Bumso nennt!«), ist der Typ schon total blau. Wir erfahren ungefragt, dass er im Auto hinten sitzen musste und daher vor lauter Langeweile auf 600 Kilometer einen halben Kasten Bier leer getrunken hat.

»Neuer Rekord!«, erklärt Bumso stolz. Und jetzt, jetzt müsste er erst mal »echt dringend pissen«. Weg ist er. Ich schaue Moni an, sie schaut auf den Boden und murmelt: »Entschuldigung.« – »Bumso geht erst mal pissen«, sage ich und wir fangen beide an zu lachen. Anschließend und noch bevor Bumso zurück ist, nehme ich Moni das Versprechen ab, dass wir sehr bald noch einmal auf diesen Hof fahren werden, zu zweit, um ein schönes Freundinnen-Wochenende zu verbringen, mit Beethoven, Baileys – und ohne Bumso. Versprochen. Dann gehe ich ins Bett.

3. Ding dang dong

Ich bin über sechs Mal aufgewacht. Unter anderem, weil ein fremder Mann im Zimmer stand und rülpste, Steffi und Stefan im Nebenzimmer stritten, mir eine Mücke mindestens einen Liter Blut absaugte, Hunde kläfften, Menschen ihre Hunde anschrien, der DJ ab vier Uhr morgens endlich richtige Musik spielte und einmal, weil ich aufs Klo musste. Dabei kam ich am schlafenden Bumso vorbei. Er lag auf dem Rücken. In der rechten Hand hielt er noch eine Flasche Bier. Sein Mund war leicht geöffnet und sein Schnarchen so laut, dass man es bis nach Fickmühlen gehört haben muss. Als ich endlich wieder einschlief, hatte ich einen seltsamen Traum. Ich melkte eine Kuh und sang dabei: »Hörst du Bumso schnarchen, hörst du Bumso schnarchen. Ding dang dong, ding dang dong.« Mein Unbewusstes ist ein offenes Buch.

Was ich gelernt habe:

1. Namen sind nicht Schall und Rauch.
2. Für Matratzenlager bin ich zu alt und zu Single.
3. Im Vergleich zu Hamburg und Berlin nimmt die Nordsee nicht mal den Platz »schlechter One-Night-Stand« in meinem Liebesleben ein.

DER 20. VERSUCH

»Hamburg – mon amour«

1. Männerpause

Als ich am Sonntag wieder am Bahnhof in Hamburg ankomme, fühlt es sich anders an als sonst. Weniger aufregend, kaum leidenschaftlich. Fast schon vertraut. Geradezu geborgen und damit schon wieder unheimlich. Denn wenn man anfängt, sich bei seinem Liebhaber geborgen zu fühlen, sollte man entweder die Affäre recht schnell beenden oder in Richtung Beziehung lenken. Ich werde mich doch – nach all den Jahren mit Berlin – nicht in Hamburg verliebt haben?

Darüber denke ich nach, als ich mit dem Taxi zum Hotel »My Place« am Schulterblatt fahre. Das Schulterblatt ist eine Straße im Schanzenviertel, dem Kreuzberg von Hamburg, wo sich Cafés, Kneipen, Szeneläden und Fischimbisse aneinanderreihen. Ich kann es kaum erwarten, mich hier durchzufuttern: Ich werde Fischbrötchen, Fischsuppe, Fisch und Chips, Fisch gegrillt, frittiert oder am Spieß verdrücken. Heißt es nicht, Fisch macht glücklich?

Berauscht von der Aussicht auf meine so nahe liegende glückliche Zukunft, gebe ich, am Hotel angekommen, übertrieben viel Trinkgeld, was den Fahrer – einen echten Hamburger – natürlich völlig unbeeindruckt lässt. Da ich weiß, dass »der Hamburger an sich« grundsätzlich nie Emotionen zeigt, nehme ich das nicht weiter persönlich.

Ich liebe es, im Hotel zu wohnen. Dann habe ich immer ein bisschen das Gefühl, eine viel beschäftigte und weit gereiste Frau zu sein. Alle Zimmer in diesem Hotel sind nach Hamburger Bezirken benannt. Ich wohne in »Altona«, was in den Farben Blau-Weiß gehalten ist und sehr detailverliebt eingerichtet wurde. Der alte Seemannsschrank und die Aussicht auf ein Backsteingebäude mit Rauchschlot verbreiten eine geradezu nautische Atmosphäre. So schön es auch ist, werfe ich meinen Rucksack unausgepackt in die Ecke und gehe erst mal in eines der vielen Cafés, um mir ein sehr gesundes Frühstück zu gönnen. Der Fisch muss noch bis heute Abend warten, denn ich brauche dringend ein paar Vitamine nach diesem Wochenende des Kampftrinkens.

Trotz des schnarchenden Bumsos hatten wir noch eine wirklich schöne Zeit an der Nordsee. Am Samstag konnte ich Moni sogar zu einer Wattwanderung überreden, bei der wir ein tiefsinniges Gespräch über das Leben und die Liebe führten. Ich stellte fest, dass ich von meiner Männersuche zunehmend erschöpft bin, und beschloss daher, meine Zeit in Hamburg zu nutzen, um eine Männerpause einzulegen.

Wie diese Kunstpause genau aussehen soll, darüber denke ich gerade bei einem Schluck frisch gepresstem O-Saft nach. Ich stelle mir eine Art »Detox-Programm« vor mit weniger rauchen und trinken, dafür mal wieder Sport treiben. Schlafen, lesen, nachdenken. Zeit für mich haben. Und natürlich nebenher das Hamburger Büro schmeißen. Schließlich bin ich nicht auf Kur hier.

Als mir der süße Kellner mein Müsli bringt, kann ich nicht anders und schenke ihm ein schüchternes Lächeln. Männerpause hin oder her: noch bin ich nicht im Kloster!

2. »Schuld und Sühne«

Fünf Tage später muss ich feststellen, dass ich meine Vorsätze nicht wirklich gut eingehalten habe. Männerpause war bei dem »Temperament« der Hamburger bisher zwar kein Problem, aber das »Detox-Programm« läuft noch nicht so gut an. An zwei Abenden war ich mit ehemaligen Studienfreundinnen ein Weinchen trinken, aus dem dann zwei bis fünf wurden. Mein Sport reduziert sich auf »morgens zur U-Bahn laufen« und von weniger rauchen kann nicht wirklich die Rede sein. Das liegt vor allem am Hamburger Büro, das mich mit seinem wunderbaren Balkon zu verführen versteht.

Meine Kollegen zeigten sich entsetzt, dass ich im Schanzenviertel wohne, diesem »heruntergekommenen Hausbesetzer-Bezirk«. Ich wiederum war entsetzt, wie wenig ich es doch gewohnt bin, den Arbeitsalltag mit anderen Menschen zu teilen. Im Berliner Büro bin ich oft acht Stunden mutterseelenallein. Außer dem Kuriermann, der mich mit meinem täglichen Kompliment versorgt (»Aber was sieht die Frau heute wieder jut aus!«), beschränkt sich dort mein zwischenmenschlicher Kontakt manchmal ausschließlich auf Telefonate wie: »Wenn ich Druckerpatronen brauche, rufe ich Sie an!«

Hier in Hamburg erschrak ich anfangs geradezu über Personen, die plötzlich vor mir standen, und fühlte mich schon fast belästigt, wenn man mir nur einen guten Morgen wünschte. Aber ich bin sehr anpassungsfähig. Und inzwischen kann ich es kaum erwarten, dass es 13 Uhr wird und wir alle in die Küche eilen, um unser Süppchen für das gemeinsame Mittagessen aufzusetzen.

Heute ist Freitag und höchste Zeit, meine Vorsätze nun auch umzusetzen. Daher habe ich mir fest vorgenommen, das Wochenende mit einer Runde Schwimmen einzuläuten. Als ich noch studiert habe, bin ich fast jeden Tag eineinhalb Kilometer geschwommen. Ich war mehr im Wasser als an der Uni – so viel steht fest. Auf der Bäderland-Seite im Internet suche ich mir ein Schwimmbad raus und als ich Punkt 18 Uhr meinen Rechner runterfahre, freue mich sogar schon ein bisschen (man muss es sich nur lange genug einreden, dann macht Sport tatsächlich Spaß).

Als ich eine Stunde später gerade meine zehnte Bahn ziehe und das Chlor höllisch in meinen Augen brennt, ist von Spaß keine Spur. Ich spüre Regionen meines Rückens, von deren Existenz ich keine Ahnung hatte, und frage mich, wie ich früher so lockerflockig dreißig Bahnen durchgezogen habe. Nach der zwanzigsten Bahn gebe ich auf.

Als ich schon auf dem Weg zur Dusche bin, entdecke ich eine Tür, auf der »Sauna und Spa« steht. Obwohl ich nur eine Karte für Schwimmen ohne Sauna gelöst habe, kann ich der Versuchung nicht widerstehen. Der Gedanke, mich bei neunzig Grad Hitze noch ein wenig zu entspannen, ist zu verlockend. Ich werfe einen verstohlenen Blick hinter mich. Als ich mir sicher bin, unbeobachtet zu sein, schleiche ich mich in den Wellness-Bereich und entledige mich sofort meines Bikinis. Denn wer wird schon eine nackte Frau aufhalten?

Es ist herrlich. Ich schwitze, atme den Geruch von Eukalyptus ein und nehme die wenigen Saunabesucher um mich herum kaum wahr. Nach dem ersten Durchgang stelle ich mich unter die kalte Dusche, lasse mir anschließend ein heißes Fußbad einlaufen und vertiefe mich in eine der herumliegenden Zeitschriften. Ach, ist das schön, in Hamburg zu arbeiten.

Die Sauna hat mir so viel Energie zurückgegeben, dass ich beschließe, die ausstehenden zehn Bahnen noch auf mich zu nehmen. Also schlüpfe ich wieder in meinen Bikini und schleiche zurück in die Schwimmhalle. Als ich gerade in das Becken steigen will, spricht mich ein junger Mann in weißen Hosen und T-Shirt an:

»Entschuldige!« Ich kriege einen hochroten Kopf und lege mir schon tausend Ausreden zurecht, warum ich illegalerweise aus dem Saunabereich kam. Ich könnte es mit einem »Ich bin nicht von hier und wusste nicht, dass ...« versuchen. Oder: »Tut mir leid, aber ich kann nicht lesen!« Aber Unwissenheit schützt vor Strafe nicht. Das weiß man doch, gerade als Juristentochter.

»Ja?«, frage ich zögerlich nach. Er trägt ein Namensschild, auf dem »Metin Baydak, Bademeister« steht. Metin räuspert sich und ich vermute, dass es gleich furchtbar peinlich für mich wird. »Hast du vielleicht Lust auf eine Massage? Wir haben heute eine Promotion-Aktion: zwanzig Minuten Massage gratis.« Natürlich habe ich Lust! Und wenn ich zu so einem Angebot Nein sagen würde, würde ich mich nur verdächtig machen.

Zurück im Spa-Bereich folge ich dem breitschultrigem Metin in ein schummriges Nebenzimmer. Dort steht nichts außer einer Liege und einem tragbaren Radio, das Vogelgezwitscher abspielt. Metin schließt hinter uns die Tür.

»Machst du dich schon mal frei?« Ich bin ein wenig verdutzt über seine Aufforderung. Ich habe nur meinen Bikini an und weiß nicht so recht, von was ich mich noch frei machen soll. Etwas verschämt lasse ich mein Handtuch fallen und hänge es an einen Haken an der Wand.

»Das Bikinioberteil bitte auch.« Vielleicht liegt es daran, dass Metin mich inzwischen mehr an meinen Frauenarzt als an einen Bademeister, geschweige denn Masseur erinnert, aber ich folge artig und lasse die Hüllen fallen. Mit nacktem Oberkörper und nichts außer meinem gelben Bikinihöschen bekleidet, lege ich mich bäuchlings auf die dafür vorgesehene Liege und schließe die Augen. Mögen die Spiele beginnen!

Metins eingeölte Hände fahren mit der richtigen Mischung aus Kraft und Zartheit über meinen Rücken. Rauf und runter. Dann verweilen sie wieder an einer besonders verspannten Stelle, die Metin geschickt zu lockern versteht. Ich sollte öfter schwimmen gehen. Das tut so gut. Es ist ewig her, dass mich ein Mann massiert hat (und nein, ich werde jetzt nicht an den Häschen-Mann denken, diesen Zettelschreiber!). Ich werde einfach nur genießen. Leider klappt das nicht, denn zusätzlich zu dem lästigen Vogelgezwitscher wird Metin plötzlich redselig.

Er will wissen, wie ich heiße und ob ich aus Hamburg sei. Ich antworte knapp mit »Christiane« und »Nein. Berlin«. Dann fragt er, was ich beruflich mache und ob ich einen Freund habe. Ich finde es schon schlimm genug, bei einer Massage über meinen Beruf sprechen zu müssen. Aber die Frage nach einem Freund lässt mich stutzig werden. Überhaupt: Wieso massiert hier der Bademeister? Und wieso ausgerechnet mich und nicht eine der vielen Rentnerinnen? Und wieso habe ich nichts von einer Promotion-Massage-Aktion gelesen? (Weil ich ja gar nicht lesen kann?) Egal. Ich will mich nicht länger mit Fragen quälen. Ich will, dass dieser Mann meinen Körper knetet und dabei die Schnauze hält.

»Können wir nachher reden?«, unterbreche ich Metins Fragerei. »Das ist gerade so schön, da will ich lieber nicht sprechen.« Metin trommelt auf meinen Rücken. »Kein Problem«, sagt er und fährt mit seinen Händen unter den Bund meines Höschens.

Ich stöhne ganz sanft auf. »Gefällt's dir?«, fragt Metin. »Sehr«, murmle ich in die Liege. Seine Hände verlassen meinen Rücken und berühren ganz selbstverständlich die Außenseite meiner Brüste. Na toll. Jetzt bekomme ich auch noch Lust. Ich stelle mir vor, wie ich mich umdrehe und Metin anfängt, meinen Bauch und meine Brüste zu streicheln. Dann würde er mit seinen Händen langsam nach unten über mein Höschen fahren, die Schleifen meines Bikinis lösen und mich an sich ziehen. Er würde sein weißes

T-Shirt über seinen Kopf ziehen und sich mit nacktem Oberkörper langsam zu mir nach unten beugen, meinen Bauchnabel küssen und tiefer wandern ...

Als ich mich gerade in meiner Sexfantasie zu verlieren drohe, klopft es an der Tür. Wie von der Tarantel gestochen, rennt Metin los und hindert den Eindringling daran, reinzukommen. »Ich komme gleich raus«, ruft Metin und schließt die Tür von innen ab.

»So, tut mir leid, Christiane, aber die Nächsten warten schon.« Ich stehe ganz benommen auf, bedecke meine Brüste mit meinen Händen und greife nach dem Oberteil, das mir Metin sehr zuvorkommend reicht. »Wenn du mehr willst, solange du in Hamburg bist, ruf mich gern an. Ich mache auch Hausbesuche. Gratis!«, zwinkert mir Metin zu und schreibt mir seine Handynummer auf einen Zettel. Zugegeben, das sieht nicht gerade nach einer professionellen Visitenkarte aus.

Als ich vor der Tür stehe, kann ich keine wartenden Massagegäste sehen. Aber mein Blick ist immer noch vom Chlor getrübt. Ich schwebe – entspannt wie ich jetzt bin – zurück in die Schwimmhalle und werde prompt an der Tür erneut angesprochen, jetzt von einer Frau. Was gibt's diesmal? Habe ich eine Reise in die Karibik gewonnen?

»Entschuldigung! Dürfte ich mal dein Saunabändchen sehen?« Seit wann duzen wir uns? Ich blinzle sie entgeistert an und entscheide mich spontan für die Wahrheit: »Ich habe kein Saunabändchen. Aber ich war auch nicht in der Sauna, sondern bei der Massage-Promotion.« Ha. Eins zu null für mich.

»Bei der was?«, fragt die Dame in Weiß nach. »Bei der Massage, der Bademeister hat ...« Ich vollende diesen Satz nicht. Denn in diesem Moment wird mir klar, dass das viel peinlicher wird, als nur zuzugeben, ohne zu bezahlen in der Sauna gewesen zu sein. Ich mache etwas, was ich selten tue: Ich schweige. Sie schüttelt nur ungläubig ihren Kopf und rennt wutentbrannt an mir vorbei. Als dir Tür schon hinter ihr zufällt, höre ich noch, wie sie »Meeetttiiiiin!« ruft. Nichts wie weg hier.

3. Schlechtes Gewissen?

Keine zehn Minuten später bin ich bereits fertig umgezogen und geföhnt. Ich habe noch immer einen roten Kopf, der sicher nicht von der Hitze kommt. Nein. Scham alleine ist die Ursache für meine Gesichtsverfärbung. Ich habe mich von einem Bademeister in ein Kabuff locken lassen, mich freiwillig nackt gemacht und begrabschen lassen. Und es genossen! Mir ist nur noch danach, so schnell wie möglich von hier zu verschwinden, bevor sich der Skandal rumspricht.

Zum Glück sitzt niemand mehr an der Kasse und ich entkomme ungesehen durch die Glastüre. Allerdings tut sich vor meinen Augen schon das nächste Hindernis auf: Das Eisentor, durch das ich reingekommen bin, ist jetzt abgesperrt. Ich überlege nicht lange, werfe meine Tasche über das Gitter und versuche, an den Stangen nach oben und über das Tor zu klettern. Doch oben angekommen begrüßen mich viele spitze Eisenstacheln. Mir bleibt nichts anderes übrig, als wieder zurück auf den Boden zu springen, wo schon wieder ein Mitarbeiter dieses Schwimmbades ganz plötzlich hinter mir steht. Die sind überall. Das ist kein Schwimmbad, sondern ein Hochsicherheitstrakt. Ich werde hier nie wieder rauskommen! Das ist schlimmer als »Shutter Island«.

»Kann ich dir helfen?«, fragt mich der Mann im Trainingsanzug. Ich versuche, mir meine Verzweiflung nicht allzu sehr anmerken zu lassen, und sage ganz selbstverständlich, dass ich nur raus wollte, leider aber das Tor schon abgeschlossen sei. Er kann sich ein Schmunzeln nicht verkneifen und sagt: »Benutz doch einfach das Drehkreuz daneben, wenn dir das nicht zu langweilig ist!«

Was ich gelernt habe:

1. Immer dann, wenn man ein Loch im Boden bräuchte, ist keines da.
2. Ich kann es durchaus genießen, sexuell belästigt zu werden.
3. Sport setzt kriminelle Energien bei mir frei.

DER 21. VERSUCH

»Auf Speed I«

1. Wie neu geboren

Mein Detox-Programm in Hamburg hat letzten Endes doch noch stattgefunden. Nur anders als geplant. Man kann schon sagen, dass ich entgiftet habe, allerdings eher unfreiwillig. Nach einem Besuch bei Güney's Imbiss mit Fischsuppe und Weißwein habe ich die letzten Tage in Hamburg über der Toilettenschüssel verbracht. Von wegen Fisch macht glücklich! Ich habe mein Innerstes nach außen gekehrt, alleine, in einem Hotelzimmer, ohne liebevollen Partner, der mir beim Kotzen die Haare aus dem Gesicht gehalten hätte.

Die einzige Person, die mich so kurz vor dem Ableben hätte finden können, wäre das Zimmermädchen gewesen. Allerdings hatte ich das »Bitte nicht stören«-Schild außen an die Tür gehängt und war danach zu schwach, zur Tür zu robben, diese zu öffnen und das Schild zu wenden. Ebenso sah ich davon ab, Metin eine SMS zu schicken, denn er hätte sich seinen Hausbesuch bestimmt anders vorgestellt.

So schlecht es mir auch ging, ich wollte weder das Zimmermädchen noch den Bademeister sehen. Denn wenn es eine Sache gibt, die unangenehmer sein könnte, als an »Magen-Darm« zu leiden, ist, es in Gesellschaft zu tun. Manchmal bin sogar ich lieber alleine.

Krank und einsam, zwischen Ohnmacht und Delirium schwebend, konnte ich mich ausgiebig selbst bemitleiden. Nun hatte ich auch endlich Zeit, nachzudenken und mich auf das Wesentliche im Leben zu konzentrieren: auf Einatmen und Ausatmen.

So kehrte ich Ende September regeneriert zurück zu meiner einzig wahren Liebe Berlin, die mich trotz meiner vorübergehenden Untreue mit sonnigem Herbstwetter empfing. Berlin und ich, wir sind einfach nicht nachtragend.

Neben der Besinnung auf das Wesentliche (Überleben) und einer leichten Gewichtsreduzierung auch ohne Sport ist der dritte positive Nebeneffekt meiner Magen-Darm-Erkrankung, dass ich nicht mehr rauche. Ich bin Nichtraucherin. Heute ist es genau eine Woche, dass ich anstatt einer Schachtel null Zigaretten pro Tag rauche. Vielleicht sollte ich Güney vorschlagen, damit zu werben: »Mit Güney's Fischsuppe zum Nichtraucher in 24 Stunden!«

Ich bin wie neu geboren und bereit, die Suche nach dem »Mann fürs Leben« nach meiner »Männerpause« wieder aktiv aufzunehmen. Daher melde ich mich aus Mangel an kreativeren Einfällen spontan zu einem Speed-Dating an. Das ist zwar etwas fantasielos, aber vom Kosten-Nutzen-Faktor aus betrachtet eine ökonomisch sehr sinnvoll angelegte Investition. Immerhin lerne ich an einem Abend zehn Männer kennen, mit denen ich mich maximal acht Minuten rumschlagen muss. Und was sind schon 29 Euro, wenn man dafür den Rest des Lebens glücklich und leidenschaftlich zusammenleben kann? Nichts! Beziehungsweise: 2,90 Euro pro Mann. Das sollte drin sein. Der nächste Termin ist bereits Sonntagabend in einer Bar in Charlottenburg. Altersgruppe: 29–40. Perfekt.

Am Samstag bekomme ich einen Anruf von der Speed-Dating-Agentur. Man würde sich schon sehr auf mich freuen (klar!) und zufälligerweise gäbe es am Nachmittag desselben Tages auch ein Trabi-Speed-Dating. Dabei fährt man in einer Trabi-Kolonne durch Berlin und wechselt circa alle sieben bis zehn Minuten zu einem anderen Mann in den Wagen. Da noch Frauen fehlen würden, werde ich eingeladen, kostenfrei teilzunehmen. Ich soll also den Lückenfüller spielen? Gern. Schließlich bin ich noch nie Trabi gefahren.

2. 17 Männer à acht Minuten

Nach einer etwas runtergeleierten Einweisung, wie »ditte jetz hier so läuft«, bin ich ein bisschen enttäuscht, dass tatsächlich immer die Männer hinter dem Steuer sitzen und die Frauen nur Beifahrerinnen sein dürfen. Außerdem kann man alle Männer schon jetzt, hier auf dem Parkplatz, sehen. Wo bleibt denn da die Überraschung?

Ich hatte ja nicht wirklich sieben überdurchschnittlich attraktive Männer erwartet, aber was ich bisher beobachte, schockiert mich geradezu: Wie immer bei solchen Veranstaltungen sind die Frauen durchweg attraktiv. Sie haben sich mit ihrem Outfit und Styling sehr viel Mühe gegeben, sehen fröhlich und adrett aus, verbreiten gute Stimmung und lassen sich ihre Enttäuschung über die anwesenden Männer nicht anmerken. Diese (übergewichtig, Halbglatze, ungepflegt) machen dagegen einen miesepetrigen Eindruck, ziehen eine Fresse wie drei Tage Regen, als wären sie überrascht und zu Tode betrübt, dass Claudia Schiffer heute gar nicht gekommen ist, um mit ihnen eine Runde im Trabant zu drehen.

Ich nehme mir vor, die Sache trotzdem mit Humor zu nehmen, und freue mich auf meine erste Fahrt im Trabi. Ich werde dem pinkfarbenen Modell zugewiesen und wir starten am dritten Platz der Kolonne. Als sich nach einer kurzen technischen Einweisung die Blechkisten langsam in Bewegung setzen, lasse ich Donut15 (ich scheine die Einzige zu sein, die nichts von einem Pseudonym wusste) erst mal eine Minute Eingewöhnungszeit, um mit der störrischen Kupplung und dem Blinker, der zugleich auch die Hupe ist, zurechtzukommen.

Die Sonne scheint, ich kurble das Fenster nach unten und winke Touristen, die fasziniert unsere Trabi-Kolonne bestaunen. Ich glaube, Donut15 ist das peinlich, aber mir ist das egal. Wir tauschen ein paar Floskeln aus, fachsimpeln über Zweitakt-Motoren, fragen uns artig nach Alter, Beruf und Wohnort und sind beide froh, als es an der East Side Gallery heißt: »Rechts ranfahren, Partnerwechsel.«

Mein nächster Trabi ist im Giraffen-Look lackiert und der Fahrer ist mindestens genauso exotisch wie sein Fahrzeug. Er ist in »Karl-Marx-Stadt« geboren (darf man das heutzutage überhaupt noch sagen?), passt kaum hinter das Steuer, aber fährt wie eine Eins. Mein Kompliment, dass man schon merken würde, dass ihm als echter Ossi das Trabifahren quasi in die Wiege gelegt worden sei, kommentiert er mit: »Solange ihr den Solizüschlog bezohlt, mocht nur äure Wütze!«

An der O2-World wird erneut gewechselt und die nächsten acht Minuten sitze ich neben dem rothaarigen Filou81, der Blut und Wasser schwitzt, gern den ersten mit dem dritten Gang verwechselt und sich permanent entschuldigt. Er ist 29 Jahre alt und mag Hörbücher zum Einschlafen, wobei ihm die Stimme wichtiger sei als der Inhalt. Das hat er sich bestimmt nur für das Speed-Dating ausgedacht, weil er denkt, Frauen würden Männer, die mit Hörbüchern einschlafen, süß finden. Zu diesen Frauen gehöre ich allerdings nicht. Ich kann Hörbücher nicht leiden und fände es schöner, wenn ein Mann vor dem Einschlafen noch ein bisschen Holz hackt, um zur Ruhe zu kommen. Oder von mir aus wenigstens selbst ein Buch liest.

Aber das behalte ich für mich. Stattdessen empfehle ich Filou81, etwas von Haruki Murakami zu hören. Ich erkläre ihm auch warum: »Ich weiß zwar nicht warum, aber Männer lieben Murakami. Er ist ein Männer-Autor, sozusagen der *Hesse der Gegenwart.*« Filou81 sagt nichts, sondern konzentriert sich auf den Verkehr. Ich rede unbeirrt weiter: »Also ich selbst habe nur ›Die gefährliche Geliebte‹ gelesen. Darüber musste ich mich allerdings so sehr aufregen, dass ich beschlossen habe, nie wieder Murakami zu lesen. Ich hasse es, wenn die Liebe als Illusion beschrieben wird. Das zerstört meine romantisch-naive Lebenseinstellung.« Filou81 fährt über eine rote Ampel und wir werden über Funk ermahnt, dass wir trotz Speed-Dating nicht die Feuerwehr seien! Ich glaube Filou81 ist froh, als er mich – Frau Ranicki – wieder los ist.

Die nächste Haltestelle ist »Harrys Eis«, wo »die Damen doch ma auf Toilette können«. Ich rege mich tierisch auf, dass nach einer halben Stunde bestimmt niemand auf Toilette müsste, und werde von dem Veranstalter nur milde belächelt. Denn just in diesem Moment watscheln drei Damen an uns vorbei Richtung WC. Ich gehe schon aus Trotz nicht und hole mir stattdessen zwei Kugeln Eis. Dabei überlege ich, wie viel Provision »Harrys Eis« wohl für die Toilettenbenutzung bekommt. Überhaupt wäre es interessant zu erfahren, welchen Anteil der Singlemarkt am Bruttosozialprodukt ausmacht. Immerhin bezahlen alleinstehende Menschen auf der Suche nach einem Partner für die absurdesten Dinge Geld. Und sei es, um sieben Mal hintereinander jeweils acht Minuten mit einem wildfremden Menschen in einem schrottreifen Auto durch Berlin zu tuckern. Seltsam. Aber das Eis ist wirklich köstlich.

Jetzt habe ich noch vier Männer vor mir. Wir fahren über die Karl-Marx-Allee und den Alexanderplatz bis zum Brandenburger Tor, vorbei am Bundestag und über die Straße des 17. Juni. Anschließend zurück Richtung Ausgangspunkt, in der Nähe vom Checkpoint Charly. Die stockenden Gespräche strengen mich unglaublich an. Inzwischen kann zwar jeder Mann wenigstens mit seinem Fahrzeug umgehen, aber anstatt nun endlich mal ein souveränes Gespräch zu führen, wobei man sich auch mal auf die Dame konzentrieren könnte, wird gepost, was das Zeug hält. Kaum haben Männer einen Steuerknüppel in der Hand (und sei er noch so lächerlich klein), löst das irgendwelche archaischen Verhaltensweisen bei ihnen aus.

»Megahonk« (Bierfahne und Schnapsnase) erklärt mir, dass er eigentlich kein Speed-Dating mehr machen wollte, weil er das letzte Mal nur Frauen um die vierzig getroffen hätte. Ich frage ihn, wie alt er ist (43), und folglich, ob er sich mal Gedanken darüber gemacht habe, warum ihm die Eier fehlen, es mit Frauen in seinem Alter aufzunehmen? Megahonk meint: »Ick globe, mit dir is nicht jut Kirschen essen!« Jetzt tut es mir ein bisschen leid, dass ich so grob war. Also mache ich ihm ein Kompliment, dass er sehr gut fahren würde, was allerdings zur Folge hat, dass ihm sofort der Motor absäuft. Um einen Restfunken seiner Männlichkeit aufrechtzuerhalten, nehme ich natürlich alle Schuld auf mich: »Ich habe es geradezu heraufbeschworen!«

Zu dem Fahrer im blauen Trabi steige ich erst ein, nachdem ich ihm zu verstehen gegeben habe, dass er mir gefälligst die Beifahrertür öffnen soll. Mir reicht es mit den schlechten Manieren dieser Kerle. Kein Einziger hat sich bisher bemüht, mal einer Dame die Tür zu öffnen. Genervt macht er mir von innen die Tür auf und meint, ich sei »ja eine ganz schöne Zicke« und die Zeiten hätten sich ja wohl geändert. Ich entgegne, dass Männern wie ihm die Emanzipation immer nur dann recht komme, wenn es dadurch bequemer für sie würde. So starten wir auf dem ziemlich falschen Fuß und auch die nächsten Kilometer können zu keiner Annäherung zwischen uns beitragen. Wir schweigen.

Beim vorletzten Wechsel steige ich in den Leoparden-Trabi und nehme mir vor, zur Abwechslung mal zuckersüß und charmant zu sein. Das gelingt mir gerade so lange, bis ich an einer roten Ampel eine schreckliche Entdeckung mache: Direkt neben unserem Wagen steht Stefan, mein Muskelmann aus dem

Watergate. Mein einziger One-Night-Stand der letzten Monate (neben Sven, aber der zählt nicht). Er hält Händchen mit einer Blondine!

Mein Speed-Partner erzählt gerade von seinem letzten Urlaub (»Det war in Rostock, in so 'nem Hotel mit 'ner echt coolen Launsch!«), als ich ganz entsetzt rufe: »So ein Arsch!« Mit offenem Mund starre ich aus dem Fenster. Als wir weiterfahren, klettere ich auf meinen Sitz, drehe mich um und schaue Stefan niedergeschmettert hinterher, so lange, bis er zu einem kleinen Punkt geworden ist. Danach ist es vorbei mit meiner geplanten Charme-Offensive. Ich schnaube wütend vor mich hin und frage meinen armen Beifahrer, warum Männer eigentlich so unverbindliche Schweine seien.

Ich merke, dass meine schlechte Laune langsam unkontrollierbar wird, und halte mich daher beim letzten Mann gesprächstechnisch eher zurück, um meine Enttäuschung nicht wieder an einem Unschuldigen auszulassen. Und auch, um nicht als die »frustrierte, Eis fressende Emanze« in die Speed-Dating-Szene einzugehen. Trotzdem kann ich es nicht fassen: Stefan macht einen Sonntagsspaziergang mit einer tollen Blondine und ich mache Trabi-Speed-Dating mit sieben Vollpfosten. Wie armselig kann man sich fühlen?

Ermutigt von meinem Schweigen fängt er, PPParker80 (»Mit drei P«), dann auch noch an, sich nach meinen Freizeitbeschäftigungen zu erkundigen. Ich lasse ihn ein bisschen raten und er schätzt, dass ich gern auf Ibiza Urlaub mache und am liebsten ins »Felix« gehe. Ich war noch nie in meinem Leben auf Ibiza und schon gleich gar nicht in der Schickimicki-Disco Felix. Aber ich bin zu erschöpft und sage: »Bist du Hellseher?«

Als wir uns alle wieder am Parkplatz einfinden und nur die größten Angeber (also sieben von sieben) rückwärts einparken, freue ich mich, dass nun auch die Damen eine Runde Trabi fahren dürfen. Zusammen mit zwei anderen mutigen Fahrerinnen starten wir in einer kleineren Kolonne zu einer kurzen Spritztour. Der Veranstalter fährt wie gehabt mit dem Cabrio-Trabi vorneweg und erzählt uns über Funk ein bisschen was über den Trabant, Ostberlin und die Gebäude, die wir passieren. Zum ersten Mal an diesem Tag stellt sich ein Gefühl der Entspannung, fast schon der guten Laune, bei mir ein.

Anschließend kreuze ich auf dem »Willst du mich wiedersehen?«-Zettel sieben Mal »Nein« an. Anstatt am Speed-Dating-Zelt noch einen Prosecco zu trinken oder eine Rostbratwurst zu essen, hetze ich los Richtung Charlottenburg, wo in einer Stunde bereits meine nächste Runde beginnt. Es heißt ja nicht umsonst Speed-Dating!

Punkt 19 Uhr treffe ich völlig abgehetzt in der Bar Nähe Ku'damm ein. Mein Hunger ist so groß, dass die Übelkeit bereits überwiegt. Ich begrüße den Veranstalter von heute Nachmittag wie einen alten Bekannten, wie meinen »partner in crime«, setze mich an den mir zugewiesenen Tisch und bestelle Weißwein. Ich könnte diese zweite Runde bestimmt auch ohne Alkohol überstehen, aber ich denke gar nicht daran. Ich habe heute wirklich schon genug ausgehalten.

Die Stimmung ist aufgeladen mit dem Wort »peinlich«. Schlimmer als bei der Trabi-Tour habe ich jetzt das Gefühl, in einer Massenabfertigung verzweifelter Singles gelandet zu sein. Es sind so viele: zehn Männer und zehn Frauen. Während mein Freund der Veranstalter auf seine unvergleichliche Art einleitende Worte runterleiert (»Wenn ick sag, nächste Runde, heeßt det auch nächste Runde, nich noch sitzen und quatschi quatschi, kapiert?«), nehme ich mir fest vor, die Männer ab jetzt einfach mal reden zu lassen. Erstens, weil ich möglicherweise selbst immer zu viel rede und dabei schnell unverschämt werde. Zweitens, weil ich *schlichtweg* erschöpft bin. Ich bin so erschöpft, dass ich nicht mal mehr über ein adäquates Wort für mein Hasswort »schlichtweg« nachdenken kann.

Die Uhr läuft. Wenn das hier die Hölle ist, werde ich ab morgen sündenfrei leben. Ich drücke schwitzige Hände, versuche, mich acht Minuten lang zusammenzureißen und gute Miene zum bösen Spiel zu machen. Nach dem dritten Softwareentwickler vermute ich einen Firmenausflug. Und nach dem zweiten Mann aus Reinickendorf, der an Berlin »vor allem die gute Verkehrsanbindung« schätzt, würde ich am liebsten heulen. Nach dem fünften Mann gibt es eine kurze Pause, in der ich natürlich auch über die Möglichkeit der Flucht nachdenke. Aber ich bleibe, um meinen Freund den Veranstalter nicht zu enttäuschen. Meinem genervten Gesichtsausdruck entnimmt er, dass ich mich schon mal besser amüsiert habe. »Warte ab, die heißen Männer kommen noch!«, flüstert er mir verschwörerisch zu, als ich gerade auf Toilette gehe, anstatt mir den »Speed-Dating-Special«-Cocktail für nur vier Euro fünfzig zu bestellen. Der Singlemarkt ist eine echte Goldgrube. Ich sollte die Seiten wechseln.

Auf Toilette beklagt sich eine sichtlich angetrunkene Frau lauthals über die anwesenden Männer. Da außer ihr und mir sonst niemand im Raum ist, fühle ich mich genötigt, nachzufragen, ob alles okay sei. »Ja, ja. Ick hab nur schon drei Cuba Libre intus. Weeßt de, ick hab nur Pech mit den Viechern!« Ich lächle ihr aufmunternd zu und verspreche, dass die heißen Männer bestimmt noch kommen würden.

3. Keine Übereinstimmung

Die letzte Runde fordert mir nervliche Höchstleistung ab. Bereits seit dem dritten Mann bat ich darum, nicht über meinen Beruf sprechen zu müssen. Doch inzwischen verbiete ich alle Fragen, die mir heute schon einmal gestellt wurden. Ich werde von nun an nicht mehr darauf antworten, wo ich herkomme, warum ich in Berlin sei und wo ich meinen letzten Urlaub verbracht habe, weil ich mich sonst selbst zu Tode langweile. Ich will neue Fragen! Da mein ausdrücklicher Wunsch nur ratlose Gesichter hervorruft, schlage ich unkonventionellere Themen vor, wie den »kategorischen Imperativ« oder »Sex«. Seltsamerweise haben die meisten Herren zu beiden Themen nichts zu sagen. Wie traurig ist das denn?

Tatsächlich war Nummer sechs rein optisch nicht zu verachten, aber er wohnt mit 31 Jahren immer noch bei seinen Eltern, weil es so praktisch sei. Außerdem möchte er unbedingt mal zur »Blue Man Group« gehen. Wieso nicht gleich in »Cats«? Nummer sieben, »einfach Horst«, hat mich am meisten fasziniert: »Ick bin in Treptow jeboren und ufjewachsen. Mehr broch ick nich.« Nummer acht »Magic Klaus« stellt beruflich Bauzäune her, was er hasst. Außerdem beklagte er sich, dass er direkt an der B96 wohne. Ich riet ihm, zu kündigen und umzuziehen. Aber Magic will nicht umziehen, weil er es dann nicht mehr so nah zur Arbeit hätte. Was für ein Teufelskreis!

Den letzten beiden Männern, die auch schon ziemlich erschöpft aussehen, mache ich den Vorschlag, einfach mal zusammen zu schweigen. Das muss man schließlich auch können. Während wir schweigen, träume ich von einem knusprigen halben Hähnchen. Als endlich das Ende offiziell verkündet wird, fülle ich artig meinen Zettel aus und kreuze zehn Mal »Nein« an.

Noch nie hat jemand so schnell eine Bar verlassen wie ich an diesem Abend. Vielleicht heißt es deshalb Speed-Dating?

Was ich gelernt habe:

1. Trabifahren.
2. Stefan wurde offensichtlich nicht überfallen.
3. Ich bin nicht bereit meine Vorurteile gegenüber Menschen, die in Vororten leben, abzubauen.

DER 22. VERSUCH

»Auf Speed II – oder: Drogenprävention«

1. Ein guter Vorsatz

Als Paula und ich uns wie jeden Mittwoch zu unserem Sushi-Lunch treffen, sind wir beide ein bisschen bedrückt. Alberto hat ganz überraschend seine Koffer gepackt, um zurück nach Spanien zu gehen.

»Estoy hasta el moño de Alemania«, meinte er. Er habe die Schnauze voll von Deutschland. Recht hat er. Wir nämlich auch. Schon längst.

»Weißt du, Christiane, als ich heute Morgen aufgewacht bin, war mein erster Gedanke mal wieder, dass ich hier einfach nicht sein will. So sehr ich Berlin auch mag, ich hasse Deutschland«, sagt Paula, während sie frustriert Misosuppe in sich rein löffelt. Wie immer regnet es auch heute.

»Geht mir genauso«, stimme ich Paula zu. »Ich habe am Wochenende 17 Männer getroffen und nicht ein einziger hat mich auch nur annähernd interessiert. Speed-Dating in Spanien würde bestimmt anders ausfallen. Ich glaube gar nicht, dass es an den deutschen Männern liegt. Ich denke einfach, es wäre besser, einander nicht zu verstehen.«

Die dicke Bedienung fragt schon zum zweiten Mal nach, ob alles in Ordnung sei. Sie ist stets sehr bemüht um uns. Meistens weiß sie schon, was wir essen wollen, bevor wir es wissen. »Heute Menü drei oder lieber die 405 ohne Knoblauch?«, hatte sie mich gefragt, als sie die Bestellung aufnahm. Ich wollte gern das, was ich vor zwei Wochen hatte. »Gern, dann die 203 mit Avocado-Lachs statt Oshinko Maki.«

Diese Bedienung weiß wirklich sehr viel über mich. Nicht so viel wie meine Putzfrau, aber annähernd. So beobachtete sie, wie ich einige Monate regelmäßig mit dem Häschen-Mann hier zu Mittag aß. Wie wir anfangs verliebt Händchen hielten, später immer öfter Streitgespräche führten und schon bald die ersten Tränen flossen. (Ich liebe es, in Restaurants zu weinen. Das hat so etwas Filmisches.) Sie wurde Zeugin davon, wie unsere gemeinsamen Besuche immer seltener wurden, bis sie ganz ausblieben und Paula mich anschließend wiederholte Male beim Mittagessen trösten musste. Sie ist wohl die einzige Bedienung, die entsetzte Wortfetzen wie »Alles war weg. Nur ein Post-it hat er hinterlassen« mithören kann, ohne sich zur kleinsten mimischen Regung hinreißen zu lassen. Niemand kann so diskret Misosuppe servieren wie sie.

»Manchmal nervt sie mich mit ihrer Freundlichkeit«, sagt Paula, nachdem sie uns lächelnd ein Kännchen Jasmintee auf den Tisch gestellt und fürsorglich eingeschenkt hat. »Die hat einfach nie schlechte Laune. Wie macht sie das nur?« Ich spekuliere, dass Asiaten möglicherweise glücklicher seien als wir wegen ihrer buddhistischen Lebenseinstellung. »Oder wegen des vielen Sushis. Fisch soll doch glücklich machen«, sagt Paula. Von wegen. »Glaub mir, Paula, das kann auch schiefgehen!« Allein bei dem Gedanken an Güney wird mir schon wieder ganz übel. Ich hätte doch Ente bestellen sollen.

Paula meint, es würde sie nicht wundern, dass mich beim Speed-Dating niemand interessiert hätte. »Wenn du jemanden finden willst, der zu dir passt, dann solltest du an Orten oder auf Veranstaltungen suchen, die du magst. Was magst du denn?« Ich denke kurz nach: »Männer, die rausgehen, Freunde treffen, kommunikativ und unbeschwert sind. Keine Stubenhocker, die in einem Scheiß-Vorort wohnen, weil es so nah zu ihrem Scheiß-Arbeitsplatz ist, den sie hassen und an dem sie dennoch die nächsten vierzig Jahre verbringen werden, weil es eine Scheiß-Festanstellung ist.« Paula seufzt.

»Na also. Dann heul nicht, sondern geh aus! Geh in Clubs, geh tanzen! Dort findest du solche Männer. Nicht in einem Trabi am Sonntagnachmittag. Und die, die tanzen gehen, sind meistens Singles. Überleg doch mal: Wann warst du das letzte Mal so richtig feiern, obwohl du einen festen Freund hattest?«

Paula hat recht. Auch wenn man sich vornimmt, trotz Beziehung weiterhin auszugehen, Freunde zu treffen und Party zu machen, ist so ein kuscheliger DVD-Abend – mit einem alten Schwarz-Weiß-Film und dem Kopf auf der Brust seines Liebsten, der einen zärtlich hinter dem Ohr krault – meist zu verführerisch. Wer will da schon raus, in die Kälte, stundenlang an einem Club anstehen, um dann in Nebelschwaden auf Bier-versifften Tanzflächen abzuschwitzen. Nur Singles.

»Du hast recht. Aber immer, wenn ich es mal in einen Club schaffe, werde ich spätestens um drei Uhr todmüde und fahre wieder nach Hause, bevor die Party richtig angefangen hat.« Paula denkt nach. »Weißt du was, wir gehen am Wochenende mal so richtig feiern. Und wenn du willst, besorg ich uns etwas, das uns wach hält. Ich kenn da jemanden von einem Werbedreh. Ich hab das zwar auch noch nie ausprobiert, aber der Typ meinte, Speed sei total harmlos. Also ohne Halluzinationen und den ganzen bewusstseinsverändernden Blues. Nur so ein bisschen was ins Getränk und man würde einfach nicht müde werden.« – »Und das glaubst du?«, frage ich skeptisch nach. »Ja klar, ich stell mir das genau so vor, als wenn man zehn Red Bull hintereinander trinken würde, nur dass man nicht dauernd pinkeln muss.«

Klingt einleuchtend. Trotzdem muss ich einen Moment darüber nachdenken. Außer ab und zu an einem Joint zu ziehen, habe ich neben Alkohol keinerlei Erfahrung mit Drogen. Und wenn ich mal kiffe, endet das entweder damit, dass ich einen Schweißausbruch bekomme und ohnmächtig werde, oder auf der Stelle einschlafe. Beide Reaktionen haben mich schon in echt peinliche Situationen gebracht.

Ich habe das Gefühl, auf Drogen sehr sensibel zu reagieren. Vielleicht bin ich von Natur aus zu hysterisch oder zu paranoid veranlagt, um für einen vernünftigen Drogenkonsum geeignet zu sein. Aber so ein Wachmacherchen? Außerdem stand auf meiner Vorsatzliste für das Jahr 2010 unter anderem »einmal Drogen nehmen, die man nicht rauchen kann«. Noch dazu werde ich in weniger als zwei Wochen dreißig Jahre alt. Wenn ich also noch mal unvernünftig sein darf, dann jetzt.

»Weißt du, ob man Speed auch rauchen kann?« Paula sieht mich belustigt an. »Nicht, dass ich wüsste. Wieso?« Ich grinse. »Na dann. Gute Vorsätze soll man einhalten. Wie wäre Samstag?«

2. »Ab durch die Hecke«

Paula und ich treffen uns Samstagabend bei mir. Ich habe Sekt besorgt und Paula hat ihr tragbares Beautyset dabei, um mich, wie immer wenn wir zusammen ausgehen, ein wenig fachmännisch aufzuhübschen. Neben Puder, diversen Lidschatten und Tuben zieht Paula ein kleines Plastiktütchen mit weißem Pulver hervor.

»Und du bist dir ganz sicher, dass das Zeug in Ordnung ist?« Paula nickt. »Der Typ, von dem ich das habe, hat vor meinen Augen aus genau diesem Päckchen ein bisschen was durch die

Nase gezogen.« Jetzt bin ich verwirrt. »Ich dachte, das macht man ins Getränk? Nie im Leben kann ich irgendetwas durch meine Nase ziehen. Ich bin ein katholisches Mädchen aus der bayerischen Provinz. Ich muss scheinheilig Drogen nehmen – so, als wüsste ich nichts davon!« Paula lacht. »Mach dir keine Sorgen. Man kann es auch einfach in einem Getränk auflösen.«

Als wir uns fertig umgezogen und geschminkt haben, sitzen Paula und ich schweigend vor unseren Sektgläsern, in denen sich gerade das weiße Pulver prickelnd verflüssigt. Aus meinen Boxen dröhnen die Dead Kennedys »Too drunk to fuck«. Ein Vorzeichen?

Paula nimmt die Gläser und drückt mir meines in die Hand: »Auf deinen Mann fürs Leben!« Ich schüttle den Kopf. »Nein, nein. Lieber: Auf die längste Nacht des Jahres!« Anfangs nippen wir nur vorsichtig, bis wir über unsere Ängstlichkeit lachen müssen und mutig austrinken. Was soll's. In Berlin nehmen alle Drogen, außer Paula und mir. So schwer kann das also nicht sein.

Eine Stunde später finden wir uns im Lido wieder, einem Club in Kreuzberg. Wir stehen an der Bar, trinken Bier und sehen uns um. »Paula, ich merk gar nichts. Und du?« Paul zuckt mit den Schultern. »Nicht so wirklich. Aber müde bin ich auch nicht. Na gut, es ist ja auch erst halb zwei. Willst du noch ein bisschen?« Ich nicke. Wenn schon, denn schon. Paula schüttet mir unauffällig unter den Tresen noch ein bisschen was in mein Bier. Ich trinke und warte. Nichts passiert. Dann gehen wir tanzen.

Es ist »Balkan Beats«-Party. Bei dieser Musik muss man einfach tanzen. Mit oder ohne Drogen. Wir tanzen in der Menschenmenge, dann oben auf der Bühne, in einem Pulk gut gelaunter Leute. Sehr *junger*, gut gelaunter Leute. Ich gebe es nur ungern zu, aber die meisten hier sind um einiges jünger als Paula und ich. Anfang bis Mitte zwanzig. Teenies! Die Männer sind ganz attraktiv. Allerdings passt der Ausdruck »Männer« nicht so wirklich. Gerade eben hat mich so ein Jungchen angesprochen, unter dessen engem Che-Guevara-T-Shirt sich eine stählerne

Brustmuskulatur abzeichnete. Als er, Jörn, mich fragte, ob ich mit ihm eine rauchen gehen möchte, erzählte ich ihm ganz stolz, dass ich gerade aufgehört habe. (Keine Sorge, das Detail mit der Magen-Darm-Geschichte habe ich weggelassen.) Jörn verstand diese Antwort wohl als Abfuhr, denn er wünschte mir umgehend »trotzdem noch einen schönen Abend« und ging. Diese jungen Dinger heutzutage haben aber auch wirklich keinen langen Atem mehr.

Als die Musik ziemlich abrupt von Balkanbeats auf Techno wechselt, gehen Paula und ich in den Nebenraum, holen uns noch ein Bier und lassen uns in einer langen Reihe von gemütlichen Sesseln nieder, um ein wenig die Leute zu beobachten. Da dieser Gang zu den Toiletten führt, ist das der reinste Catwalk. Als ich mich gerade bei Paula beschweren möchte, dass ich immer noch nichts merke, setzen ganz plötzlich unglaubliche Kopfschmerzen ein. Es fühlt sich an, als würden tausend kleine Nadeln gleichzeitig in meinen Kopf geschossen werden.

»Paula, ich hab schreckliche Kopfschmerzen. Außerdem rast mein Herz wie verrückt.« Paula fühlt mein Herzschlag und schlägt sich die Hand vor den Mund. »Um Gottes willen. Und wie du schwitzt. Überall. Dir steht sogar kalter Schweiß auf der Oberlippe.« Paula beginnt, mich abzutupfen. »Willst du eine Kopfschmerztablette?« Ich zucke mit den Schultern. »Meinst du denn, die verträgt sich mit synthetischen Drogen?« Jetzt zuckt Paula mit den Schultern. »Keine Ahnung. Geht's denn so?« Ich nicke, atme tief ein und wieder aus.

Ich weiß nicht genau, was da gerade passiert, aber es fühlt sich gar nicht gut an. Mein Herz schlägt so schnell, dass ich das Gefühl habe, keine Luft mehr zu bekommen. Ich möchte Paula davon berichten, aber es dauert sehr lange, bis ich den Satz, den ich in meinem Kopf schon formuliert habe, aussprechen kann. Ich muss den richtigen Moment abwarten, um genug Luft zu haben. Gleichzeitig versuche ich, nicht ohnmächtig zu werden.

Paula inspiziert mein Gesicht: »Deine Pupillen sind tellergroß.« Ich starre sie an, starre wieder in die andere Richtung, drehe meinen Kopf von einer Seite zur anderen. Paula lacht sich kaputt: »Du siehst aus wie das Eichhörnchen aus ›Ab durch die Hecke‹. Ich hol dir mal ein Glas Wasser.«

So verbringen wir die nächsten zwei Stunden in diesen Sesseln. Ich kann mich nicht mehr rühren, starre vor mich hin, ohne zu blinzeln, und versuche, meine drückende Blase zu ignorieren. Denn allein die Vorstellung, bis zu den Toiletten laufen zu müssen, versetzt mich in Angst und Schrecken.

»Nur noch fünf Minuten«, sage ich bestimmt schon zum zwanzigsten Mal zu Paula, die geduldig mein Händchen hält. Immer wieder passieren junge, attraktive Männer unseren Weg. Einige sprechen uns an, aber ich kann nicht antworten, sondern starre sie nur mit aufgerissenen Augen an (»Too stoned to talk?«). All meine Schlagfertigkeit ist dahin. Ich weiß, was ich sagen möchte, aber es dauert zu lange, bis es über meine Lippen kommt. So ist Paula die meiste Zeit damit beschäftigt, mein Wasserglas nachzufüllen, mir Schweiß abzutupfen und den jungen Männern zu erklären, dass wir heute nicht so in Plauderstimmung seien.

Irgendwann kann ich es nicht mehr ignorieren. »Paula! Ich hab ein Problem.« Sie sieht mich an. »Du musst aufs Klo, stimmt's?« – »Stimmt, Sherlock.« Wir lachen – was bei mir ganz gemein auf meine Blase drückt. Wir fassen folgenden Plan: Paula geht vor und stellt sich schon mal an der Toilettenschlange an, um mir das Warten zu ersparen. Wenn ich in fünf Minuten nicht nachkomme, kommt sie zurück, um mich zu holen.

Tatsächlich gelingt es mir, nach viereinhalb Minuten aufzustehen und Richtung Toilette zu wanken, ganz langsam. In dem Moment, in dem ich aufstehe, sind die Kopfschmerzen sofort verflogen. Das war also der Trick. Ich hätte mich nur nie hinsetzen dürfen!

Diese Erkenntnis beherzige ich für die nächsten Stunden. Paula und ich laufen verschwitzt durch Berlin, ziehen von einem Club in den nächsten und kommen erst gegen neun Uhr morgens aus dem Tresor. Ich habe die ganze Nacht im Rhythmus meines Herzrasens getanzt, mich allerdings mit keinem einzigen Mann unterhalten. Denn zwischenmenschliche Beziehungen kommen mir gerade völlig überbewertet vor. Ich mache Paula den Vorschlag, jetzt noch ins Hallenbad zu fahren, um ein bis zwei Kilometer zu schwimmen, aber Paula schiebt mich ins Taxi. »Wir fahren jetzt schön nach Hause. Du schläfst ein paar Stunden und gehst heute früh ins Bett. Schließlich musst du morgen wieder ins Büro.«

»Lass uns nach Asien fliegen«, schlägt Paula im Taxi vor. »Jetzt?«, frage ich begeistert nach. Lust hätte ich ja. »Quatsch. Im Winter. Nach Vietnam oder Kambodscha. Oder beides!« Ich spüre förmlich, wie meine Augen zu leuchten beginnen und meine Wangen vor Freude rot anlaufen. »Oh ja. Am besten über Weihnachten und Silvester. Dann können wir uns das ganze Theater hier sparen. Keine besinnliche Weihnachtszeit im familiären Kreis, keine deprimierende Silvesterparty, keine zwanzig Grad minus, sondern dreißig plus.« Wir drücken uns zum Abschied und verabreden uns für morgen Nachmittag, um einen Flug zu buchen.

3. Mein Leben als Vampir

Nachdem ich noch geduscht und sogar Zähne geputzt habe, liege ich um zehn Uhr morgens erwartungsvoll im Bett, schließe die Augen und warte ab. Mein Herz rast noch immer. Nach einer Stunde gebe ich auf. Ich kann nicht schlafen, stehe auf, gehe zum Bäcker, mache Frühstück, putze die Wohnung, schreibe zwei Kurzgeschichten, mähe den Rasen und miste den Keller aus. Paula hat eine SMS geschrieben. Sie übergibt sich schon den ganzen Tag und sei daher heute nicht in der Lage, mit mir einen Flug zu buchen. Ich fahre bei ihr vorbei, bringe ihr Salzstangen und Cola. Sie sieht ziemlich beschissen aus.

Als ich abends im Bett liege, kann ich wieder nicht schlafen. Nicht in dieser Nacht und auch nicht in der nächsten. Als ich die dritte Nacht in Folge kein Auge zutue, finde ich das nicht mehr lustig. Mein Körper ist müde, aber mein Kopf lässt ihn nicht schlafen. Ich traue mich nicht mal mehr, mit dem Fahrrad zur Arbeit zu fahren, weil ich fürchte, irgendwann, logischerweise, einfach umzufallen. Mir wird klar, wie schrecklich es eigentlich wäre, ein Vampir zu sein. Statt täglichen zwölf Stunden müsste man 24 überstehen. Das Leben wäre doppelt so lang und doppelt so anstrengend. Bitte, lieber Kopf, lass mich schlafen!

Dann habe ich die zündende Idee: Ich rauche einen Joint! Dass ich da nicht vorher drauf gekommen bin. Kampf den Drogen mit Drogen! Es funktioniert: In der vierten Nacht finde ich endlich wieder Schlaf.

Als ich morgens aufwache, tut mein Nacken so elendig weh, dass ich mich nicht mehr bewegen kann. Ich gehe zum Arzt, bekomme eine Spritze in den Nacken verpasst, sowie Strom- und Physiotherapie verschrieben. Ich bin ein bewegungsunfähiges, körperliches Wrack. Das Eichhörnchen in mir ist spurlos verschwunden.

Was ich gelernt habe:

1. Ich sollte endlich anfangen, wie alle Menschen meine Neujahrsvorsätze spätestens am zweiten Januar wieder zu vergessen.
2. Ich will doch kein Vampir sein.
3. Drogenkonsum verringert meine Chance, den Mann fürs Leben zu finden, enorm.

DER 23. VERSUCH

Sehnsucht

1. »Die Krankheit als Symbol«

Ich gebe zu, ich habe es nicht anders verdient. Dummheit muss bestraft werden! Daher geschieht es mir nur recht, dass ich nach meinem Drogenexperiment jetzt mit Wärmepflastern zugeklebt in meinem Bett sitze und verzweifelt nach einer Position suche, die mich nicht vor Schmerzen umbringt.

Ich bin nicht nur deprimiert, sondern mir ist auch ganz furchtbar langweilig. Ich kann mich nicht bewegen, kann nichts anderes tun, außer hier zu sitzen und blöd zu schauen. Ich kann nicht mal tippen und somit auch nicht chatten, um mir die Zeit zu vertreiben. Schon ein bloßer Mausklick mit dem Zeigefinger würde sich schmerzhaft bis in den Nacken ziehen. Wenigstens habe ich inzwischen eine Methode gefunden, um einigermaßen schmerzfrei telefonieren zu können: Ich schalte auf Lautsprecher, lege das Telefon vor mich und schreie hinein. Gerade habe ich mit meiner Mutter gesprochen. Sie ist Psychologin und meinte, diese Verspannung sei bestimmt psychosomatisch.

»Die Krankheit als Symbol, Christiane. Denk mal darüber nach!« Psychosomatisch? Von wegen. Aber ich kann meiner

Mutter schlecht sagen, dass ich Speed genommen habe, völlig verschwitzt durch die Nacht geflitzt bin und 72 Stunden lang nicht geschlafen habe. Ich verspreche also, darüber nachzudenken, lege auf und rufe Paula an, in der Hoffnung, sie zu einem Krankenbesuch überreden zu können. Paula ist nach drei Tagen Übelkeit in Bezug auf Drogen ebenso geläutert wie ich. Da sie heute wieder arbeiten geht, hat sie leider keine Zeit, bei mir vorbeizukommen, aber Paula verspricht, mir morgen einen Krankenbesuch abzustatten.

Ich fürchte, bis morgen bin ich längst verhungert. Außerdem kann ich auf leeren Magen diese Hammer-Schmerztabletten nicht schlucken, sonst kommen sie gleich wieder hoch. So sitze ich da, gepeinigt von meinen neuen Begleitern Schmerz und Hunger. Der bloße Gedanke daran, in die Küche zu gehen und meinen Kühlschrank zu öffnen, bereitet mir schon Schmerzen. Noch dazu ist er völlig leer. Und bis zum Supermarkt schaffe ich es nie im Leben!

Daher habe ich nach Paula sämtliche Freundinnen und natürlich auch Tom angerufen, aber all diese Menschen sind auf Arbeit. Schließlich ist Donnerstagvormittag. Normalerweise würde ich jetzt auch im Büro sitzen. Stattdessen sitze ich hier in diesem Bett und bin aus Mangel an Alternativen mal wieder gezwungen, mich mit meinen eigenen Gedanken auseinanderzusetzen. Wie unangenehm.

Ich denke an Samstagnacht und könnte mir immer noch selbst in den Arsch treten. Was für eine unsinnige Idee: von wegen »wach bleiben, um Männer kennenzulernen«. Ich war nicht ansprechbar und konnte nichts anderes tun, als wie ein tollwütiges Eichhörnchen vor mich hinzustarren. Speed-Nehmen lief so gesehen sogar noch schlechter als Speed-Dating. Überhaupt hat meine Männerbilanz qualitativ wie auch quantitativ ziemlich nachgelassen. Ich habe einen Tiefpunkt erreicht. Meine wenigen Männerkontakte der letzten Zeit beschränken sich auf einen massierenden Bademeister, der mich (aufs Angenehmste) sexuell belästigt hat, Bumso, den schnarchenden Alkoholiker, und Immo-Ralf, der seine Freizeit mit seinem Therapeuten verbringt. An den Bäcker aus Bogenhausen kann ich mich leider nicht mehr erinnern. So betrachtet, waren Peter und Paul – »die alten Säcke« – doch eigentlich ganz viel versprechend. Ob die wohl auf Facebook sind?

Es mag an meinem desolaten Zustand liegen, aber ich sehne mich gerade nach einem wirklich liebevollen Partner. Jemand, der sich um mich kümmert, mich pflegt und auf mich aufpasst. Ich sehne mich nach Geborgenheit und muss ganz plötzlich an Simon denken, meinen Freund vor dem Häschen-Mann. Er war so süß zu mir. Allerdings vor allem dann – und eigentlich ausschließlich dann –, wenn ich krank war. War ich dagegen gesund, was ich meistens war, war von seiner liebevollen Seite nicht mehr allzu viel übrig.

Ich erinnere mich, dass Simon auch mal eine Nackenstarre hatte, unter der er ziemlich gelitten hat. Ich habe ihn damals wiederholte Male zum Arzt begleitet und ihn mit Wärmepflastern versorgt. Er meinte nur, die Wärmepflaster würden überhaupt nicht helfen. Ich glaubte ihm nicht und warf ihm vor, wehleidig zu sein. Heute weiß ich, dass er recht hatte und auch, wie schrecklich er sich gefühlt haben muss. Es tut mir richtig leid, dass ich damals nicht fürsorglicher war.

Ob Simon wohl noch diese Halskrause zu Hause hat? Die könnte ich jetzt wirklich gut gebrauchen. Er hat sich immer furchtbar geschämt mit dem Ding, aber ich habe ihm verboten, sie abzunehmen. Auch im Bett. Einmal versuchten wir, trotz Simons steifem Nacken, miteinander zu schlafen. Wir suchten vergeblich nach einer Position, die für ihn nicht allzu schmerzhaft wäre. Doch wir scheiterten kläglich. Vor allem deshalb, weil wir nicht aufhören konnten zu lachen. Nackt, mit nichts als einer beigen Halskrause, sah er einfach zu komisch aus.

Simon und ich haben uns damals nach über einem Jahr Zweisamkeit einvernehmlich getrennt. Das heißt, eigentlich habe ich Schluss gemacht und ihm war es egal. Mir nicht, denn ich war immer noch sehr verliebt in ihn. Mir war ganz und gar nicht nach Trennung zumute, aber sein Verhalten hat mich geradezu gezwungen, unsere Beziehung zu beenden. Er hat sich kaum noch gemeldet, Vereinbarungen vergessen und zeigte sich zunehmend genervt von mir. Und wenn ich jemanden nerve, dann mag ich mich selbst auch nicht mehr. So sah ich mich schließlich gezwungen, Schluss zu machen, wenn auch unter Tränen. Da schon kurz darauf der Häschen-Mann Besitz von meinem Herzen und meiner Wohnung ergriff, ist unsere Freundschaft, die wir eigentlich gern hätten fortführen wollen, ein wenig im Sand verlaufen.

Obwohl es inzwischen schon über ein Jahr her ist, als Simon und ich uns das letzte Mal gesehen haben, beschließe ich spontan, ihn anzurufen. Schließlich handelt es sich um einen Notfall: Ich brauche eine Halskrause, Simon hat eine.

Noch dazu hätte ich neben einer Halskrause auch gar nichts gegen ein bisschen Zuwendung einzuwenden. Nach dem Intermezzo mit Sven hatte ich mir zwar fest vorgenommen, mich nach neuen Männern umzusehen, aber ich befinde mich schließlich in einem Ausnahmezustand: Ich bin erschöpft, krank und wehleidig. Und möglicherweise habe ich damals die Flinte schon zu früh ins Korn geworfen. Denn nur, weil man mal genervt voneinander ist, muss man sich ja nicht gleich trennen. Oder?

2. Bei Anruf Zuwendung

Ja, man könnte sagen, Simon war überrascht. Weniger, dass ich mich nach so langer Zeit wieder bei ihm melde, sondern vielmehr darüber, dass ich nicht zu eitel sei, eine Halskrause zu tragen. »Dir muss es wirklich sehr schlecht gehen«, meinte Simon am Telefon amüsiert.

Da er als freier Fotograf nicht an feste Arbeitszeiten gebunden ist, war er netterweise sofort bereit, mir seine Halskrause nicht nur zu leihen, sondern sogar vorbeizubringen. »Ich weiß ja schließlich, wie schmerzhaft das sein kann«, begründete er sein großzügiges Angebot. Ob das ein Vorwurf war?

Als er eine gute Stunde später bei mir klingelt, bin ich tatsächlich aufgeregt. Ich habe sogar ein wenig Make-up aufgetragen. Allerdings so dezent, dass ich für einen Mann nicht offensichtlich geschminkt, aber auch nicht *nur* krank aussehe. Ich trage meine schönste Jogginghose (die blaue mit den goldenen Sternen) und ein schlichtes, wenn auch leicht durchsichtiges Unterhemd. Meine Haare habe ich auf verwuschelt »gestylt«. Ein bisschen Mühe wollte ich mir schon geben. Schlimm genug, dass ich gleich die Liebestöter-Halskrause umlegen muss.

Als ich Simon die Tür öffne, steht er, wie eh und je, mit geschultertem Fahrrad vor mir, das er niemals in einem Innenhof abstellen würde. Es kam schon vor, dass er sein Fahrrad sogar mit in den Supermarkt genommen hat, weil er fürchtete, es könnte sonst gestohlen werden.

Simon begrüßt mich mit Handschlag, weil mein Hals nichts anderes zulassen würde, wie er richtig vermutet. Dann stellt er sein Fahrrad in meiner Garderobe ab, so selbstverständlich, als hätte er das zum letzten Mal erst gestern getan. Es tut gut, ihn zu sehen. Sein Haar ist etwas lichter geworden, aber sein Oberkörper dafür umso prächtiger.

»Hast du trainiert?«, frage ich, als er sich seine Jacke auszieht. »Nein«, sagt Simon. »Du kannst dich nur nicht mehr an meinen Traumkörper erinnern, nach all den anderen Pfeifen.« – »Das war nur einer, und der war keine … Na ja, lassen wir das«, unterbreche ich mich selbst. »Danke, dass du gekommen bist.«

Simon packt die Halskrause aus, legt sie mir um und findet, dass mir die Farbe Beige hervorragend stehen würde. Dann gibt er mir ein paar Tipps, wie ich liegen und zu welchem Arzt ich gehen sollte (natürlich zu seinem), dass ich den Nacken immer warm halten müsse, aber Wärmepflaster überhaupt nicht helfen würden, wie ich jetzt wohl auch festgestellt haben dürfte.

»Wie ist das überhaupt passiert?«, fragt Simon, als er mir gerade Wasser für eine Wärmflasche aufsetzt. »Ach, ich hab mich irgendwie verkühlt«, schwindle ich ein bisschen. »So, verkühlt also?« Simon schmunzelt. »Wie dem auch sei, wichtig ist jetzt, dass du deine Schmerztabletten schluckst, um keine Schonhaltung einzunehmen und nicht noch mehr zu verkrampfen.« Dann knurrt mein Magen so laut, dass wir beide ein bisschen erschrecken.

»Ich kann die nicht nehmen, weil ich noch nichts gegessen habe«, erkläre ich dieses animalische Geräusch. Simon öffnet meinen Kühlschrank und straft mich mit einem vorwurfsvollen Blick: »Vier Bier, ein Ei, zwei Flaschen Schnaps und drei Tuben Senf? Sonst nichts? Ich verstehe einfach nicht, warum du nie etwas zu Essen im Haus hast.« Das war immer einer unserer Streitpunkte. Ich will gerade zur Rechtfertigung ausholen und Simon erklären, dass ich eben ein Ein-Personen-Haushalt sei und alles, was ich kaufe, meistens verschimmelt wegschmeißen müsste, weil ich eh ständig außer Haus esse. Ein Stück Steinofenpizza für zwei Euro lässt einem einfach keine Wahl. Aber Simon zieht sich schon wieder seine Jacke an, schnappt meine Schlüssel und sagt: »Ich geh mal schnell zum Supermarkt. Mach so lange keinen Kopfstand, okay?«

Eine halbe Stunde später kommt er voll bepackt zurück. Ich sitze mit Halskrause in eine Decke gewickelt auf meiner Couch und sehe ihm zu, wie er meinen Kühlschrank füllt, nebenher Gemüse schneidet, ein halbes Hühnchen zerlegt und alles in meinen größten Topf gibt. »Ich mach dir jetzt selbstgemachte Hühnersuppe. Nicht den Dosenscheiß, den du kennst.« Ich bin zu schwach, um mich zu verteidigen. Außerdem hat er recht. Ich nicke dankbar, was mir ziemliche Schmerzen bereitet. Simon muss darüber kurz schmunzeln. Dann macht er mir eine neue Wärmflasche, kocht Tee, wickelt die Decke noch etwas fester um mich, legt mir ein Kissen in den Nacken, macht den Fernseher an und entzündet ein schönes Feuer in meinem Kamin. In diesem Moment wünsche ich mir, er würde für immer bleiben.

3. Abschiedsschmerz

Simon ist tatsächlich noch geblieben. Den ganzen Tag und auch die ganze Nacht. Abends durfte ich meinen Kopf, ganz vorsichtig und natürlich nur mit Halskrause, auf seine Brust legen. Er hat mich zärtlich hinter dem Ohr gekrault, ein bisschen meinen Nacken massiert und mich mit Schmerzsalbe eingerieben. Wir haben sehr viel gelacht, so wie früher. Diesmal nicht wegen komischen Verrenkungen bei Beischlafversuchen, sondern wegen »Popstars«: »Ey, normal. Alter! Wir sind schließlich im Fernseher!«

Heute Morgen hat er mir Frühstück ans Bett gebracht, meinen Medikamentenvorrat aufgestockt und noch zwei DVDs mitgebracht. Dann hat er sein Fahrrad geschultert und gesagt, er würde jetzt wieder »zurück in sein Leben« gehen. In diesem Moment erinnerte er mich an Lucky Luke. Dann drehte er sich noch einmal um, gab mir einen Abschiedskuss auf den Mund und erklärte, dass die Hühnersuppe noch besser werde, je länger sie stehe.

Ich wollte ihn gern fragen, ob er sich vorstellen könnte, dass wir beide es noch einmal ... Aber ich habe mich nicht getraut. Einerseits hatte ich Angst, er könnte Nein sagen, und andererseits fürchtete ich, mein kränklicher und hilfsbedürftiger Zustand könnte die Triebfeder dieses plötzlichen Gefühlsausbruchs sein. Als die Tür hinter ihm ins Schloss fiel, war der Abschiedsschmerz um einiges stärker als der Nackenschmerz. Eigentlich ein gutes Zeichen, oder?

Was ich gelernt habe:

1. Mit Freundschaften zu Exfreunden verhält es sich wie mit Hühnersuppen: Sie werden besser, je länger sie stehen.
2. Wärmepflaster helfen nicht.
3. Betrachtet man die Krankheit als Symbol, könnte es bedeuten: nicht zurück, sondern nach vorne schauen!

DER 24.VERSUCH

»Der gordische Knoten«

1. Zwei Frauen, ein Wort

Paula sitzt fassungslos vor mir: »Reden wir beide von dem gleichen Simon? Simon, der Gemeine?« Ich nicke. »Aua! Ich vergesse immer, dass ich meinen Kopf nicht bewegen darf!« Paula kann sich ein Lachen nicht verkneifen. Ich auch nicht.

»Na ja, er war ja nicht *nur* gemein«, verteidige ich Simon. Paula sieht mich mit hochgezogener Augenbraue an: »Also entschuldige mal! Sogar als du damals unter Tränen mit ihm Schluss gemacht hast, meinte er nur, dass er jetzt keine Zeit dafür hätte, weil er noch eine *Badehose* kaufen müsste!« – »Siehst du, er war nicht nur gemein, sondern auch sehr beschäftigt.« Ich grinse. »Du hast echt Glück, dass ich keine Frauen mit Halskrause schlage«, lautet Paulas Antwort, während sie sich genüsslich eine Zigarette anzündet. Ich bin sehr neidisch.

»Ich habe keinen Freund, keinen Sex und kann nicht mal mehr mit dem Kopf nicken. Ich finde, ich darf wenigstens wieder rauchen«, erkläre ich meinen Griff zur Zigarettenschachtel. Paula gibt mir Feuer. Raucher rauchen immer lieber zu zweit. Das halbiert das schlechte Gewissen.

»Rauch so viel du willst«, sagt Paula. »Hauptsache, wir müssen keine Drogen mehr nehmen und du tappst nicht wieder in die ›Zuckerbrot und Peitsche‹-Falle von deinem fiesen Exfreund!« Ich gebe ihr mein Ehrenwort und nehme mir wirklich vor, Simon nicht anzurufen. Zumindest nicht zuerst. Vielmehr warte ich auf seinen Anruf. Bestimmt wird er sich schon alleine aus Höflichkeit in ein paar Tagen melden, um sich nach meiner Genesung zu erkundigen – oder zumindest, um seine Halskrause zurückzufordern.

Paula hat Baguette und Ofenkäse mitgebracht. Das »kochen« wir immer, wenn wir abends zusammen essen. Einfach Ofen vorheizen, Käse auspacken, reinschieben, zehn Minuten warten, rausholen, verschlingen. Genial. (Ob Konstanze dieses Rezept auch kennt?) Außerdem hat Paula die dritte Staffel von »True Blood« mitgebracht, ein Kirschkernkissen für meinen Nacken und eine Flasche »Licor 43«, den wir so gern mit Milch und Eiswürfeln trinken. Ach, krank zu sein macht wirklich Spaß.

Bevor wir uns mit all diesen Zutaten in mein Bett und vor den Fernseher zurückziehen, tun wir das, was wir schon die ganze Zeit tun wollten: Wir buchen zwei Flüge nach Vietnam.

2. Alexander der Große

Nach diesem Wochenende der Bettruhe und der hervorragenden Verpflegung durch diverse Krankenbesuche bin ich wieder halbwegs auf dem Damm. Ich könnte zwar noch kein Heavy-Metal-Konzert besuchen und vermutlich auch keinen klassischen Tango tanzen, aber ich kann mich immerhin schon wieder fortbewegen, selbst versorgen und meine Brötchen verdienen. Das sollte ich auch wirklich tun, denn so ein Asienflug über die Weihnachtszeit ist nicht gerade ein Schnäppchen.

Die Aussicht, Weihnachten unter Palmen zu verbringen, macht Paula und mich sehr glücklich! Ich habe sofort einen Arzttermin vereinbart, um meine Impfungen auffrischen zu lassen, die Formulare für das Visum runtergeladen und den Lonely Planet »Vietnam, Cambodia, Laos« bestellt (man kann ja nie wissen). Das Einzige, was mir jetzt noch fehlt, sind Passfotos für das Visum. Ich kann es nicht leiden, Passfotos machen zu lassen, vor allem dann nicht, wenn sie biometrisch sein müssen. Auf einem biometrischen Foto sehe ich immer aus wie ein dickes Kind.

Um es hinter mich zu bringen, erledige ich das gleich heute in meiner Mittagspause. Wie immer, wenn ich Fotos brauche, gehe ich in diesen Laden auf dem Ku'damm. Dort hängen zwar immer so gruselige Hochzeitsbilder im Schaufenster, aber dieser Laden ist in der Nähe und schnell.

»Ich bräuchte einmal diese hässlichen biometrischen Passfotos«, erkläre ich dem dickbäuchigen Mann hinter dem Tresen. »Das werden wir bei Ihnen wohl nicht hinkriegen. Aber fragen wir doch ma den Kollegen im ersten Stock. Vielleicht kann der wat für Sie tun.« Süß. Ich lächle ihn an – ich leichte Beute! Er kommt hinter dem Tresen hervor und führt mich zur Treppe. Schon auf dem Weg nach oben ruft er: »Alexander, einmal biometrisch für die junge Dame hier!« Oben im Fotostudio angekommen steht ein junger Mann vor mir. Ich erinnere mich an ihn. Er hat schon letztes Jahr meine Passfotos für das Indien-Visum gemacht.

»Hallo! Was kann ich für dich tun?« Ich starre ihn an und frage mich, warum er mir nicht bereits vor einem Jahr aufgefallen ist. Vermutlich, weil ich damals mit dem Häschen-Mann zusammen war und andere schöne Männer einfach nicht mehr wahrgenommen habe. Das ist wohl gemeint mit »Liebe macht blind«.

»Ähm, also, ich bräuchte einmal Passfotos für ein Visum. Biometrisch.« Er schraubt gerade ein Objektiv auf seine Kamera und lächelt mich an. »Gern. Warst du nicht schon letztes Jahr hier? Da wolltest du nach Indien, oder?« Ich werde rot. »Daran kannst du dich noch erinnern?« Er nickt. »Ja klar, du wolltest mit zwei Freundinnen eine Rucksack-Tour machen. Ich weiß das noch, weil ich auch schon immer mal nach Indien wollte. War es schön?« – »Ja, sehr schön. Sie haben mich trotz der schrecklichen Fotos ein- und ausreisen lassen!« Alexander lacht. »Wie, schreckliche Fotos?« – »Nicht deine Schuld«, winke ich ab. »Aber biometrisch ist irgendwie immer unvorteilhaft.«

»Das kriegen wir schon hin.« Er lächelt, bittet mich, Platz zu nehmen, und schaltet die Scheinwerfer an. Ich werfe noch einen kurzen Blick in den Spiegel, kneife meine Wangen, wie es echte Frauen tun, und setze mich auf den kleinen Hocker. »So, dann bitte recht freundlich, aber nicht lächeln«, weist er mich in professionellem Ton an. Mit todernster Miene starre ich Richtung Kamera und Alexander drückt ab.

Er sieht sich die Ergebnisse auf seiner Digitalkamera an und kann sich ein Grinsen nicht verkneifen. »So schlimm?«, frage ich verunsichert nach. »Nein, nein. Nur etwas, na ja, angespannt. Vielleicht kannst du doch ein bisschen lächeln?« Ich ziehe meine Mundwinkel ziemlich verkrampft nach oben und Alexander fängt wieder an zu lachen. »Wie heißt du?« – »Christiane.« – »Liebe Christiane, ganz locker. Wir machen nur Fotos. Du bist hier nicht beim Zahnarzt.« Darüber muss ich schmunzeln und Alexander drückt genau im richtigen Moment ab.

»Perfekt. Siehst du?« Er zeigt mir die Ergebnisse auf seinem Display und ich muss sagen, ich bin zufrieden. »Gar nicht schlecht.« – »Sehr gut sogar, würde ich sagen.« Und schon wieder bekomme ich rote Wangen. Was ist denn heute nur los mit mir?

Alexander bittet mich, noch fünf Minuten unten an der Kasse zu warten. Da sitze ich nun und versuche, dem Augenkontakt mit dem Dickbäuchigen auszuweichen. (»Ich habe jetzt einen anderen, Dickerchen. Du bist Schnee von gestern!«) Ich denke darüber nach, wie ich mich von Alexander verabschieden soll, um ihn auf jeden Fall wiederzusehen. Vielleicht mit »Wenn du doch noch nach Indien fahren willst, ruf mich an. Ich könnte dir ein paar Tipps geben – oder mitkommen.« Besser nicht. Vielleicht so: »Du bist der einzige Fotograf, der schöne biometrische Fotos von mir machen kann. Wollen wir das bei einem Glas Sekt feiern?« Zu plump. »Du stinkst! Wollen wir zusammen duschen gehen?« Nicht gerade weniger plump. Oder: »Bist du öfter hier?« Eigentlich witzig, aber trotzdem scheiße. Ich hab's: »Alexander, wenn ich der Gordische Knoten wäre, wie würdest du mich lösen?« Zu intellektuell. »Ich habe meine Telefonnummer verloren. Kann ich deine haben?« Das trau ich mich nie im Leben.

»So, bitte schön: deine Fotos«, unterbricht Alexander mein Kopfkino. »Danke.« Meine Wangen glühen. »Also dann, bis nächstes Jahr!«, sage ich – ich blöde Kuh. Das war nicht besonders wiedersehensorientiert.

3. Biometrie der Liebe?

»Du gehst jetzt da hin und lässt Aktfotos von dir machen«, schlägt mir Paula am Telefon bezüglich meines Fotografen-Dilemmas vor. »Spinnst du? Dann denkt der doch, ich will was von ihm.« – »Willst du doch auch.« – »Ja, ich will ihn kennenlernen.« Paula seufzt. »Na gut, dann gehst du halt hin und sagst: ›Du, Alexander, ich würde dich gern kennenlernen. Ich bin zwar nicht der Gordische Knoten, aber auch ein komplizierter Fall.‹« Sehr hilfreich.

Am nächsten Tag nehme ich all meinen Mut zusammen und betrete erneut den Fotoladen. »Na? Wieder hässliche Fotos machen?«, fragt das Dickerchen. »Nein. Diesmal schwarz-weiß.« Was Besseres ist mir auf die Schnelle nicht eingefallen. Ich habe mir fest vorgenommen, sobald ich da oben mit Alexander allein bin, ihn frei von der Leber weg zu fragen, ob er mal mit mir Mittag essen gehen möchte. Das wäre doch ein nicht allzu abwegiger

Vorschlag. Schließlich arbeiten wir beide in Charlottenburg. Eine erste Gemeinsamkeit (oder eher »geteiltes Leid«). Was soll schon passieren? Mehr als Nein sagen kann er ja nicht. Hoffe ich. Na gut, er könnte sich kaputtlachen, mir einen Vogel zeigen oder mich wegen sexueller Belästigung anzeigen.

Mich mit diesen Gedanken quälend, folge ich dem schwer atmenden Mann wie gehabt in den ersten Stock. »Manni, einmal schwarz-weiß für die Dame hier.« Manni? Vor mir steht ein rothaariger Mittfünfziger mit Schnurrbart. »Aber gern doch«, sagt Manni. »Bitte einmal auf das Höckerchen oder will sich die Dame vorher noch hübsch machen?«

Was ich gelernt habe:

1. Eine einmalige Chance muss man sofort am Schopfe packen.
2. Fotografen haben flexible Arbeitszeiten.
3. Gott sei Dank habe ich »schwarz-weiß« und nicht »Aktfotos« gesagt.

DER 25. VERSUCH

»Das dreiste Ich«

1. Reinfummeln

Morgen ist der Tag, für den ich mir ganz fest vorgenommen habe, mich nicht zu fürchten: Mein dreißigster Geburtstag! Ich werde mich nicht nur *nicht fürchten*, sondern erhobenen Hauptes mein dreißigstes Lebensjahr vollenden. Denn ich will unter keinen Umständen zu diesen Frauen gehören, die so ein Theater um diese Zahl machen. Dann bin ich halt dreißig, mal wieder Single, kinderlos, und immer noch ohne Doppelhaushälfte. Na und? Vielleicht sogar: Gott sei Dank. Ich bin ungebunden, frei und muss keine Rückbildungsgymnastik machen. Die Welt steht mir offen und das sogar noch mit dreißig! Ich bin wirklich zu beneiden.

Klingt gut, fühlt sich trotzdem anders an. Eigentlich hatte ich schon vor langer Zeit mit dem Häschen-Mann geplant, an meinem Dreißigsten gemeinsam zu verreisen. Er hatte vorgeschlagen, für ein Wochenende in ein Wellnesshotel an der Mecklenburgischen Seenplatte zu fahren, oder gleich irgendwo ans Meer. Was Paare halt so machen. Ich war sehr glücklich über seinen Vorschlag und malte mir aus, wie schön das werden würde: er, ich und das Meer. Da könnte das Alter ruhig kommen. Denn zusammen alt zu werden, klang nur noch halb so schlimm, klang vielleicht sogar schon richtig schön. Nun ja, ich war eben sehr naiv mit 29.

Nachdem er sich aus dem Staub gemacht hatte, das Meer somit in weite Ferne und das Alter wieder in erschreckende Nähe gerückt war, sah ich mich gezwungen, mir etwas Neues einfallen zu lassen. Natürlich überlegte ich auch, einfach alleine ans Meer zu fahren. Doch das einzige Meer, was ich mir derzeit hätte leisten können, wäre die Ostsee gewesen. Da ich befürchtete, beim Anblick grauer Hotelbunker und dicker Kinder mit Schlumpfeis samt Kleidung ins Wasser zu gehen, musste ich das Meer für dieses Jahr sicherheitshalber vergessen. Denn sind wir ehrlich: Wenn man von einer Reise alleine an die Ostsee unversehrt zurückkehrt, lässt sich das mit einem gescheiterten Selbstmordversuch vergleichen.

Ich wollte etwas tun, was Selbstmord im weitesten Sinne ausschließen würde, und entschied mich für ein wildes Fest. Da mein Geburtstag dieses Jahr ausgerechnet auf einen Mittwoch fällt, würde es keinen Sinn machen, rein- oder rauszufeiern. Denn die Mehrzahl meiner Freunde ist nicht arbeitslos und nur selten auf Speed. Mir blieb also nichts anderes übrig, als für das Wochenende darauf ein rauschendes Fest in die Wege zu leiten.

So habe ich schon vor über zwei Wochen per Facebook, Mails und SMS Einladungen für den 23. Oktober verschickt. Da ich keine Einladungen leiden kann, auf denen Sätze zu lesen sind wie: »Kaum zu glauben, aber auch ich werde älter« oder: »Kinder und Partner sind willkommen! Die Schuhe müssen leider ausgezogen werden!«, habe ich mich nach einem lustigen Brainstorming mit Tom für folgenden Aufruf entschieden: »Wir feiern *Das dreiste Ich*! Wer dreist genug ist, kommt vorbei und gibt mir einen …« Dabei dachten wir an »einen Kuss«, oder »einen Klaps auf den Po«, oder an »einen aus«! Daneben standen Adresse, Uhrzeit und Datum. Ich dachte, diese Einladung würde alles aussagen, was es zu sagen gäbe.

Leider weit gefehlt. Denn als ich heute, einen Tag vor meinem Geburtstag und vier Tage vor der Feier, meine Veranstaltungsliste auf Facebook durchsehe, bin ich etwas enttäuscht, dass viele noch gar nicht zugesagt oder sogar abgesagt haben. Andere wiederum fragen nach, was »Das dreiste Ich« bedeuten würde. Vielleicht hätte ich doch »Hilfe! Ich werde dreißig!« schreiben sollen.

Auch Bastian hat abgesagt. Er ist ein sehr lieber Freund, den ich nicht mehr gesehen habe, seitdem ich auf Männerfang bin. Dieses Projekt ist eben sehr zeitintensiv. Bastian und ich kennen uns seit ein paar Jahren und sind so etwas wie »Freunde plus«. Wir sehen uns eher selten, aber wenn, dann intensiv. Meistens kommt Bastian zu mir und wir bestellen Pizza, spielen Schach oder schauen vier Filme hintereinander. Zwischendurch kuscheln und fummeln wir ein bisschen. Seltsamerweise passiert nie mehr oder weniger. Wir sprechen auch nicht darüber, was wir sind oder werden könnten. Irgendwie ist es gut so, wie es ist.

Bastian hat mir geschrieben, dass er ausgerechnet an diesem Wochenende nach London fliegt, mich aber sehr gern bald mal wieder treffen würde. Ich ihn auch. Ich vermisse den Kleinen, der mich mit seinen lustigen Geschichten immer zum Lachen bringt und so schön streicheln und küssen kann.

Also beschließe ich, mir selbst eine kleine Geburtstagsfreude zu machen und diese ganze »ernsthafte Suche« mal für einen Moment zu vergessen. Bastian ist vermutlich nicht mein Mann fürs Leben, aber mein Mann für gewisse Stunden. Und dieses Geschenk ist Gold wert. Also lade ich ihn kurzerhand ein, heute Abend auf Pizza und Film bei mir vorbeizukommen. Denn was könnte schöner sein, als in meinen dreißigsten Geburtstag reinzufummeln? Die Mecklenburgische Seenplatte bestimmt nicht.

2. B-day

Als ich heute Morgen zwischen Bastian und meinem Stofftier aufwache, muss ich ein bisschen schmunzeln. So ist das also mit dreißig.

Eigentlich genauso wie mit 17, nur dass mein Besuch liegen bleiben kann, weil ich ihn nicht mehr vor meinen Eltern verstecken muss.

Bevor ich die Wohnung verlasse, schreibe ich ihm noch einen Zettel. Eigentlich schreiben wir uns nie gegenseitig Zettelchen. Eine unausgesprochene Regel, denn das ist viel zu romantisch und geht vielleicht schon zu sehr in Richtung Beziehung. Aber heute bin ich so gut gelaunt, dass ich Lust habe, ab jetzt alles anders zu machen. Vielleicht sollte ich Bastian bei Gelegenheit doch mal fragen, was das mit uns eigentlich ist. Möglicherweise ist er mein Mann fürs Leben und ich sehe nur den Wald vor lauter Bäumen nicht.

Ich verbringe den Tag im Büro, bekomme viele herzliche Anrufe und Glückwunschbekundungen aller Art. Ich weiß gar nicht, warum ich mir so viele Gedanken um diesen Tag gemacht habe. Alles ist gut. Keine Falten und keine grauen Haare in Sicht. Ich schätze, das kinderlose Singledasein – ohne Stillen und Nächte durchwachen – hält einfach jung.

Zwei Tage später hole ich Konstanze vom Bahnhof ab. Sie ist extra aus München angereist, um meinen Dreißigsten mit mir zu feiern. Und natürlich auch, um mir bei den Party-Vorbereitungen zu helfen. Sie meinte, es wäre unverantwortlich, mich mit einem ganzen Buffet alleine zu lassen.

Den Freitagabend verbringen wir in Zweisamkeit und Konstanze überreicht mir ganz feierlich ihr Geburtstagsgeschenk. Eigentlich wollte sie mir einen Poledance-Workshop schenken, entschied sich dann aber doch für »Das Bayerische Kochbuch« und einen Gutschein über eine einstündige Massage in einem Wellness-Tempel. Ich hatte Konstanze die Geschichte mit dem Bademeister erzählt und sie fand, ich hätte mir eine richtige Massage nun wirklich verdient.

Den Rest des Abends verbringen wir wie immer quatschend und Konstanze rückt endlich mit der Sprache raus: Sie ist seit Kurzem glücklich verliebt. Irgendwie sei alles ganz einfach gewesen und jetzt wunderschön. Sie liebt ihn, er liebt sie. Sie spielen keine

Spielchen, sondern denken sich gegenseitig Gemüsesorten als Spitznamen aus und machen sich über ihre karierten Pyjamas lustig.

»Liebe ist ganz einfach, eigentlich«, stellt Konstanze verblüfft fest und grinst. Tatsächlich haben sich die beiden über das Internet kennengelernt und mir kommen erste Zweifel, ob ich bei meiner Internetsuche grobe Fehler begangen habe, weil ich es nicht mal bis zu einem zweiten Date geschafft habe.

Ich freue mich sehr für Konstanze. Sie hat schon längst einen tollen Mann verdient. Trotzdem ist es ungewohnt, sie so ausgeglichen zu erleben. Sie schimpft gar nicht mehr über ihre Vorgesetzten, über fiese Kollegen, verlogene Typen und unangenehme Pärchen, die einem das Leben zur Hölle machen. Sie ist einfach nur glücklich. Die Liebe steht ihr wirklich gut!

Am nächsten Morgen gehen wir zusammen frühstücken. Die Sonne scheint wie schon seit Tagen nicht mehr. Ich kann Konstanze überreden, von selbstgemachten Buletten auf selbst gekaufte umzusteigen und statt Fleischbällchen zu formen, lieber noch ein bisschen shoppen zu gehen. Konstanze kauft sich warme Winterschuhe und ich mir ein Partykleid, das aus einem Hauch von Nichts besteht. Ich hätte doch besser eine Mottoparty machen sollen. Vielleicht »Less is more!« oder »Thekenschlampen ab dreißig!«.

Nachmittags backen wir Kuchen. Das heißt, Konstanze backt und ich darf die Schüsseln auslecken. Wir schauen nebenher wie immer »Monaco Franze« und trinken den Champagner, den Bastian mitgebracht hat. Ich erzähle von Simon, Bastian und meinen gescheiterten Eroberungen der letzten Zeit. Konstanze meint, sie hätte langsam den Überblick verloren. Denn als ich sie das letzte Mal besucht habe, klagte ich noch über den Häschen-Mann, der mich trotz seiner zahlreichen Liebesbeteuerungen so überraschend verlassen hatte.

»Welchen dieser Männer vermisst du denn jetzt am meisten? Oder magst du am liebsten?«, fragt Konstanze im strengen Ton mit Schneebesen und Holzlöffel in der Hand nach. Ihre Haltung macht mir ein bisschen Angst. Ich sehe sie verzweifelt an und fürchte, gleich übers Knie gelegt und verdroschen zu werden, denn leider kann ich diese Frage nicht eindeutig beantworten.

»Alle und keinen?«, antworte ich zögerlich und fühle mich wie Willie aus der Serie »Alf« (»Keiner geht und keiner bleibt!«). Konstanze legt milde lächelnd den Schneebesen zur Seite und schenkt uns Champagner nach. »Auf alle schönen Männer dieser Welt!« Wir erheben unsere Gläser auf die schönen Männer, auf das neue Lebensjahr, darauf, dass Konstanze ihren Mann fürs Leben schon gefunden hat und ich bestimmt bald einen finden werde, der mich höchstens noch vor lauter Glück zum Weinen bringt.

Gegen frühen Abend trudeln Alina, Charly, Emma, Moni und Paula ein. Die Mädels haben alle zusammengeschmissen und mir ein rotes Dirndl mit blauer Schürze geschenkt. Ich liebe es und würde es sehr gern schon heute Abend anziehen, aber mit Größe 34 haben sie es ein bisschen zu gut gemeint. Als sie mich in dieses Kleid schnüren und meine Brüste nach oben quetschen, erklären sie mir, dass es sich mit einem Dirndl genauso verhält wie mit Kletterschuhen. Es muss so eng sitzen, dass es schon wehtut. Ich kann gerade so lange darin atmen, bis Konstanze ein paar Fotos geschossen hat. Kurz vor einer drohenden Ohnmacht geben die Damen nach und versprechen, es in eine 36 umzutauschen.

Wir packen das Buffet zusammen und brechen alle zusammen zu der Bar auf, die ich für heute Abend gemietet habe. Ich wollte unbedingt auswärts feiern, weil ich mit dreißig Jahren keine Lust mehr habe, den Tag nach meiner Feier damit zu verbringen, Brandlöcher zu stopfen und Zigarettenkippen aus meiner Toilette zu fischen.

Die Bar befindet sich gleich ums Eck und ein Bekannter von Paula hat sich bereit erklärt aufzulegen. Er ist der Typ »blonder Surfer« und wirklich ein Augenschmaus für alle anwesenden Frauen. Ich könnte glatt Eintritt verlangen. Allerdings ist er auch der feste Freund einer gemeinsamen Freundin und damit absolut tabu. Eine ungeschriebene Regel.

Tom ist nach dem DJ einer der ersten Gäste. Er drückt mir völlig verlegen selbst gebastelte Rosenohrringe in die Hand und wünscht uns noch »viele gemeinsame Kumpelabende«. Bevor ich vor Rührung anfange zu heulen, kommen auch schon Rainer und Matteo durch die Tür. Die beiden sind ein ganz bezauberndes Paar, das sich regelmäßig sonntags trennt, um es montags noch ein letztes Mal miteinander zu versuchen. Matteo überreicht mir eine riesige Torte, die mit einem rosa Marzipan-Penis und zahlreichen Kondomen verziert ist. Außerdem bekomme ich eine Ken-Puppe mit separatem Smoking zum Wechseln, falls ich mal schick mit ihm ausgehen möchte.

Die meisten meiner Freunde wissen von meinem aktuellen Selbstversuch und scheinen ihn tatkräftig unterstützen zu wollen. Auch wenn sie die Ernsthaftigkeit, die dahinter steckt, offensichtlich verkannt haben. Denn im Laufe des Abends werde ich mit einem Adventskalender mit nackten Männern, einer Dose Tic-Tac-Bonbons in Penisform und so vielen Kondomen beschenkt, dass – sollte ich die alle verwenden – ich mit vierzig Jahren ganz sicher auch noch kinderlos sein werde.

Als ich letztes Jahr um diese Zeit gerade an einem Erotikroman schrieb, bekam ich zum Geburtstag alle Bände von Anais Nin geschenkt, die bis heute ungelesen in meinem Regal stehen. Mein nächstes Buch sollte ich weder über Männer noch über Erotik, sondern über Klamotten, Geld, Schmuck oder noch besser über ferne Länder schreiben. Vielleicht bekomme ich dann genau so viele Flugtickets wie heute Kondome geschenkt.

Gegen 22 Uhr geht die Tür auf und Simon betritt den Raum. Es ist, als würde die Sonne aufgehen. Ich freue mich riesig, ihn zu sehen. Er trägt den Schal, den wir einst gemeinsam gekauft haben, und sieht unverschämt gut aus. Wir umarmen uns und er gratuliert mir zum Geburtstag mit einem Kuss auf die Wange. Simon stellt erleichtert fest, dass ich meinen Kopf wieder bewegen kann, und überreicht mir eine selbst gemalte Karte. Darauf sitze ich im Bett, trage eine Halskrause und löffle Hühnersuppe. Darunter steht: »Auch krank ein echter Blickfang! Happy Birthday, Kleine!« Ich bin froh, keinen Penis auf diesem Bild zu entdecken, und umarme ihn vielleicht etwas zu lange und zu überschwänglich. Er riecht so gut. Immer noch vertraut.

Der Laden wird immer voller und die Getränkebons, die ich aus meinem Stiefel zaubere, neigen sich langsam dem Ende entgegen. Ich habe längst keine Übersicht mehr darüber, wie viel ich selbst schon getrunken habe, und bestelle sicherheitshalber noch einen Gin Tonic.

Irgendwann finde ich mich neben Simon an der Bar wieder. Er fragt mich, ob mein neuer Freund auch hier sei. Das ist Simons Art, mich zu fragen, ob ich immer noch Single sei. Ich sage »fast« und stelle ihm Ken vor. Simon schüttelt Ken die Hand. Wenn mich nicht alles täuscht, sieht er ein wenig erleichtert aus. Wir plaudern ein bisschen und ich bedanke mich noch mal für seine Hilfe, als ich krank war.

»Gern geschehen. Es hat mir Spaß gemacht, dich leiden zu sehen«, sagt Simon grinsend und ich bilde mir ein, dass wir beide immer noch schrecklich verliebt ineinander sind. Dann drehe ich noch mal eine Runde durch den Raum, lasse mich von dem DJ überreden, Wodka mit ihm zu trinken, und kehre anschließend selig an Simons Seite zurück. Habe ich eigentlich schon erwähnt, dass bei mir bereits die geringste Menge Wodka zu Gedächtnislücken und unkontrollierten Liebeserklärungen führt? Allerdings erinnere ich mich noch sehr genau, wie Simon und ich unser Gespräch fortsetzten.

Ich: »Weißt du, manchmal weiß ich gar nicht mehr, warum wir früher, als wir noch zusammen waren, immer so viel gestritten haben. Denkst du auch manchmal darüber nach, wie es wäre, wenn wir es noch einmal versuchen würden?« Er: »Nein.« Ich: »Echt nicht?« Er: »Nein. Echt nicht!« Ich: »Und wenn du jetzt mal kurz darüber nachdenken würdest?« Er: »Dann könnte ich dir sofort sagen, dass es nicht funktionieren würde. Du hast die meiste Zeit geheult und ich habe mich immer schuldig gefühlt.«

Dann umarmt mich Simon kurz, wünscht mir noch eine schöne Party und verlässt die Bar. Ich sehe ihm wehmütig hinterher, meinem Lucky Luke, und bin dennoch froh, dass er jetzt gegangen ist. Denn sonst hätte er mitbekommen, wie ich schon wieder anfange zu heulen.

3. Drama, Baby, Drama!

Ich wusste, dass mein melancholischer Ausbruch diesmal ganz sicher nicht Simons Schuld war. Leider konnte ich mit dem Heulen trotzdem nicht mehr aufhören. Vielleicht gerade deshalb, weil ich eigentlich gar nicht wusste, wieso ich heulte. Gegen halb zwei legte Konstanze den Arm um mich, packte ein paar Blumen und Kuchenreste zusammen und schlug vor, mich jetzt besser nach Hause zu bringen. Sie sagte: »Dreißig werden ist nicht einfach, Christiane. Ich hatte dich gewarnt.« Wir mussten lachen und ich heulte wieder los.

Wäre ich doch lieber alleine an die Ostsee gefahren. Dann hätte ich mein Elend wenigstens für mich behalten und keine betretenen Freunde zurückgelassen, als ich meine eigene Party unter Tränen verlassen musste. Von wegen erhobenen Hauptes in die Dreißig gehen! So wie es aussieht, werde ich den Rest meiner Tage mit Barbies Ken verbringen.

Man lernt nie aus:

1. Dreißig werden ist doch nicht so einfach – nicht einmal für so eine geübte Verdrängerin, wie ich es bin.

2. Ein für alle Mal: Schluss mit Exfreunden. Oder: »Endlich loslassen!«, wie mein Doktorchen sagen würde.
3. Nicht, dass ich es nicht bereits geahnt hätte, aber ich habe wirklich tolle Freunde.

DER 26. VERSUCH

»30, ledig, sucht!«

1. Das zeitlose Thema »Liebe«

Eigentlich lese ich Kontaktanzeigen ausschließlich zur Belustigung. Meistens im Kreis von Freundinnen. Egal ob Stadtmagazin oder seriöse Tageszeitung: Die Anzeigentexte zum Thema Partnersuche haben irgendwie immer einen unangenehmen Beigeschmack, der sich möglicherweise mit dem Wort »armselig« am besten beschreiben lässt.

Wenn ich solche Anzeigen lese, frage ich mich immer, welche Schicksale sich wohl hinter diesen Zeilen verbergen mögen. Was sind das für Menschen, die – gerade heute im Zeitalter der Online-Partnersuche – tatsächlich noch die Hoffung haben, mit drei bis vier gedruckten Zeilen einen passenden Partner zu finden? Noch dazu ohne Bild? Vielleicht altmodische Menschen? Menschen ohne Internet? Menschen, die jemanden suchen, der die gleiche Zeitung liest, um sich das Abo zu teilen? Oder sollte es sich gar um naive Romantiker handeln, die nicht »mit der Zeit gehen« wollen, wenn es um das zeitlose Thema Liebe geht?

Nie im Leben wäre es mir in den Sinn gekommen, eine solche Anzeige zu beantworten, geschweige denn aufzugeben. Doch letztere

Vermutung motiviert mich, auch dem Medium Zeitung bei meiner Männersuche eine Chance zu geben. Vielleicht finde ich über diese fast schon kultverdächtige Methode einen echten Romantiker. Einen Mann, der kein abgebrühter Internet-Power-User ist, sondern ein verträumter, feinsinniger, Lesebrille tragender Philosoph, der mit Druckerschwärze an den Fingern beim morgendlichen grünen Tee zärtlich über die Kontaktanzeige seiner Traumfrau streicht, bevor er sie mit einem roten Filzstift in Herzform einrahmt.

Da ich mir vorgenommen habe, auch Möglichkeiten der Partnersuche auszuprobieren, die ich unter normalen Umständen niemals in Betracht ziehen würde, ist es für mich nun an der Zeit, mich mit erbärmlichen Kontaktanzeigen auseinanderzusetzen. Warum jetzt? Weil ich inzwischen dreißig Jahre alt bin und mich daher nicht mehr in »normalen Umständen« befinde. Schließlich bin ich die Frau, die ihre eigene Geburtstagsparty als eine der Ersten und noch dazu heulend verlassen hat.

Die Sache mit dem Alter ist wirklich verrückt. Ich höre zwar immer noch keine biologische Uhr ticken (es sind doch nur die bumsenden Nachbarn), aber dennoch ist die Tatsache, dass ich nicht mehr Ende zwanzig, sondern Anfang dreißig bin, auch in den Tagen nach meinem Geburtstag nicht spurlos an mir vorübergegangen. Zum Beispiel habe ich mich gestern, als ich nach Feierabend im Drogeriemarkt war, dabei erwischt, wie ich Anti-Aging-Creme gekauft habe, die dreimal so viel kostet wie die altbewährte Niveacreme, die ich die letzten 29 Jahre lang verwendet habe. Anschließend wollte ich ein bisschen bei H&M shoppen gehen. Aber anstatt wie sonst mit so viel Klamotten unter dem Arm, wie ich nur tragen kann, in der Umkleidekabine zu verschwinden, bin ich schier verzweifelnd die Kleiderstangen abgelaufen. Dabei hatte ich immer nur einen einzigen Gedanken: Das kann ich doch jetzt nicht mehr tragen. Ich bin dreißig!

Daher ersetze ich heute den Feierabend-H&M-Besuch durch einen kurzen Stopp am Kiosk. Ich kaufe mir ein Berliner Stadtmagazin und die »ZEIT«, die sich – wie mir Wikipedia verraten hat – an die Zielgruppe »gehobener Bildungsstandard« wendet. Denn mein Mann fürs Leben müsste entweder in meiner Stadt wohnen oder zumindest sehr gebildet, damit hoffentlich beruflich erfolgreich und demzufolge wohlhabend sein. Schließlich müsste er die Inlandsflüge finanzieren, die unsere Fernbeziehung auf Lebzeit ermöglichen würden. Klingt nach einem todsicheren Plan, oder?

2. Die Romantik der Printmedien

Zu Hause angekommen mache ich es mir mit einem Glas Wein und einem roten Filzstift auf meiner Couch bequem und vertiefe mich in die romantische Sphäre der Print-Partnersuche. Ich beginne mit dem Stadtmagazin und blättere bis ans Ende zu den Kleinanzeigen. Unter der Rubrik »Lust und Liebe« ignoriere ich die Unterrubrik »Harte Welle«, »Professionals« und »Gleich und Gleich«, bis ich endlich bei »Suche Frau« gelandet bin:

»Orgasmus garantiert! Mann, 35 Jahre, besorgt es dir mit Finger, Mund und Schwanz. Kein Beziehungswunsch!« Ich finde, das würde besser zu »Harte Welle« passen – ich Sensibelchen.

Vielleicht dieser: »Attraktiver Wissenschaftler, 39, möchte Dich gern kennenlernen, eine linke, schöne Frau zum Leben, Lieben und Leidenschaften.« Das ist mir zu politisch. Außerdem muss ich bei »Wissenschaftler« an einen grauhaarigen Mann mit Vollbart denken, der in Nebelschwaden über Reagenzgläsern hantiert. Auch »Gediegener Taugenichts sehnt sich nach Dame mit strenger Hand und großem Hintern, die ihn Moores lehrt«, spricht mich nicht wirklich an. Außerdem schreibt man Mores mit einem »o«. Dummkopf.

Auf der nächsten Seite wird es mir zu romantisch: »Um die Welt in einem Sandkorn zu sehen und den Himmel in einer wilden Blume, halte die Unendlichkeit auf deiner flachen Hand und die Stunde rückt in die Ewigkeit.« Das muss einer dieser Typen sein, die »Lara Croft: Tomb Raider« gesehen haben und gar nicht wissen, dass sie William Blake zitieren. Aber wenn schon Blake, dann besser so etwas wie »Der zerschnittene Wurm vergibt dem Pflug«. Das wäre wenigstens witzig. Ich lese gar nicht erst weiter.

»Eine Hälfte in meinem Bett ist leer, und ich wünsche mir eine schöne Schwangere her.« Nun ja, für diesen etwas simplen Partnerwunsch erfülle ich nicht das alles entscheidende Kriterium.

Wirklich lachen muss ich über folgenden Text: »Mann, 37/180, gut aussehend, mit klarem Verstand und großem Herzen, dominant (kein SM), ohne Anhang, sucht für feste Beziehung eine Frau. Alter unwichtig, circa 1,65 m, IQ über 100, Taille unter 90, Hüftweite über 120, gepflegt, ohne Firlefanz, keine Pferdeschwanz-Trägerin, keine rötlichen Haare.« Spinnt der? Fehlt nur noch die Angabe eines monatlichen Brutto-Wunscheinkommens.

Ich bin keine 1,65 m, kenne weder meinen IQ, noch meine Maße, aber habe so das Gefühl, dass er eine Dame mit gebärfreudigem Becken sucht. Mein Alter wüsste ich, aber das interessiert ihn ja nicht. Außerdem, was passiert, wenn ich mal einen Pferdeschwanz trage? Macht er dann Schluss? Da wir außer »kein SM« keine weiteren Übereinstimmungen teilen, streiche ich auch diese Anzeige mit meinem roten Filzstift durch.

»Kuschelwunder, 40/1,69 m, Löwe, lustig, lieb, treu, naturverbundener Handwerker mit Haus, sucht Nichtraucherin für neues kreatives Leben in der Uckermark. Kind oder arbeitslos ist kein Hindernis.« Der klingt nett, aber er ist zu klein. Außerdem befürchte ich, wir beide könnten unterschiedliche Vorstellungen von dem Wort »kreativ« haben. Noch dazu habe ich schlechte Erfahrungen mit Löwen gemacht, bin Raucherin und bekomme schon Beklemmungen, wenn ich nur an die Uckermark denke.

Ich glaube, der sucht vielmehr eine arbeitslose, alleinerziehende Mutter, die gegen Beischlaf und Kartoffelnschälen bei ihm wohnen darf.

»Kiffer, 36, sucht Kifferin, um weniger zu kiffen und mehr zu unternehmen«, finde ich lustig, aber nicht lustig genug. Wollen wir doch lieber mal sehen, was die seriöse Tageszeitung mit gehobenem Bildungsstandard so zu bieten hat.

Schon die erste Anzeige macht mir nicht wirklich Mut: »HIV-positiver, witziger, reisebegeisterter Mathematiker, 37, gut aussehend, emotional kompetent, christlicher Background, sucht die Frau fürs Leben.« »Frau fürs Leben« und »reisebegeistert« klingt gut. Aber ohne jemanden diskriminieren zu wollen, christlicher Background törnt mich noch mehr ab als HIV-positiv.

Der Nächste klingt ähnlich ehrlich und abstoßend zugleich: »Manisch depressiver, hässlicher, verzweifelter Jurastudent, 29, der gern Mozart hört, sucht Sie zum Ausbrechen aus der sozialen Isolation.« So gern ich meinem Vater den Gefallen mit dem Juristen auch machen möchte, der Typ klingt nach »Einsamer Wolf«. Und manisch-depressiv verstößt gegen Regel Nummer fünf. Vielleicht werde ich ihm trotzdem antworten mit: »Such dir einen Therapeuten, du Freak!«

Bei der nächsten Anzeige bin ich unsicher: »Charismatischer Millionär, Ende 60, groß, schlank, seriös, polyglott, lebt in übergroßem, herrlichem Haus mit Kunst, Kultur und schönem Garten. Bestens situiert – eigenes Reitpferd – liebt Fernreisen und die Natur. Haben Sie den Mut für ein erstes Kennenlernen?« Der hat bestimmt auch ein Haus an der Côte d'Azur. Und falls nicht, würde er mir eines kaufen. Aber ich sehe es ja ein: Er ist zu alt. Da müsste ich es auf Lebenszeit mit dem Reitlehrer oder dem Gärtner treiben – und wäre das nicht schrecklich?

Nicht wirklich. Ich entscheide mich trotzdem für eine einfallslose, um nicht zu sagen stinklangweilige, Anzeige aus dem Stadtmagazin, die mir wenigstens keine Angst macht: »Mann, 33, attraktiv, sportlich, humorvoll, nett, sucht eine Frau mit Herz und Verstand für eine dauerhafte Partnerschaft.« Das bin ich!

Ich lege mir die E-Mail-Adresse meinmannfuersleben@web.de an (dann weiß er gleich, woran er ist) und schreibe an mannberlin33@gmail.com folgende Zeilen: »Hallo Mannberlin33. Ich bin gerade auf deine Kontaktanzeige gestoßen und muss sagen, dass sie die einzige war, die weder Entsetzen noch Beklemmungen bei mir ausgelöst hat. Ich bin 30, blond, trotzdem schlau, auch studiert und dennoch berufstätig. Ich wohne seit fünf Jahren in Berlin, inzwischen in Prenzlauer Berg, bin aber weder Schwäbin noch schwanger und habe auch keine Kinder. Das heißt, in Prenzlauer Berg bin ich eine echte Exotin. Wenn du jetzt gern mehr über mich erfahren möchtest, dann schreib mir doch zurück. Gruß, Frau 30.«

Das sollte ausreichen, um ihn unsterblich verliebt in mich zu machen. Ich schicke kein Foto mit. Da diese Anzeige aus dem Stadtmagazin stammt, könnte er schließlich mein Nachbar sein.

Zwei Tage später: noch keine Antwort. Wusste ich es doch. Bestimmt schalten die Redakteure die Kontaktanzeigen selbst, um die Auflage zu erhöhen. Denn wer glaubt heutzutage schon an die Romantik der Printmedien?

3. Ich

Ja, ich glaube inzwischen daran. Peinlich, aber wahr. Denn auch in mir steckt nichts als eine hoffnungslose, naive Romantikerin. Schließlich wollte ich bis vor Kurzem noch einen Vampir zum Freund. Abgesehen davon kann ich dieses Experiment unmöglich ruhigen Gewissens abschließen, ohne auch die andere Seite der Medaille geprüft zu haben: Ich werde umgehend eine eigene Kontaktanzeige aufgeben. Dazu wähle ich eine Standard-Anzeige im Stadtmagazin, die für 7,20 Euro in der nächsten Printausgabe erscheinen und anschließend noch 21 Tage lang online stehen wird. Warum Stadtmagazin? Weil vier Zeilen in der »ZEIT« um die fünfzig Euro kosten würden.

Autorin hin oder her: Mir fällt einfach kein Text ein, der meinen Anspruch an Kreativität befriedigen und zugleich der Wahrheit entsprechen würde. Das Einzige, was mir einfällt, ist: »Suche Mann mit Pferdeschwanz. Frisur egal.« (Keine Sorge!)

Um mich inspirieren zu lassen, lese ich von Frauen aufgegebene Kontaktanzeigen durch. Von »Akademikerin, 33, unterhaltsam, intelligent, sportlich, sucht ebensolchen Mann (bitte keine Israel-Hasser!) für Affäre oder mehr« über: »Wenn Du gern wanderst, aber auch Kultur genießen kannst, sollten wir uns vielleicht kennenlernen« bis zu: »Ich, 31, weiblich, ohne Arbeit, leidenschaftliche Weintrinkerin mit Therapie-Erfahrung und auf der Suche nach Belästigung« spricht mich nicht wirklich an. Obwohl Letztere meinen Vorstellungen noch am nächsten kommt.

Vielleicht so was in der Art: »Suche Mann mit Geschmack und Geld, der meine holde Weiblichkeit nach Strich und Faden verwöhnt.« Schon eher. Aber auch etwas plump. Mit »Bildhübsche Professorin, wahnsinnig lange Beine, tolle Figur, erfrischender Blickfang, sucht Mann mit Ecken und Kanten« kann ich einfach nicht mithalten. Ebenso wenig mit »Hübsche Anwältin, 33/176, sucht Lebenspartner, der gut riecht, sich flott kleidet, witzig und auch nicht gerade erfolglos ist.« Flott kleidet? Also bitte!

Schließlich entscheide ich mich für eine eher langweilige, dafür umso ehrlichere Variante. Ich gebe folgenden Text auf: »Akademikerin, 30, blond, intelligent, anspruchsvoll, sucht ebensolchen Traummann (27–42), der mich zum Lachen bringt, reisebegeistert ist, verdammt gut aussieht und unter normalen Umständen auch keine Kontaktanzeige aufgeben oder beantworten würde. Bitte mit Bild an meinmannfuersleben@web.de.« Jetzt heißt es: Abwarten und weitersuchen.

Was ich gelernt habe:

1. Eine Beschreibung zu meiner Person und zu meinem Mann fürs Leben in vier Zeilen zu packen.
2. In Bezug auf Kontaktanzeigen bin ich eindeutig der langweilige Typ.
3. Falls ich irgendwann schwanger und alleinstehend sein sollte, gäbe es da draußen Typen, die echt scharf auf mich wären.

DER 27. VERSUCH

Lust und Literatur

1. Fatalismus

Ich gebe zu, diese Kontaktanzeigen-Aktion hat die altmodische – oder sagen wir eher die romantische – Seite in mir geweckt, die ich bei meinem Selbstversuch bisher kaum berücksichtigt habe. Ich bin viel zu geplant, zu zielorientiert vorgegangen. Ich habe bisher nicht gerade auf Amors Pfeil vertraut und der schicksalshaften Fügung bei meinem Selbstversuch keinerlei Raum gelassen. Und vielleicht verhält es sich mit der Suche nach dem Mann fürs Leben wie in dem Film »Die Liebenden vom Polarkreis« von Julio Médem. Wenn man, wie die Hauptfigur Anna, dem Schicksal nicht vertraut, nichts dem Zufall überlassen möchte, wird man am Ende von einem Bus überfahren und stirbt. Anders ausgedrückt: Wenn man bei der Partnersuche gewissen Koinzidenzen keine Chance gibt, geht man möglicherweise leer aus.

Daher habe ich beschlossen, das Schicksal herauszufordern. Und ich habe auch schon eine Idee. Eine wirklich gute Idee, wie ich finde. Eine Idee, die weder »Exfreunde betrunken nach einer zweiten Chance zu fragen« beinhaltet (Simon hat sich seit meinem Geburtstag nicht mal mehr wegen seiner Halskrause gemeldet), noch »Fotografen aufzulauern« – auch wenn ich meine Idee in gewisser Weise Manni zu verdanken habe, der wirklich sehr schöne Schwarz-Weiß-Passfotos von mir geschossen hat. Und war es nicht bereits der Zufall, der Manni und mich zusammenführte?

2. Sag mir, was du liest, und ich sage dir, wer dich liebt

Mein Plan ist folgender: Ich werde meine vier Schwarz-Weiß-Passfotos in vier verschiedenen Buchläden in jeweils vier unterschiedlichen Büchern verstecken. Auf der Rückseite wird nichts weiter als meine Telefonnummer und ein Fragezeichen zu lesen sein. Der Mann (falls es ein Mann sein sollte), der sich für das jeweilige Buch interessiert und mein Passfoto darin findet (falls es an der Kasse nicht aus den Seiten rutscht), wird mich anrufen (falls er heterosexueller Single ist, ihm das Bild gefällt und er neugierig genug darauf sein sollte, welche Frau sich hinter Foto und Nummer verbirgt). Ich weiß, das sind viele »falls«, aber so läuft das nun mal mit dem Schicksal.

Die einzige Entscheidung, die ich dem Schicksal noch vorwegnehmen darf, ist die Wahl der Buchläden und der Bücher. Es sollten Bücher sein, die ich mag, die aber auch männeraffin sind. Also nicht unbedingt »Das sanfte Gesundheitsbuch für Frauen« und auch nicht »Das Superweib« von Hera Lind. Verständlicherweise ebenso wenig »Unser erstes Baby« oder »Feuchtgebiete« von Charlotte Roche. Denn auch wenn ich letzteren Titel durchaus schätze, würde ich es keinem Mann übel nehmen, wenn er nach dieser Lektüre nie wieder etwas mit einer Vagina zu tun haben möchte. Noch schlimmer könnten nur »Die Vagina-Monologe« von Eve Ensler sein.

Ich denke bei der Wahl der Lektüre eher an etwas von Hermann Hesse. Vielleicht »Narziß und Goldmund«, seine einzige Liebesgeschichte. Oder an »Die letzte Welt« von Christoph Ransmayr, eines meiner Lieblingsbücher. Vielleicht sollte ich aber auch einen der zahlreichen Romane des besagten Haruki Murakami wählen. Nur welchen? Dieser Mann ist die reinste Schreibmaschine. So viel wie der in einem Jahr schreibt, schaffe ich nicht mal zu lesen. Auch »Die Vermessung der Welt« von Daniel Kehlmann wäre eine Option. Denn so verkorkst Humboldt und Gauß auch gewesen sein mögen, sie waren wirklich tolle Männer.

Ich notiere also wie geplant meine Handynummer auf die Rückseite der Fotos und mache mich an diesem Mittwochabend auf den Weg in die Friedrichstraße. Meine erste Anlaufstelle ist natürlich Dussmann das Kulturkaufhaus. Es liegt im Stadtbezirk Mitte und im Gegensatz zu einer Buchhandlung in Prenzlauer Berg, bei der die Kundschaft hauptsächlich aus verheirateten Familienvätern besteht, hoffe ich hier auf die Klientel »alleinstehender, erfolgreicher Singlemann«, der nach einem anstrengenden Business-Tag voller Meetings noch etwas Muße in der Literatur sucht.

Ohne nachzufragen steuere ich auf das Regal zu, in dem sich »Die letzte Welt« befindet. Schließlich habe ich dieses Buch schon mehrfach verschenkt und weiß daher ganz genau, wo es steht. Ich nehme ein Exemplar aus dem Regal, blättere scheinbar interessiert darin herum, sehe mich unauffällig um und lasse blitzschnell eines meiner Fotos zwischen die Seiten fallen, bevor ich in null Komma nichts wieder aus dem Laden verschwinde. Ich habe richtig Herzklopfen bekommen. Nur Ladendiebstahl ist aufregender!

Anschließend setze ich meine Schicksalstour fort. Mein nächster Stopp ist nur ein paar Meter entfernt, in den Hallen der S-Bahn Friedrichstraße. Man könnte den Laden mit einer Art Bahnhofsbuchhandlung vergleichen, nur mit weniger Touristen. Vielmehr vermute ich hier den gestressten Yuppie, der auf dem Weg zur nächsten Dinnereinladung noch schnell ein Geschenk besorgen möchte. Da er weiß, dass ihn hinter seinem Rücken alle einen Säufer nennen, entscheidet er sich als Gastgeschenk anstelle einer Flasche seines Lieblingsweines für ein Buch. Innerlich graut es ihm schon vor diesem Abend. Wie immer wird er der einzige Singlemann sein. Wie immer werden ihn alle Anwesenden fragen, wie denn die Geschäfte so laufen, weil sie sonst nichts mit ihm zu reden wissen. Als hätten die irgendeine Ahnung von seinen Geschäften! Überhaupt wissen diese Leute, die sich seine Freunde schimpfen, rein gar nichts über ihn. Aber ich, ich könnte die sein, die schon bald in seine mysteriöse Seele blicken dürfte.

Dort angekommen wähle ich aus Mangel an anspruchsvollerer Literatur tatsächlich »Der Neustädter – Berlins Cityguide für Zugezogene«. Das passt zwar nicht zu meiner Yuppie-Theorie, aber vielleicht wird mein Foto in die Hände eines Wahlberliners fallen, der sich gerade von seiner Freundin getrennt hat und erst vor wenigen Tagen aus der Provinz nach Berlin gezogen ist, um in der Großstadt noch mal ganz von vorne anzufangen. Mit mir! Mein Lampenfieber lässt allmählich nach.

In der Kastanienallee halte ich an dem Geschäft, vor dem bei Wind und Wetter ein »Diogenes«-Bücherstand aufgebaut ist. Doch all diese Klassiker von Goethe über Büchner bis zu Tschechow erscheinen mir zu depressiv. Daher lasse ich schon fast im Vorbeigehen mein Foto in »Liebe pur« von Yael Hedaya fallen. Ich kenne dieses Buch nicht, aber der Umschlagtext verrät mir, dass es um die Liaison zweier Singles um die dreißig geht. Das reicht mir schon aus, um es als passend zu bewerten. Außerdem werde ich gerade vom Schicksal geleitet. Und sollte es dessen kleiner Freund Zufall gewollt haben, dass ich ausgerechnet auf dieses Buch gestoßen bin, umso besser.

Angestachelt von dem Gedanken, mich von einer höheren Macht leiten zu lassen, irre ich ziellos weiter, bis ich mich vor der Thalia Buchhandlung in den Schönhauser Allee Arcaden wiederfinde. (Das Schicksal scheint nichts von meiner Shopping-

Mall-Abneigung zu wissen.) Tapfer betrete ich die grün-blaue Buchhandlung und werfe meine gesamte Murakami- und Hesse-Planung endgültig über Bord. Mein letztes Foto verstecke ich schlicht und ergreifend in dem Männermagazin »GQ«. Denn ich finde, man dürfe vor lauter Intellekt den Rest, nämlich all die hübschen Äußerlichkeiten, nicht ganz außer Acht lassen.

Inzwischen bin ich ein richtiger Profi und fast ein wenig enttäuscht, nicht noch mehr Fotos auf Tasche zu haben. Ich überlege, ob ich am Fotoautomaten im Untergeschoss Nachschub besorgen sollte, aber verwerfe den Gedanken umgehend. Schließlich lasse ich mich gerade von meinen neuen Freunden Zufall und Schicksal leiten – und nicht von simpler Wahrscheinlichkeitsrechnung.

3. Singleholic

Wieder zu Hause bin ich immer noch völlig aufgedreht von meiner tollkühnen Aktion. Ich nehme mir fest vor, die gezielte Männersuche erst mal zu vergessen und mich voll und ganz auf eine höhere Macht zu verlassen, so wie die Anonymen Alkoholiker auch. Gott – oder wer auch immer – gebe mir die Gelassenheit …

Bevor ich mich ganz gelassen mit der dritten Staffel von »Breaking Bad« und Schokoladeneis zurückziehe, fahre ich meinen Rechner hoch und checke meinen Posteingang. Ich habe nur eine einzige neue E-Mail. Sie ist von Mannberlin33, dem Langweiler aus dem Stadtmagazin. Ich überfliege die Zeilen flüchtig. Dann lese ich die ganze Mail noch einmal. Und dann noch einmal. Ich merke, dass ich lächle. Denn diese Mail klingt toll. Richtig toll. Und ob es nun etwas mit Schicksal zu tun hatte, gerade auf diese Zeilen zu stoßen, das weiß wohl nur eine höhere Macht.

Zu welcher Erkenntnis ich gekommen bin:

1. Fatalismus ist ein lustiges Hobby.
2. Die Wege des Schicksals sind unergründlich.
3. Es besteht eine gewisse Chance, dass sich hinter Kontaktanzeigen möglicherweise interessante Menschen verbergen könnten.

DER 28. VERSUCH

Das Blind Date

1. Schriftverkehr

Der Mannberlin33 heißt Manuel, wohnt in Kreuzberg, arbeitet als Fitnesstrainer und Personal Coach. Er ist Halbitaliener (was für mich nach einem fairen Kompromiss klingt), macht auch in seiner Freizeit viel Sport, verreist gern und mag es, Freunde zu treffen. Das klingt etwas einfallslos, aber auch sehr normal. Und »normal« wäre mal nicht das Schlechteste, nach all den Spinnern, die mir schon begegnet sind. Ein junger, normaler, halbitalienischer, 33-jähriger Fitnesstrainer namens Manuel. Es hätte wirklich schlimmer kommen können.

Manuel und ich schreiben uns die nächsten Tage – »ganz normal« – hin und her. Wir tauschen ein paar Infos über unsere bevorzugten Bars, Restaurants und Fitnesskurse aus, beschreiben uns, wie wir aussehen, wobei ich mal wieder ein paar Zentimeter an Größe dazuschwindle. Schließlich ist er 1,90 Meter groß. Ansonsten bleibe ich bei der Wahrheit. Auch die »meist ungekämmten Haare« verschweige ich nicht. Bereits in der dritten Mail schreibe ich Manuel, dass ich beruflich schon genug am Computer sitzen und tippen würde und ihm daher ein persönliches Treffen vorschlagen möchte. Er ist sofort einverstanden. Da ich früher auch in Kreuzberg gewohnt habe, fragt er mich, ob ich in meinen alten Kiez kommen möchte und ob wir uns »blind« treffen oder uns vorab Fotos zuschicken sollten.

»Nach Kreuzberg fahren finde ich okay«, erkläre ich Tom am Telefon, der natürlich längst über mein Kontaktanzeigen-Date informiert ist. »Dann kann ich wenigstens wieder gehen, wann immer ich möchte.« Tom, die alte Emanze, sagt, ich könne immer und überall gehen, wann immer ich es möchte. Selbst wenn wir uns in meinem eigenen Wohnzimmer treffen würden.

»Ist das jetzt ein ernst gemeinter Vorschlag?« Tom verneint. »Das ist nur ein Sinnbild dafür, dass du über einen freien Willen verfügst.« – »Habe ich schon verstanden, Schatzi. Jetzt sag noch schnell: mit oder ohne Foto?« Tom seufzt. »Ich weiß nicht, Christiane. Mit oder ohne, wie du magst.« Ich mache es wie mein Doktorchen und schweige. Tom interpretiert mein Schweigen richtig und ringt sich schließlich eine Entscheidung ab: »Mein Bauch sagt: ohne.« Es geht doch.

Ich schreibe Manuel, dass ich ein »Blind Date« bevorzugen würde. Wenn wir schon im altmodischen Sinne Kontaktanzeigen aufgeben – beziehungsweise beantworten –, dann sollten wir auch auf volles Risiko gehen. Das ist viel spannender. Sonst hätten wir uns gleich auf einer der zahlreichen Internetplattformen kennenlernen können, die schon mehr über einen selbst verraten, als es die eigenen Eltern tun könnten. Abgesehen davon glaube ich mich auf der sicheren Seite. Denn ein Fitnesstrainer, der 33 Jahre alt ist und sich selbst als attraktiv beschreibt, kann nicht so übel sein.

Manuel und ich verabreden uns für nächste Woche Dienstag um 20 Uhr in Kreuzberg, bei »Rocco und seine Brüder« – einer meiner zahlreichen Lieblingsitaliener. Als Erkennungszeichen habe ich eine rote Rose zwischen seinen Zähnen vorgeschlagen, aber Manuel meinte, ich würde ihn am Käppi und weißen T-Shirt bestimmt leicht erkennen. Ich verrate ihm, dass ich rote Stiefel tragen werde. Das weiß ich deshalb so genau, da diese den höchsten Absatz haben, den mein Schuhschrank zu bieten hat. Und schließlich gilt es, meinen Größenbetrug geschickt zu kaschieren.

2. Banalverkehr

Als ich mich am Dienstag auf den Weg mache, bin ich kein bisschen aufgeregt. Fast habe ich das Gefühl, ich hätte mein Leben lang nichts anderes getan, als Blind Dates zu absolvieren. Ich fürchte, mein Selbstversuch hat mich abgebrüht, hat mich stumpf und kalt werden lassen.

Ich hatte tatsächlich kurz überlegt, mein neues Dirndl anzuziehen. Italiener lieben blonde Frauen im Dirndl. Das habe ich bereits in meinem fünften Lebensjahr begriffen, als wir im Familienurlaub nach Carrara verreisten. Meine Eltern müssen das gewusst haben: Sie haben meine Schwester und mich die gesamte Woche über in unsere Dirndl gesteckt und einfach an Ort und Stelle zurückgelassen. Denn in unserem feschen Trachtenkleid haben wir die Herzen ganz Carraras im Nu erobert: Unbezahlte Babysitter wie Kellner, Zimmermädchen oder Eisverkäufer strömten in Massen herbei, um sich unserer anzunehmen. So konnten Mama und Papa das »la dolce far niente« genießen. Kein Wunder also, dass ich mich zu Italienern hingezogen fühle, bei dieser frühkindlichen Prägung.

Leider bin ich in Bezug auf Mode heute nicht mehr so mutig wie damals mit fünf. Daher entschied ich mich statt des Dirndls für mein graues, kurzes Wollkleid, das ich mir in Hamburg gekauft habe, die besagten roten Stiefel und meinen lila Herbstmantel mit der großzügigen Kapuze. Meine Haare trage ich offen, nicht gekämmt, aber gelockt. Auf dem Weg von der U-Bahn zum Restaurant zünde ich mir noch genüsslich eine Zigarette an. Denn ich glaube kaum, dass ein Fitnesstrainer mit mir eine Raucherpause zwischen den Gängen einlegen würde.

Leider habe ich es nicht geschafft, zu spät zu kommen. Meine anerzogene Pünktlichkeit ist einfach nicht totzukriegen. Um nicht auch noch zu früh zu kommen und dadurch völlig verzweifelt zu wirken, gehe ich über Umwege zum Restaurant und betrete um fünf nach acht das schummrige Lokal mit rot-weiß karierten Tischdecken, selbstverständlich.

Ich erkenne Manuel sofort. Er sitzt, wie angekündigt, mit Käppi und weißem T-Shirt an einem romantischen Zweiertisch in der Ecke. Als sich unsere Blicke treffen, sieht er für einen kurzen Moment auf meine Schuhe, bevor er entschieden aufsteht und mich mit einem Lächeln und einer kurzen Umarmung begrüßt.

Was ich vor mir sehe, ist kaum in Worte zu fassen. Dieser Mann ist meine fleischgewordene Männerfantasie. Ich wusste bereits, dass er groß ist, aber mit »attraktiv« hat er maßlos untertrieben. Er ist *unglaublich* attraktiv: Augen, so klar wie das Wasser im Valle Maggia, braune, gelockte Haare, die unter seinem Käppi hervorschauen, und ein Körper, den ich kaum beschreiben kann. Dieser Mann ist ein wandelndes Klischee. Ich dachte, solche Typen gibt es nur auf der Titelseite der »Men's Health«.

Manuel nimmt mir sehr zuvorkommend den Mantel ab und hängt ihn an die Garderobe. Ich erwische mich dabei, wie ich auf seinen Po glotze und mich suchend nach einer versteckten Kamera umsehe. Hier muss eine Verwechslung vorliegen. So ein Typ gibt doch keine Kontaktanzeige auf, denke ich und ermahne mich im Stillen für diese selbstdiskriminierende Feststellung. Schließlich hab ich auch eine aufgegeben. Manuel – das geile Stück – kommt zurück und setzt sich mir gegenüber an den Tisch.

Sein eng anliegendes T-Shirt betont seine Brustmuskulatur und gewährt mir freien Blick auf seine Oberarme, die so dick sind wie meine Oberschenkel, nur besser geformt. Unter dem weißen Stoff zeichnen sich seine Brustwarzen ab. Ich habe so etwas noch nie erlebt, aber ich kann einfach nicht mehr klar denken. Wenn ich wählen könnte zwischen einem Sechser im Lotto und Beischlaf mit diesem Mann, ich würde ohne mit der Wimper zu zucken den Beischlaf nehmen. Wäre ich ein Mann, ich hätte längst eine Erektion.

»Schön dich kennenzulernen, Christiane.« – »Finde ich auch, Manuel«, gebe ich ziemlich platt zurück. Eigentlich möchte ich ihn sofort fragen, wie es sein kann, dass ein Typ wie er eine Kontaktanzeige aufgibt. Parallel dazu schießt die Frage in meinen Kopf, ob ich ihm gefalle oder er möglicherweise enttäuscht ist, dass ich keine fleischgewordene Männerfantasie bin. Was ich Manuel nun tatsächlich frage, ist, ob wir uns gemischte Antipasti teilen wollen.

»Gern«, sagt Manuel. »In Italien bestellen wir immer von allem ein bisschen und teilen dann alles untereinander auf. Lo dividiamo.« Er grinst und ich werde feucht. »Für einen Halbitaliener hast du einen ziemlich starken norddeutschen Akzent«, stelle ich fest. Er erklärt mir, dass seine Eltern als Gastarbeiter nach Deutschland gekommen seien. Er selbst ist in Kiel geboren und aufgewachsen.

Manuel hat Mineralwasser bestellt, denn er trinke grundsätzlich keinen Alkohol. (Der Italiener in ihm ist gerade auf Fingerhutgröße geschrumpft.) Ich nippe etwas verlegen an meinem Glas Rotwein, das ich mir nicht verkneifen konnte, und fürchte mich jetzt schon davor, in Anwesenheit von Iron Man ein zweites Glas zu bestellen.

Im Laufe der Vorspeise erfahre ich, dass Manuel erst seit einem Jahr in Berlin lebt. Ich frage ihn, ob es die Liebe war, die ihn nach Berlin verschlagen habe. »Nein«, lacht Manuel. »Ein Jobangebot.« Ich sehe ihn überrascht an. »Wow! Wie ungewöhnlich, dass tatsächlich jemand nach Berlin kommt, weil er Arbeit angeboten bekommt!« Manuel versteht nicht, was ich damit meine, und ich versuche meine Bemerkung zu erklären, wobei ich mich in einer zu langen Ausführung darüber verliere, dass viele gerade deshalb nach Berlin kommen, weil es sich hier so gut ohne Arbeit leben lässt. Manuel sagt nur »aha«, und ich lenke unser Gespräch etwas unbeholfen zurück auf die Speisekarte.

Ich bestelle Pizza und Manuel Pasta mit Tomatensauce, was Italiener in der Tat sehr häufig tun. Während des Essens unterhalten wir uns über die banalsten Dinge wie das Wetter, den Mietspiegel und diverse Sportarten. Ein Themengebiet, das Manuel wie einen Wasserfall reden und seine Augen leuchten lässt. Ich bin froh, dass mich dieses Gespräch nicht wirklich intellektuell herausfordert, denn ehrlich gesagt, habe ich die ganze Zeit nur einen einzigen Gedanken in meinem Kopf: Ich will mit ihm schlafen. Ich fühle mich Kurt Molzer, dem Starkolumnisten aus der »GQ«, der sein Gehirn in den Genitalien trägt, in diesem Moment überraschend nah.

Nachdem wir Winter-, Kampf- und Hallensport abgehandelt haben, geht uns allmählich der Gesprächsstoff aus. Aus Mangel an Alternativen stelle ich ihm schließlich doch die verbotene Frage: »Manuel, wieso hast du eine Kontaktanzeige aufgegeben?« – »Wieso hast du darauf geantwortet?« Das ist sehr schmeichelhaft. Aber sind wir ehrlich: Ich hatte einen guten Grund.

»Ich suche den Mann fürs Leben und wollte auch altmodische Möglichkeiten der Partnersuche nicht vernachlässigen«, antworte ich wahrheitsgemäß. »Verstehe«, sagt Manuel. »Ich suche eine Frau, die sich mit mir treffen will, ohne mich vorab gesehen zu haben. Ich suche eine Frau, die mich um meinetwillen und nicht nur wegen meines Körpers begehrt. Frauen können unglaublich oberflächlich sein, weißt du?« Ich schwöre Stein und Bein, dass ich mir das beim besten Willen nicht vorstellen könne, wo er doch so ein sympathischer Kerl sei. (Frauen können unglaublich verlogen sein.)

Zugegeben: Er ist nicht gerade eine Rhetorik-Rakete, auch kein Alleinunterhalter und er hat auch nicht die Intelligenz mit Löffeln gefressen. Aber Scheiße noch mal, so wie der aussieht, muss er das auch nicht. Ich gestehe, dass dieser Mann meiner erotischen Vorstellung von einem italienischen Zementmischer schon mehr als nahe kommt. Um nicht zu sagen, er übertrifft meine kühnsten Fantasien.

In diesem Moment habe ich einen Entschluss gefasst. Ich werde alle Regeln über Bord werfen. Na ja, eigentlich nur Regel Nummer eins. Denn wenn es irgendwie klappt, werde ich noch heute Abend mit Adonis schlafen – auch wenn er ziemlich sicher nicht mein Mann fürs Leben ist. Denn ganz ehrlich: Bei diesem Körper könnte ich mich niemals auf innere Werte konzentrieren. Aber diesen paradiesischen Apfel der Versuchung nicht zu pflücken, wäre wahrhaftig eine Sünde. Wäre ich Gott, würde ich mich für so ein Versäumnis eiskalt in die Hölle schicken.

Im Laufe unseres weiteren Gesprächs deute ich Manuel an, dass ich der Überzeugung sei, dass durchtrainierte Männer – wie er einer zu sein scheint – leider äußerst schlechte Liebhaber oder schwul seien. Mein nicht besonders ausgeklügelter Abschlepp-Plan geht natürlich trotzdem auf. Manuel ist entsetzt. Das sei eine infame Unterstellung. Na gut, »infam« hat er nicht wirklich gesagt. Das stammt aus meinem Wortschatz. Aber ich nehme an, das hat er wohl gemeint mit »Gar nich wahr, ey!«

Bis zum Dessert habe ich Manuel so weit, dass er wiederum der festen Überzeugung ist, mir am besten noch heute Nacht beweisen zu müssen, dass Männer wie er sehr wohl tolle Liebhaber seien. »Mit allem was dazugehört!«, sagt Manuel und zwinkert mir zu. »Beziehst du dich dabei auf so was wie ... Cunnilingus?«, frage ich interessiert bei meinem inzwischen zweiten Glas Wein nach. (Immerhin habe ich mich nicht verstellt.) »Cunni was?« Ich winke ab. »Das erkläre ich dir später.«

3. Geschlechtsverkehr

Es war fast zu einfach. Manuel hat die Rechnung übernommen, ich das Taxi. Denn meine Lust hat sich dagegen ausgesprochen, noch auf die U-Bahn zu warten. In seiner steril, ausschließlich in Weiß eingerichteten Wohnung angekommen, bestand Manuel darauf, noch schnell zu duschen. Das war ja fast klar: Nichtraucher, Nichttrinker, Waschzwang. Ich hatte keine Lust auf gemeinsames Duschen, was ich grundsätzlich für völlig überbewertet halte, zog mich lieber schon mal bis auf die Unterwäsche aus und legte mich voller froher Erwartung ins Bett. Als ich hörte, wie Manuel das Wasser an- und wieder abdrehte, ließ sich meine Freude mit der eines Hundewelpen vergleichen, der hört, wie Trockenfutter in seine Schüssel gefüllt wird.

Fünf Minuten später stand Manuel mit nichts als einem Handtuch um die Hüften vor mir. Dieser Anblick war so schön, dass ich aufpassen musste, nicht vor lauter Glück in Tränen auszubrechen. Ich wusste gar nicht, wo ich zuerst hinfassen sollte. Es gab so viel von allem! Und damit meine ich wirklich von allem! Danke, lieber Gott, danke. Du bist der Beste! Oh Gott!

Was ich gelernt habe:

1. In Ausnahmesituationen verlangt es ein Naturgesetz, Regel Nummer eins unbedingt zu brechen, sonst kommt man in die Hölle.
2. Mit einem Fitnesstrainer zu schlafen ist anstrengender, als vier Spinningkurse hintereinander zu absolvieren.
3. Durchtrainierte Männer sind keine schlechten Liebhaber, nur etwas zu ehrgeizig. (Ich finde, fünf Orgasmen meinerseits hätten ausgereicht.)

DER 29. VERSUCH

»Fisch sucht Fahrrad«

1. Schmutziges Hobby

Wie so oft am Mittwochabend sitze ich auch heute mit Rainer und Matteo am Tresen der »Bar zum schmutzigen Hobby«, die nicht nur wegen ihrer trashigen Plüsch- und Glamour-Einrichtung Kultstatus genießt. Neben den rosa Plastikstühlen, den Original-Pornobildchen aus den 70er-Jahren und der roten Teppichtapete lockt vor allem die Anwesenheit des Inhabers beziehungsweise der Inhaberin die Massen in Strömen herbei. Insbesondere am Mittwochabend, an dem die legendäre Dragqueen das von ihr ins Leben gerufene Promiquiz moderiert.

Auch wir wollen heute den Jackpot über inzwischen fünfhundert Euro knacken. Dazu haben wir uns bestens vorbereitet: Rainer hat die »Gala« in- und auswendig gelernt, Matteo die »BILD« und ich habe die ganze Woche »RTL-Exklusiv« geschaut. Noch dazu haben die beiden ihre iPhones dabei, die uns Zugang zum grenzenlosen Wissen dieser Welt ermöglichen. Eigentlich steht unserem Sieg nichts mehr im Wege. Nichts, außer unserer

Unfähigkeit, endlich die Klappe zu halten und uns auf das Quiz zu konzentrieren. Im Vergleich zu uns haben die »Golden Girls« fast schon ein Schweigegelübde abgelegt.

»Und? Wann trefft ihr euch wieder?«, will Matteo wissen, nachdem ich den beiden von meiner gestrigen Nacht mit Mr. Sixpack erzählt habe, die ich noch in allen Muskeln spüre.

»Ich glaube, gar nicht«, lautet meine Antwort. Die beiden sehen mich so verwirrt an, als hätte ich ihnen vorgeschlagen, einen Dreier zu machen. Gleichzeitig schreit uns der Travestiekünstler von der Bühne aus an, dass die »Schwanzlutscher und ihre Schwanzlutscherin« doch endlich mal die Klappe halten sollen. Frage Nummer sieben: »Welcher Star hat ein Sandwich für hundert Dollar bestellt?« Wir haben mal wieder keine Ahnung und Matteo fängt an zu googeln.

Da ich ein bisschen Angst vor dieser Person habe, setze ich meine Erklärung nun flüsternd fort: »Wisst ihr, sein Körper ist wirklich unglaublich schön, aber er hat nur Sport im Kopf. Würden wir zusammen Schiffbruch erleiden, würde er vermutlich zuerst die Hanteln retten und danach mich, wenn ich dann nicht schon ertrunken bin. Noch dazu haben wir keinerlei gemeinsame Interessen, können uns über nichts unterhalten.« Matteo ist ganz aufgewühlt: »Bei einem Schiffbruch kannst du dich auch selbst retten. Und wer sagt, dass ihr euch unterhalten müsst? Er wird einfach dein Liebhaber!« – »Aber ich suche doch den Mann fürs Leben«, erinnere ich Matteo.

Das kaufen mir die beiden nicht ab: »Klar. Und du glaubst auch an den Weihnachtsmann. Christiane, jetz ma ehrlich: Wo ist der Haken?« Ach, sie kennen mich einfach schon zu gut. »Na gut. Der Haken ist, dass Manuel trotz dieses genialen Körpers kein besonders guter Liebhaber ist. Er ist so ein Performer im Bett. Ich fürchte, er hat seinen Beruf schon viel zu sehr verinnerlicht.« Neugierige Blicke fordern mich auf weiterzuerzählen. »Ihr müsst euch das mal vorstellen: Er hat mir so Kommandos gegeben.

»Po nach oben! Bisschen tiefer! Stütz dich auf die Ellbogen ab! Schneller, langsamer!« Nur »Einatmen, ausatmen!«, hätte noch gefehlt. Oder dass er von acht an rückwärts zu zählen begonnen hätte. Aber ich musste auch so schon die ganze Zeit an meinen Bauch-Beine-Po-Kurs denken.«

Die beiden lachen. »Ist doch praktisch«, sagt Rainer. »Dann sparst du dir gleich dein Work-out.« – »Ich könnte auch mal wieder ein bisschen Work-out vertragen«, nörgelt Matteo mit vorwurfsvollem Blick auf Rainer.

Bevor sich die beiden gleich wieder zanken, wer Schuld an ihrem in letzter Zeit nachlassenden Geschlechtsverkehr habe, bitte ich Matteo, mal eben dieses Sandwich zu vergessen und meinen Hulk zu googeln. Wir finden ein YouTube-Video, das Manuel in Unterhemd und Jogginghose zeigt, wie er Merengue unterrichtet. Dieses Video ist einerseits so komisch, dass ich mich kaputtlachen könnte, und macht mich andererseits – seltsamerweise – auch ein bisschen an.

Matteo schreit entzückt auf: »Oh mein Gott, ist der süß!« Das war zu laut. »Schnauze jetzt, ihr Schwanzlutscher! Haben euch eure Eltern gar keine Manieren beigebracht?« Ich stelle mir vor, was meine Eltern wohl dazu sagen würden, dass mich ein Transvestit öffentlich als »Schwanzlutscher« bezeichnet.

Da wir eh bereits die dritte Frage in Folge verpasst haben, geben wir das Quiz nun ganz auf und verziehen uns in den hinteren Teil der Bar, um uns vor der Transe in Sicherheit zu bringen. Matteo spielt das Video noch mal ab. Die beiden sind sich sofort einig, dass Manuel schwul sein muss: »Nie im Leben ist der Typ 'ne Hete! Guck doch mal, wie der sich bewegen kann.« Ich werfe kurz ein, dass er auf mich und meinen nackten Körper keinen besonders schwulen Eindruck gemacht hätte. »Dann halt bi!«, gibt Matteo nach und kneift Rainer in den Po: »So wie du, mein Schatz!« Was soll's: Bi oder nicht, ich habe mich offensichtlich nicht verliebt. Und eigentlich verliebe ich mich immer, wenn ich mit jemandem schlafe. Sieht so aus, als müsste ich meine Suche noch ein wenig fortsetzen.

Während die beiden knutschen und ich Bier trinke, wird die Gewinnerin des Quiz auf die Bühne gebeten: »Geiles T-Shirt hast du an, du Lesbe. Das Problem mit der Mode ist nur, dass oben immer der Kopf rausguckt, wa!« Ich liebe diesen Laden.

2. Auf dem Viehmarkt

Zwei Tage später sind Matteo und Rainer meine einzigen Freunde, die sich überreden lassen, mich auf die Singleparty »Fisch sucht Fahrrad« zu begleiten. Tom meinte, er wäre zu schüchtern, jemanden anzusprechen, und hätte andererseits Angst davor, selbst nicht angesprochen zu werden. Lisa macht Pärchenabend mit Paolo, Charly ist auf Dienstreise, Moni lernt für ihre Segelprüfung, Paula bleibt lieber mit Ofenkäse auf der Couch, Tina hat mir über Skype einen Vogel gezeigt und Alina hat sich gerade in einen Vollidioten verliebt, den sie heute Abend meiner Gesellschaft vorzieht. Gott sei Dank habe ich meine treuen Schwuppis, die es lustig finden, sich einen Abend lang als heterosexuelle Singles auszugeben.

Ich war noch nie auf einer Singleparty und kann mir darunter auch nicht so recht was vorstellen. Aber ich habe das Gefühl, dass eine solche Veranstaltung bei meinem Selbstversuch nicht fehlen darf. Und mit Matteo und Rainer auszugehen ist immer lustig. Je absurder die Veranstaltung, desto besser. Wir waren schon zusammen beim gleichgeschlechtlichen Inlineskate-Abend, auf der Glitter&Glamour-Party im Monster Ronson's, auf dem Hustla-Ball im KitKatClub und bei der »Fuck Me Now & Love Me Later«-Party auf dem Badeschiff, die nicht halten konnte, was sie versprach. Und wenn uns gar nichts einfällt, dann fahren wir einfach mit Rainers Cabrio durch die Stadt und rufen ganz laut: »Penis!« Das wirkt sehr befreiend.

Für die Singleparty heute Abend lasse ich es outfittechnisch richtig krachen. Ich ziehe meine schwarzen Overknee -»fuck me«-Boots an, eine hauchdünne Seidenstrumpfhose und ein graues Bandeaukleid mit breitem Gürtel. Meine Nägel habe ich mit dem giftgrünen (und natürlich limitierten) Nagellack lackiert, den mir Rainer und Matteo geschenkt haben. »Grün ist das neue Rot!«, haben sie mir erklärt (seit ich die beiden kenne, ist es wirklich überflüssig geworden, Frauenzeitschriften zu lesen). Meine Augen schminke ich asiatisch, was meinen »mysteriös-mongolischen« Einschlag hervorhebt, und für die Lippen benutze ich knallroten und kussechten Lippenstift, den man nur mit Kernseife oder mit einem Spachtel wieder abbekommt. Aber das ist die einzige Möglichkeit, um mein gerade entstandenes Lippenherpes zu verbergen. Das kommt nämlich davon, wenn man mit fremden Fitnesstrainern schmust.

Manuel hat sich bisher noch nicht gemeldet. Vielleicht hat er auch Herpes bekommen und würde sich jetzt schämen, mir unter die Augen zu treten. Oder sein Pulsmesser hat nach unserem Geschlechtsverkehr kein zufriedenstellendes Ergebnis angezeigt und er muss mich aus kardiologischen Gründen von seiner »Frau fürs Leben«-Liste streichen. Das finde ich okay, denn ich schätze Männer mit Prioritäten – auch wenn es mir grundsätzlich lieber ist, ich bin die Priorität.

Eigentlich gibt es keinen Grund, sich zu beklagen. Ich hatte längst beschlossen, Manuel weitere Treffen freundlich abzusagen. Ich habe mir Sätze zurechtgelegt wie: »Manuel, ich bin nicht die Frau, die du suchst«, oder »Manuel, ich möchte dich nicht ausnutzen.« Da er nun aber nicht mal nachfragt, werde ich das leider nicht los.

»Aber du wolltest ihn doch eh nicht mehr treffen«, kommentiert Rainer mein Gejammer, als er mich Freitagabend abholt. »Aber das weiß Manuel ja nicht. Ich finde, er hätte sich zumindest mal melden können. Unsere Generation ist so unverbindlich geworden mit zwischenmenschlichen Kontakten. Man kann zwar sofort miteinander schlafen, aber telefonieren ist viel zu intim! Wir sind in Bezug auf Kommunikationsmittel schon so reizüberflutet, dass wir nicht mehr damit umgehen können!« Rainer öffnet mir die Beifahrertür zu seinem silbernen Sportwagen, in dem er mich immer ein bisschen an Grace Kelly in »Über den Dächern von Nizza« erinnert. Nur das Halstuch fehlt.

»Hat er denn deine Nummer?« Guter Punkt, denn die hat er nicht. »Nein. Aber er hat eine E-Mail-Adresse, unter der er mich erreichen könnte, um danach zu fragen.« – »Kennt er wenigstens deinen Namen?« Ich bin entsetzt: »Natürlich kennt er meinen Namen. Also, meinen Vornamen. Ich hatte Angst, dass er mich sonst googeln könnte. Du weißt schon, der Zeitungsartikel mit dem Eisverkäufer.« Rainer zeigt mir einen Vogel. »Ein Mann, der sich davon abschrecken lassen würde, ist kein Mann. Außerdem bist du sowieso nicht an ihm interessiert – oder nur, weil er sich nicht meldet. Nichts als verletzte Eitelkeit. Von mir bekommst du kein Mitleid. Und wenn du das nächste Mal Adonis abschleppst, überleg dir vorher, ob es okay für dich ist, wenn er sich danach nicht mehr meldet.« – »Ja, Papa!«

Bei Matteo angekommen, trinken wir Weißwein und rauchen mehr Zigaretten als alle Darsteller in einer Folge »Mad Men« zusammen. »Du siehst echt scharf aus!«, findet Matteo, der sich selbst nicht entscheiden kann, welche Schuhe er tragen soll. »Die sind viel zu schwul!«, kommentiert Rainer seine weißen Boots. Ich übernehme die Schuhauswahl für beide und schicke Rainer noch mal komplett zum Umziehen. Matteo zeigt mir so lange sein geheimes Schubfach, in dem er alle möglichen Accessoires sammelt: Stirnbänder, falsche Haarteile, Spangen, Modeschmuck. »Such dir was aus!« Oh toll! Das ist fast wie früher beim Zahnarzt, als ich nach überstandenem Bohren in einer Schublade voller Spielsachen kramen durfte. Ich entscheide mich für einen goldenen Häschen-Anstecker, wobei ich für den Hauch einer Sekunde sentimental werde. Häschen! Fast hatte ich ihn schon vergessen. Aber nur fast. Mist.

Kurz vor Mitternacht fahren wir zu einem Club im Stadtbezirk Tiergarten. Er erinnert mich an die Großraumdisco in Autobahnnähe, in die ich mich mit 14 Jahren mit gefälschtem Schülerausweis geschlichen habe. Heute bin ich ein bisschen beleidigt, dass ich am Eingang meinen Ausweis gar nicht vorzeigen muss. Seit ich dreißig bin, sehe ich einfach nicht mehr aus wie 17. Anschließend bekommen wir eine Nummer aufgeklebt, damit andere Singles Kontakt zu uns aufnehmen könnten. Ich bin Nummer 232.

Mit einem Bier in der Hand drehen wir ein paar Runden über die verschiedenen Floors. Schon allein die Tatsache, dass es überhaupt verschiedene Floors gibt, ist schlimm. Aber alles in allem ist es noch viel schrecklicher, als ich es mir in meinen übelsten Befürchtungen ausgemalt hatte. Der DJ spielt die Charts rauf und runter und das männliche Publikum erinnert mich an meine Speed-Dating-Bekanntschaften: solariumgebräunte Vorortproleten, die den Frauen erst auf den Arsch, dann auf die Nummer gaffen. Im entscheidenden Moment gilt es, schnell die Nummer zu verbergen und den Arm um Matteo oder Rainer zu legen – je nachdem, wer gerade griffbereit ist. Abgesehen davon herrscht absoluter Frauenüberschuss und der Altersdurchschnitt liegt bei 45 aufwärts.

»Es tut mir so leid!«, entschuldige ich mich bei den beiden, als wir uns gerade an die Bar setzen. »Ist doch lustig«, winkt Matteo ab. »Schaut mal, dahinten auf der Leinwand steht, welche Nummern schon Nachrichten erhalten haben!« Ich bin zu kurzsichtig, um etwas erkennen zu können. Aber Rainer hat wohl schon zwei »love-messages« erhalten. Ich befürchte, dass zwischen den beiden gleich ein Eifersuchtsdrama entstehen könnte, und entschuldige mich kurz, angeblich, um auf Toilette zu gehen. Stattdessen schleiche ich zum Nummernstand und schreibe zwei Nachrichten für Matteo, um zumindest für ein Unentschieden zu sorgen. Dann drehe ich noch mal eine Runde und versuche, mich mit Tanzen in Stimmung zu bringen. Ich scheitere kläglich. Diese Tanzfläche ist der reinste Präsentierteller. Ich scheine die einzige Frau zu sein, die ohne Freundin hier ist, mit der ich jetzt unsere auf dem Boden liegenden Handtaschen umtanzen könnte. Noch dazu diese Nummer auf meiner Brust! Ich fühle ich mich wie eine Kuh auf dem Viehmarkt. Fehlt nur noch, dass jemand kommt, um mein Gebiss zu begutachten – oder sonst was! Ich schäme mich ganz furchtbar und nehme mir vor, dass niemand je erfahren darf, dass ich hier war.

»Lasst uns schnell wieder verschwinden!«, flehe ich Matteo und Rainer an, während ich kurzerhand meine Nummer mit dem Häschen-Anstecker verberge. Die beiden stehen sofort auf, wollen aber vorher unbedingt noch ihre Nachrichten abholen. Matteo erkennt meine Handschrift und schmollt. Rainer schmunzelt über seine Nachrichten – einmal von Sabine, die andere von Thilo –, lässt sie aber demonstrativ vor Matteo in einem Mülleimer verschwinden.

Wir fahren nach Schöneberg in ihre Lieblingsbar, die, wie ich schon befürchtet habe, ausschließlich von Muskelmännern in engen T-Shirts besucht ist. Nicht dass ich da was dagegen hätte, aber wie man sich vorstellen kann, schenken mir diese Leckerbissen keinerlei Beachtung, sondern nur meinen beiden sexy Begleitern. Das ist so gemein. Ich fühle mich wie in einem Swimmingpool ohne Wasser!

Ich setze mich zwischen die beiden auf eine Ledercouch, lege meine Arme um sie und schließe die Augen, um den Schmerz zu lindern. Dann schlafe ich ein. Vermutlich eine Übersprungshandlung.

Als ich wieder aufwache, ist nur noch Rainer da. »Wo ist Matteo?«, frage ich verschlafen nach und wische mir Speichel vom Mundwinkel. »Der ist abgehauen. War mal wieder beleidigt«, winkt Rainer ab. »Wegen der Nachrichten?« – »Nein. Weil ich mich mit Bernd unterhalten habe.« – »Wer ist Bernd? Und wie lange habe ich um Gottes willen geschlafen?« – »Bernd ist ein Exfreund. Das mit uns ist schon einige Jahre her, aber Matteo meinte, er hätte in meinem Blick gesehen, dass ich ihn immer noch mag.« Tatsächlich beginnen Rainers Augen in diesem Moment ein wenig zu leuchten, und ich bin wirklich mal froh, Single zu sein.

3. Mit oder ohne Darm?

Es ist vier Uhr morgens. Rainer und ich stehen am Curry 36 und bestellen Currywurst. Rainer mit, und ich ohne Darm. Es ist kalt und nieselt. »Und?«, frage ich nach. »Magst du Bernd noch?« Rainer lacht. »Klar mag ich Bernd. Ich mag alle Menschen, mit denen ich mal geschlafen habe. Aber Matteo versteht das nicht.«

Ich denke nach. »Schreib Matteo eine SMS, dass dir Bernd nichts mehr bedeutet und es dir leidtue.« Rainer sieht mich entsetzt an: »Aber es tut mir nicht leid.« Ich klaue Rainer ein paar Pommes, probiere ein Stück mit Darm, lege meinen Arm um ihn und sage: »Rainer! Sei ein Mann: Lüg wie ein Hund!« Er denkt kurz nach, nickt und fängt an zu tippen.

Was ich gelernt habe:

1. David Beckham hat ein Sandwich für hundert Dollar bestellt.
2. Bevor ich meinen Mann fürs Leben auf einer Singleparty kennenlerne, bleibe ich für den Rest meines Lebens lieber alleine.
3. Mit Darm schmeckt viel besser, als es klingt.

DER 30.VERSUCH

Der Schlüssel zum Glück

1. Anfängerfehler

Heute ist es endlich so weit: Meine Kontaktanzeige ist erschienen. Ich habe mir besagtes Stadtmagazin schon morgens auf dem Weg zur Straßenbahn besorgt und bin schamrot angelaufen, als ich meine profanen Zeilen gelesen habe. Noch mal zur Erinnerung: »Akademikerin, 30, blond, intelligent, anspruchsvoll, sucht ebensolchen Traummann (27–42), der mich zum Lachen bringt, reisebegeistert ist, verdammt gut aussieht und unter normalen Umständen auch keine Kontaktanzeige aufgeben oder beantworten würde. Bitte mit Bild an meinmannfuersleben@web.de.«

Kaum im Büro angekommen rufe ich Tom an und lese ihm den Text vor. Er findet ihn »ganz süß« (Ob das sein Bauch gesagt hat?), aber befürchtet, dass ich mich mit Geisteskranken treffen könnte, die mich mit Nylonstrümpfen erwürgen wollen. »Wenigstens hast du nicht deine normale E-Mail-Adresse verwendet!«, stellt er sichtlich erleichtert fest. »Tom, ich bitte dich. Ich bin doch keine Anfängerin. Oder denkst du, ich hätte Lust, dass die Strumpfmörder meinen Namen kennen?«

Bevor wir auflegen, erkundigt sich Tom, ob Simon sich seit meiner Feier noch mal bei mir gemeldet habe. Diese Frage verwundert mich. »Wieso interessiert dich das? Ich dachte immer, du konntest Simon eh nicht leiden?« Tom meint, das würde so nicht stimmen. Zumindest wäre Simon nicht der schlechteste meiner Exfreunde gewesen, wenn auch zwischenmenschlich etwas inkompetent, aber immerhin ohne Strumpf-Fetisch. »Seitdem du auf Männerfang bist, vermisse ich Simon sogar ein wenig«, gibt Tom kleinlaut zu. Da sind wir schon zu zweit.

Leider muss ich Tom enttäuschen. Denn seit unserem Gespräch an der Bar, das – soweit ich mich erinnern kann – ziemlich eindeutig kein Heiratsantrag war, habe ich nichts mehr von ihm gehört. Weder von Simon noch von einem mysteriösen Unbekannten, der eines meiner versteckten Passfotos gefunden hätte.

»Nicht mal auf das Schicksal ist noch Verlass, wenn es um das Glück geht!«, beklage ich mich bei Tom. Er findet, ich solle mein Glück besser selbst in die Hand nehmen und es zur Abwechslung mal aus mir selbst schöpfen. »Das würde ich ja gern. Aber sag mir: Wie geht das?« Tom seufzt ins Telefon: »Christiane, wenn ich wüsste, wie das geht, wäre ich ein gemachter Mann. Das ist doch der Schlüssel zum Glück!«

Bereits ein paar Stunden später habe ich eine erste Nachricht. Sie ist von mannberlin33@gmail.com. Das ist Manuel! Ich hatte überhaupt nicht daran gedacht, dass Manuel möglicherweise auch meine Kontaktanzeigen lesen könnte und mich an dieser völlig bescheuerten E-Mail-Adresse natürlich wiedererkennen würde. Aber eigentlich liegt das auf der Hand. Schließlich ist es dieselbe Zeitschrift.

Er schreibt mir folgende Zeilen: »Liebe Christiane, bevor du die Flut an Nachrichten beantwortest, die dich überschütten wird, empfehle ich dir, deinen Absender zu bearbeiten, der deinen vollen

Namen anzeigt. Netter Zeitungsartikel übrigens! Lieber Gruß, Manuel.«

Oh Gott. Sofort schicke ich mir selbst eine Test-Nachricht von diesem Account. Tatsächlich! Neben meiner E-Mail-Adresse meinmannfuersleben@web.de steht im Absender mein voller Name. Von wegen »keine Anfängerin«! Manuel muss mich gegoogelt haben. Das würde bedeuten, er wusste schon vor unserem Treffen, wie ich aussehe (so viel zum Thema romantisches »Blind Date«!), dass ich Autorin bin und meinen besten Sex mit einem ecuadorianischen Eisverkäufer hatte.

Ich sehe davon ab, mich zu verteidigen und zu erklären, dass es sich bei diesem Artikel um eine Promotion-Aktion handelte und die besagte Zeitung meine literarisch hochwertige Kurzgeschichte auf zwei Spalten zusammengekürzt hat ...

Ich bedanke mich bei Manuel für seinen gut gemeinten Ratschlag und frage ihn ganz direkt, ob er mich schon *vor* unserem Treffen gegoogelt habe. Denn in diesem Falle hätte er bei unserem »Blind Date« ziemlich geschummelt. Bevor ich auf »Senden« drücke, deaktiviere ich das Häkchen bei »Absendernamen anzeigen«.

Keine fünfzehn Minuten später schreibt Manuel zurück: »Ich sehe, du hast das Häkchen gefunden. Bravo, meine bayerische Mongolin! Ich habe nicht geschummelt, sondern du hast einen Anfängerfehler gemacht. Lach! Viel Glück bei der Suche. Aber so einen wie mich findest du kein zweites Mal.« Ich mag selbstbewusste Männer wirklich sehr, aber Männer, die »lach!« schreiben, sind noch unheimlicher als solche, die Icons benutzen.

Vielleicht hat sich Manuel nur mit mir getroffen, weil er gehofft hat, auch in die Zeitung zu kommen? Folgende Schlagzeile entsteht vor meinem geistigen Auge: »Christiane Hagn und ihr Power-Sex mit dem Fitnesstrainer.« Nein schlimmer: »Er besorgte es ihr im Liegestütz!« Vielleicht schreibt aber auch Manuel ein Buch darüber, wie Mann die Frau fürs Leben findet, und ich bin das Kapitel »Die Sexbuchautorin!«. Oder »Die Frau von Seite vierzehn!«. Tja, wer anderen eine Grube gräbt ...

2. Katze oder Sack?

Ein paar Tage später habe ich zahlreiche Zuschriften erhalten. Manuel sollte recht behalten: Unter den Zuschriften befindet sich wirklich kein zweiter Fitnesstrainer. Vielmehr ist es das reinste Gruselkabinett.

Die Mails variieren in Länge und Ausführlichkeit. Die vergeblichen Versuche, in zwei Zeilen witzig zu sein, sind noch armseliger als die seitenlangen und todlangweiligen Ausführungen, die ganze Lebensgeschichten, Vorlieben und Abneigungen wiedergeben.

Tatsächlich haben sich die meisten daran gehalten und, wie in meiner Anzeige gewünscht, ein Bild angehängt – was die ganze Angelegenheit allerdings nur noch katastrophaler macht. Denn ausgerechnet die Männer, die wenigstens der Schriftsprache einigermaßen mächtig zu sein scheinen, entsprechen so gar nicht meinen optischen Vorstellungen. Es muss ja nicht immer der durchtrainierte Klischee-Fitnesstrainer mit den blauen Augen sein. Aber was bitte schön ist so missverständlich an »sollte verdammt gut aussehen«?

Georgios hat Segelohren, eine Riesennase und eine bis auf Brusthöhe zugeschnürte Hose an. Er bittet mich auch um ein Foto, um sich nicht die Katze im Sack andrehen zu lassen. Verständlich. Dr. Theissen, ein stattlicher Herr in Lederhose und Trachtenjacke, schreibt mich mit »Sie« und »Fräulein« an, unterzeichnet auch mit Dr. Theissen und sieht Frankensteins Monster wie aus dem Gesicht geschnitten ähnlich – nur eben in Tracht. Ein anderer sieht ganz okay aus, aber auch ein bisschen danach, als würde er Manta fahren und gern Frauen schlagen. Außerdem hängt er einen Standard-Brief an, der auch noch als solcher betitelt ist. Darüber hinaus sind die meisten Männer wirklich alt. Claudio ist 61!

»Ich möchte mal wissen, was an »zwischen 27 und 42 Jahren« so schwer zu verstehen ist?«, frage ich Moni, als wir Sonntagnachmittag an der Kasse im Liquidrom anstehen. Inzwischen ist es Mitte November und eiskalt. Es war ein Leichtes, Moni zu überreden, den Spinning-Kurs heute sausen zu lassen und stattdessen mit mir in die Saunalandschaft zu kommen.

»Hast du schon irgendwem geantwortet?«, will Moni wissen, während sie verzweifelt nach ihrer Haarbürste kramt. »Außer Manuel nur einem Berliner Feuerwehrmann. Er hatte kein Foto geschickt und ich habe ihn um eines gebeten. Daraufhin hat er mir ein Foto nur von seinem Penis geschickt. Verrückt, oder?« Moni lacht. »Wenigstens ein schöner Penis?« – »Nicht mal das. Ein anderer schickte mir den Link zu seinem Facebook-Profil, auf dem stand, dass er sich in einer Beziehung befindet. Als ich ihn fragte, was es damit auf sich habe, meinte er, *die Sache* sei gerade auf dem absteigenden Ast und er würde sich daher rechtzeitig nach einer neuen Liebe umsehen. Nichts als Freaks!«

»Und Manuel? Was ist denn nun mit deinem Adonis?«, fragt Moni, während sie sich in der Schlange stehend die Haare kämmt, was uns viel Platz zu allen Seiten verschafft. »Willst du ihn noch mal treffen?« Das ist eine gute Frage. Ich glaube, ich habe ihn ein wenig unterschätzt. Zumindest ist er ausgefuchster, als er aussieht. »Vielleicht schon. Aber ich glaube, dass er beleidigt ist, weil ich eine eigene Kontaktanzeige aufgegeben habe.«

Endlich an der Reihe entscheiden wir uns für eine Tageskarte. Auf dem Weg zur Umkleide starrt Moni zwei Männern hinterher. »Schon komisch, dass wir die gleich alle nackt sehen werden, oder? Aber vielleicht findest du ja hier deinen Mann fürs Leben? Dann weißt du wenigstens sofort, woran du bist, und nimmst auch nicht die Katze im Sack!« Da hat Moni wirklich recht. Und sollte ich jemals in meinem Leben wieder eine Kontaktanzeige aufgeben, schreibe ich: »Bitte nur Aktfotos an …«

3. Nackte Tatsache

Sehr viele nackte Männer auf einem Haufen lösen eine komische Reaktion in mir aus: Sie interessieren mich nicht! Ich kann mich an keinen einzigen erinnern. Weder an ein Gesicht noch an ein bestes Stück. Selbst als ich in der Sauna unzählige Möglichkeiten hatte, im schummrigen Licht einen verstohlenen Blick zu meinen Sitznachbarn zu werfen, habe ich das nicht getan. Ich hatte das Gefühl, wenn ich niemanden ansehe, sieht mich auch niemand an. Es ist ein bisschen so, als wenn man als Kind die Augen geschlossen hat, im Glauben, dann selbst nicht gesehen zu werden.

Als ich mich an diesem Abend ins Bett lege, habe ich so zarte Haut wie vermutlich das letzte Mal im Alter von drei Jahren. Kein Wunder.

Moni und ich haben einen Eukalyptus-Minz-Aufguss, zwei Salzaufgüsse (was einem Ganzkörper-Peeling entspricht) und abschließend einen Honigaufguss mitgemacht. Zwischendurch haben wir gelesen, geschlafen, Mango-Lassi getrunken und nackte Menschen beobachtet.

Wir haben Zeitschriften ausgetauscht und unsere Intimfrisuren verglichen. Ich war die ganze Zeit über froh, mit meiner Freundin hier zu sein und mir keine Gedanken darüber machen zu müssen, ob ich in einem Bademantel wie ein zwölfjähriges Kind aussehe oder mein Freund sich vernachlässigt fühlt, wenn ich mich für eine Stunde auf mein Buch und nicht auf seine Augen konzentriere.

Wer weiß, möglicherweise bin ich dem Schlüssel zum Glück heute sogar etwas näher gekommen?

Was ich gelernt habe:

1. Muskulöse Männer sind schlauer, als sie aussehen.
2. Ich bin sehr weit davon entfernt, ein weiblicher Kurt Molzer zu werden.
3. Zuschriften auf eine Kontaktanzeige lassen auch den sehnlichsten Partnerwunsch im Keim ersticken.

DER 31. VERSUCH

»You can leave my hat on«

1. Zieh dich an, ich liebe dich!

Ich habe ein bisschen über meinen FKK-Ausflug nachgedacht und festgestellt, dass es eigentlich überhaupt kein Wunder ist, dass mich keiner dieser nackten Männer interessiert hat. So gern ich nackte Männer auch habe, verliebe ich mich meistens nicht wirklich in ihre Körper. Ich will nun nicht behaupten, dass es ausschließlich innere Werte wären, die mich dazu bringen, einem Mann mit Haut und Haar zu verfallen. Das wäre gelogen und an dieser fortgeschrittenen Stelle meines Selbstversuches bereits völlig unglaubwürdig – ich weiß. Noch dazu verhält es sich viel schlimmer: Ich verliebe mich in Textilien!

So dumm das klingen mag, aber immer wenn ich mich verliebt habe, gab es zu Beginn meist ein bestimmtes Kleidungsstück, das meine Aufmerksamkeit erregt und mir meine Gefühle für dessen Träger klargemacht hat. Zum Beispiel gibt es da diese Trainingsjacken, die natürlich heutzutage Hinz und Kunz tragen, Männer wie Frauen. Aber es gibt eine bestimmte Sorte Mann, an der eine solche Jacke einfach extrem gut aussieht. Dabei ist völlig egal, ob es sich um Puma, Adidas oder irgendeine Fälschung aus Polen mit zwei oder vier Streifen handelt. Wichtig ist vielmehr die Art und Weise, wie so eine Jacke getragen wird, die innere Haltung des Trägers.

Ein Mann, dem eine solche Jacke nicht steht, ist sich seiner Trainingsjacke die ganze Zeit über bewusst. Er fragt sich: »Wieso komme ich bei den Frauen nicht an? Ich trage doch diese coole Jacke, die ich in einem Berliner Secondhand-Laden gekauft habe!« Der wahrhaft coole Trainingsjackentyp dagegen trägt diese Jacke wie seine zweite Haut. Sie ist ihm selbstverständlich und wenn man ihn fragen würde, woher er diese Jacke habe, könnte er sich vermutlich nicht mal mehr daran erinnern. Denn sie war einfach schon immer da.

Wenn es keine Jacke war, die mein Herz gestohlen hat, war es eine Jeans. Eine schlichte, meist ausgewaschene Jeans, die den Leistenbereich samt seiner feinen Härchen freilegt, wenn sich der Träger dieser Hose nach oben streckt, um mir aus dem obersten Regal im Supermarkt eine Dose runterzureichen. Das sind übrigens keine von diesen Jeans, die das Bauarbeiter-Dekolleté in seiner vollen Pracht freilegen, wenn er sich bückt, um für mich die Dose wieder aufzuheben, nachdem sie mir aus den Händen gerutscht ist. Auch nicht solche, wo der Teil, der für den Hintern gedacht ist, in den Kniekehlen hängt, und da, wo der Hintern-Teil sein sollte, sich nur eine verrutschte Bärchen-Boxershorts befindet.

In den Häschen-Mann habe ich mich verliebt, als er mich bei der Überfahrt von Calais nach Dover auf der Fähre in die Arme nahm, um mich vor dem eiskalten Wind zu schützen. Er trug einen furchtbar unmodischen, braun-grauen Reißverschlusspullover, der dafür unglaublich weich war. Den Naturgewalten auf hoher See ausgeliefert, schmiegte ich mit jeder Schaukelbewegung meine Wangen an das warme Fell. Ganz plötzlich fühlte ich mich an der

Brust dieses Mannes nicht nur vor den Fluten, sondern vor der gesamten Bosheit dieser Welt beschützt.

Was mir wirklich den Rest gibt, sind vor allen anderen Textilien Schuhe. Turnschuhe, um genau zu sein. Abgelatschte Turnschuhe, um die volle Wahrheit zu sagen. Wie immer zählen weder Farbe, Form noch Marke – außer es handelt sich um »Nices« statt »Nikes«. Dann ist sogar meine Toleranzschwelle überschritten.

So waren Simons Turnschuhe schuld daran, dass ich so lange an unserer Beziehung festgehalten habe. Ich dachte, wer so sehr an einem Paar alten, abgelaufenen und löchrigen Chucks hängt – die mit Gaffa-Tape geflickt wurden –, kann kein schlechter Mensch sein. So ein Mensch gibt nicht einfach auf. Nein, so ein Mensch meint es ernst, wenn er sich bindet. Seine Turnschuhe symbolisierten für mich die kämpferische und treue Seite seines Wesens, die ich sehr zu schätzen wusste. Für meine Freundinnen symbolisierten sie eher Simons unreife Seite. Denn wer trägt heutzutage immer noch die alten Chucks?

Ich nehme mir vor, mich mal in Männerabteilungen von Geschäften nach gut angezogenen Exemplaren umzusehen. Und damit ich niemanden aus dem Blauen heraus ansprechen muss, werde ich mich, falls ich mich das trauen sollte, als Verkäuferin ausgeben. Das dürfte zumindest bei H&M ziemlich leicht sein. Ich ziehe mir einfach mein buntes H&M-Strickkleid an und setze einen genervten Gesichtsausdruck auf. Dann werde ich dem Mann, der mir gefällt, verbieten, mehr als acht Kleidungsstücke mit in die Umkleide zu nehmen. Schon kommen wir ins Gespräch, verlieben uns und heiraten. Ach, Liebe kann so einfach sein.

2. »Kann ich Ihnen helfen?«

Ich war schon bei H&M, Zara und sogar bei American Apparel. Bei H&M konnte ich tatsächlich ein paar sympathisch aussehende Männer entdecken und bin wie geplant – und wie ich finde, sehr mutig – in meine Verkäuferinnen-Rolle geschlüpft. Allerdings wollten die beiden, die ich mit »Kann ich dir helfen?« angesprochen habe, nicht wirklich eine Beratung haben. Der eine meinte: »Nein, danke!«, und der andere hat mich gebeten, ihm eine Jeans eine Nummer größer rauszusuchen. Daraufhin habe ich mich durch Jeansberge gewühlt und meinen neuen Job sofort verflucht. Als ich schon kurz davor war, ihm zu sagen, dass er die blöde Hose selbst suchen soll, fand ich die gesuchte Größe. Ich überreichte sie stolz und wartete darauf, dass er niederknien würde, um dankbar meine Hand zu küssen. Stattdessen murmelte er irgendetwas, was so ähnlich wie »danke« oder »geht doch« klang, und ging damit direkt zur Kasse, ohne sie auch nur anzuprobieren.

In den anderen Läden hätte man mir meine Verkäuferinnen-Rolle nicht abgenommen. Bei Zara hat mir dazu das schwarze Einheitskostüm gefehlt und bei American Apparel die obligatorische aprikotfarbene Strumpfhose, plus zerrissenem Unterhemd. Noch dazu bin ich dort nur auf Pärchen gestoßen oder auf Frauen, die anscheinend für ihre Männer einkaufen gehen. Darüber hinaus weiß man in diesem Laden nicht einmal, ob man sich in der Männer- oder Frauenabteilung befindet, denn diese Klamotten, die aus formlos zusammengenähten Baumwolllappen bestehen, stellen wohl das dar, was man weitestgehend als »Unisex« bezeichnet. Ich sage nur: Echte Männer tragen Pink!

Abgesehen davon habe ich bei meinem bisherigen Shoppingmarathon festgestellt, dass ich einfach keine Ahnung habe, wo gut aussehende Männer einkaufen. Oder besser gesagt, ob Männer überhaupt einkaufen. Ich befürchte, die machen heutzutage alle Online-Shopping, um sich den Stress mit Anstehen, Umziehen und Bezahlen zu ersparen. Vielleicht habe ich auch einfach den falschen Zeitpunkt gewählt. Es ist Donnerstagabend, nach 18 Uhr. Ein Zeitpunkt, der zumindest nicht ausschließlich auf arbeitslose

Männer ausgerichtet ist. Das dachte ich zumindest. Aber ich habe so viele andere Kriterien außer Acht gelassen. Vielleicht läuft gerade ein wichtiges Fußballspiel oder es ist Happy Hour in einer angesagten Striptease-Bar, von der ich nichts weiß.

Als ich schon fast aufgeben will, entdecke ich im »Aussteiger«, einem Outdoor-Laden, in dem ich inzwischen gelandet bin, eine echt tolle Mütze auf einem Berg von Hosen. Eine graue Fellmütze – genau das Richtige bei diesem Novemberwetter. Ich setze sie auf und betrachte mich verliebt im Spiegel. Sie steht mir wirklich gut. Ich wende mich hin und her und verziehe meinen Mund zu dieser Schnute, wie ich es immer tue, wenn ich mich im Spiegel betrachte oder sehr betrunken bin. Plötzlich spricht mich ein junger Mann von der Seite an: »Do you like my hat? It's rabbit!« Rabbit? Häschen? Das ist ein Zeichen! »Oh sorry, I thought … I didn't know …«, stottere ich los und reiche ihm die Mütze. Der Unbekannte grinst mich an. Ich tippe auf Engländer, nicht nur wegen der rotblonden Haare. Er ist vielleicht einen Kopf größer als ich und hat ein paar lustige Sommersprossen im Gesicht. Er sieht irgendwie verspielt aus. »It looks really nice on you. You can wear it while we have tea together«, schlägt er vor und sieht mich verschmitzt an. »Tea?«, frage ich ziemlich grenzdebil nach. Er lacht. »Yes tea. May I invite you drinking tea with me?« Ganz sicher Engländer! Oh wow. Der ist vielleicht mutig. Eigentlich wollte ich doch heute diejenige sein, die furchtlos Männer anspricht.

»All right. I can buy my one man tent tomorrow as well«, antworte ich, in der Hoffnung, witzig zu sein. Und wenn mich nicht alles täuscht, ist mir das sogar ein bisschen gelungen.

3. Tea-Time

Jason und ich gehen ins Slörm, ein Café in der Danziger Straße. Er bestellt tatsächlich Tee, ich heiße Schokolade. Jason ist Engländer, vierzig Jahre alt und lebt seit zehn Jahren in Berlin. Das heißt, er hat hier seinen Wohnsitz, reist aber die meiste Zeit durch die ganze Welt, da er als Kameramann arbeitet. Und wenn ich ihn richtig verstanden habe, bricht er übermorgen zu einer sechswöchigen Tour nach Alaska auf, um einen nachhaltigen Dokumentarfilm zu drehen (oder so ähnlich). Deshalb war er auch im »Aussteiger«, um sich noch ein paar warme Boots mit beheizbaren Sohlen zu besorgen.

Jason und ich unterhalten uns fast drei Stunden über das Leben, das Reisen, und Einmannzelte. Als wir bezahlen, tauschen wir Handynummern und Adressen aus. Er verspricht, mir eine Postkarte zu schreiben und sich wieder auf einen Tee zu melden, sobald er vom Ende der Welt zurück ist.

Als wir das Slörm verlassen, ist es fast Mitternacht. Es hat gefühlte minus zwanzig Grad und ich wünsche Jason, dass er sich in Alaska keine schlimmen Erfrierungen holt. Als ich ihm die Mütze zurückgeben möchte, lehnt er ab. Er meint, bei den Temperaturen in Alaska könne ihn Häschen-Fell auch nicht warm halten.

»Anyway, it looks much better on you! Keep it as a present, to remember me.« Zum Abschied nimmt er mich kurz in den Arm und ich schmiege meine Wangen an seinen weichen Schal. Alaska! Das ist also der Ort, wo die tollen Männer sind. Wer hätte das gedacht?

Was ich gelernt habe:

1. Unisex verwirrt mich.
2. Echte Männer kaufen im Outdoor-Laden ein.
3. Es ist an der Zeit, Alaska bei zukünftigen Reiseplänen mit einzubeziehen.

DER 32. VERSUCH

Gassi gehen

1. Erster Advent

Als mich heute, am Sonntag, den 28. November, Charlotte anruft und fragt, ob ich einen Adventsspaziergang mit ihr und ihrer Hündin Laika machen wolle, halte ich das erst für einen Scherz. »Jetzt fang du nicht auch noch an, frühzeitig Weihnachtsstimmung zu verbreiten«, schimpfe ich los. »Schlimm genug, dass es seit über zwei Monaten schon Spekulatius im Supermarkt gibt. Ich verreise nicht ohne Grund über Weihnachten und wenn jetzt schon alle …« – »Jetzt halt mal die Luft an!«, unterbricht mich Charly streng. »Heute *ist* der erste Advent.« – »Aber es ist November«, gebe ich stichhaltig zurück. »Christiane, ich weiß, dass du kein Mathe-Genie bist, aber dass es bis Weihnachten noch vier Sonntage sind, kannst du ja wohl nachzählen. Wenn du allerdings so ein ausgeprägtes Weihnachts-Trauma hast, werde ich das Wort ›Advent‹ nie mehr in den Mund nehmen. Also lass uns einfach einen schönen *Novemberspaziergang* machen, im Grunewald.«

»Und was wäre, wenn ich auch ein ausgeprägtes Grunewald-Trauma hätte?«, frage ich vorsichtig nach. »Dann«, sagt Charly, »würde ich jetzt auflegen und eine normale Freundin anrufen!«

2. »Never use shortcuts!«

Ich wollte dem Grunewald so gern eine Chance geben, doch das wird leider nichts. Als ich an der S-Bahn-Station Tiergarten aussteige, wo mich Charly mit Laika – einer wunderschönen Labrador-Hündin – mit dem Auto einsammeln wollte, finde ich meine Freundin völlig aufgelöst vor. Sie weint.

»Christiane, mich hat gerade mein bekloppter Chef angerufen und ins Büro zitiert. Es geht um eine Rede, die ich für ihn geschrieben habe. Ich habe die ganze Woche daran gesessen. Er meinte, die sei so schlecht, dass er sich nicht mal den Hintern damit abwischen würde, und ich solle meinen Hintern sofort ins Büro bewegen, um seinen zu retten!« Ich muss schmunzeln und nehme die heulende Charly in den Arm, deren Mascara sich gerade über ihr ganzes Gesicht verteilt.

»Ich finde, das ist ein bisschen viel *Hintern* für einen Anruf von einem Vorgesetzten. Ein Hintern-Trauma hat der offensichtlich nicht. Du könntest ihn anrufen und ihm sagen, dass er sich seinen Hintern in den Hintern schieben soll, und du am ersten Adventssonntag Besseres zu tun hättest, als seinen Po zu pudern.« Tatsächlich verzieht Charly ihren Mund zu einem kleinen Lächeln.

»Oder«, fahre ich mit meiner Rede fort, »du könntest dir jetzt auch die Tränen aus dem Gesicht wischen, deinen Lidstrich nachziehen, hocherhobenen Hauptes in dieses Büro fahren, mit angespanntem Po deinen Bleistift spitzen und deine Wut nutzen, um die Hinternrede des Jahrhunderts zu schreiben!«

»Und was mache ich mit Laika?«, schluchzt Charly kleinlaut weiter. »Die kann ich doch in diesen Hochsicherheitstrakt nicht mitnehmen.« Laika sieht mich hechelnd an, wobei ihr zwei saftige Sabberfäden aus dem Maul hängen, was mich seltsamerweise an Sperma denken lässt. »Na, Laika und ich gehen ein bisschen Gassi im Tiergarten und holen dich später am Bundestag wieder ab. Wir überlegen uns so lange Worte, die du einbauen könntest, wie zum

Beispiel *hinternhältig* oder *hinternlich* oder *hinternrum*!« Charly schmunzelt. »Würdest du das tun?« Ich nicke und Laika wedelt mit dem Schwanz.

Charly wischt sich die Tränen aus dem Gesicht und schwingt sich mit geschwollener Brust und Killerblick zurück in ihr Auto: »Diesem Arsch werde ich es zeigen!« Laika und ich sehen Charly hinterher, die mit Kavalierstart Richtung Bundestag rast. Ich nehme den sabbernden Hund an die Leine, überquere die Straße des 17. Juni und schlage mich mit Laika durch das Gebüsch in den Tiergarten.

Charly hat mir mal erzählt, dass sie beim Gassigehen immer die tollsten Männer kennenlernen würde. »Ein Hund ist ein wahrer Männermagnet«, erklärte sie mir einst fachkundig. Charly hat sich oft mit Laika vor der Alba-Berlin-Arena rumgetrieben, um tolle Basketballspieler kennenzulernen. Allerdings stahl ihr Laika regelrecht die Show: Alle interessierten sich für den Hund, niemand für Charly. Dummköpfe. Wollen wir doch mal sehen, welche Männer die schöne Hundedame für mich anlocken wird.

»Such die schönen Männer!«, flüstere ich Laika zu, als ich sie von der Leine lasse. Doch sie scheint über diesen Auftrag weniger euphorisch zu sein als ich. Statt unbeschwert durch den Park zu tollen und mir übermütig Stöckchen zu apportieren, trottet sie lustlos neben mir her, schnüffelt hier und da und pinkelt an jeden zweiten Baum. Ich wundere mich ein bisschen, dass Laika dazu ihr Bein anhebt. Ich dachte, Weibchen machen das nicht. Vielleicht fühlt sie sich in ihrem Körper nicht wohl? Vielleicht will Laika lieber ein Rüde sein? Ich sehe ihr etwas hilflos zu und überlege, wie ich das sexuell verwirrte Tier zum Tollen animieren könnte. Leider bin ich weder mit Hunden noch mit Kindern besonders gut. Ich weiß nie, ob oder was ich mit ihnen machen oder reden soll. Also schweige ich und versuche, die Kälte zu ignorieren, die mit dem einsetzenden Nieselregen immer unangenehmer wird.

Laika und ich stapfen still nebeneinander her und sind beide ein bisschen enttäuscht. Zum einen scheint es hier keine Spielkameraden für Laika zu geben, geschweige denn potenzielle Herrchen für mich. Zum anderen ist das hier kein Park, sondern eine einzige Baustelle. Egal, welchen Weg wir einschlagen, am Ende landen wir immer wieder vor einem Eisengerüst, das uns den Weg in die Tiefen des Parks versperrt.

»Komm, Laika, das lassen wir uns nicht gefallen!«, versuche ich meine neue Freundin zu motivieren und verlasse den offiziellen Weg. Im Versuch, die Berliner Stadtverwaltung auszutricksen und das Baugerüst zu umgehen, folge ich einem Trampelpfad, der uns immer tiefer in das Dickicht führt.

»Never use shortcuts!«, höre ich in meinem Kopf die Stimme des thailändischen Guides, der mich vor vielen Jahren zusammen mit anderen unbedarften Touristen drei Tage lang durch den Dschungel gehetzt und vor Abkürzungen gewarnt hat. Laika scheint diese Stimme auch zu hören, denn sie bleibt etwas ängstlich hinter mir zurück.

»Na komm, Schnuffi, musst keine Angst haben!« (Ich sage ja, ich kann einfach nicht mit Hunden.) Laika schnüffelt skeptisch den Boden ab und erst jetzt entdecke ich, welch grauenhafte Gegenstände unseren Weg säumen. Der ganze Boden ist übersät mit Einwegspritzen, Taschentüchern und Scherben. Als ich ein eindeutig benutztes Kondom entdecke, das neben einem vollgesaugten Tampon liegt, finde ich meine »Shortcut-Idee« auch nicht mehr so witzig. Ich vermute, mitten im Fixerstrich gelandet zu sein, was allerdings immer noch nicht den Tampon erklärt. Da ich fürchte, Laika könnte eine Spritze im Pfötchen stecken bleiben und sie würde sich mit HIV infizieren oder drogenabhängig werden, möchte ich so schnell wie möglich umkehren. Ein transsexueller *und* drogenabhängiger Hund ist kein Spaß.

Doch plötzlich fängt Laika an, wie verrückt zu kläffen. Ich erschrecke mich fast zu Tode, nehme sie blitzschnell an die Leine und starre in die Richtung, in die sie bellt. Im Gebüsch direkt vor uns steht ein Mann mit Jeansjacke und Trainingshose, die ihm allerdings in den Kniekehlen hängt. Er hält seinen Penis in seiner Hand, sieht mich an und fragt: »Hast du vielleicht ein Taschentuch?«

Ich bin so perplex, dass ich für einen kurzen Moment darüber nachdenke, ob ich Taschentücher dabeihabe. Doch Laika fängt an zu jaulen und holt mich damit zurück aus meiner Schockstarre.

Ich umklammere Laikas Leine und wir fangen an zu rennen. Dabei muss ich an das Wort »Hinternhalt« denken und frage mich, ob Laika wohl auch gerade an irgendetwas denkt. Wir rennen und rennen und rennen, bis wir wieder vor dem Eisenzaun stehen, der uns nun wie ein vertrauter Freund erscheint. Sieht so aus, als seien wir wieder auf offiziellem, exhibitionistenfreiem Gebiet.

Ich lehne mich gegen das Gitter, stütze mich auf meine Knie und versuche, wieder Luft zu bekommen. Auch Laika hechelt erschöpft vor sich hin und schiebt ihren Kopf zwischen meine Beine. Ich streichle ihr zur Beruhigung über das Fell, tätschle sie wie ein Pferd und sage: »Fein gemacht!«

Dann klingelt mein Handy. Es ist Charly. »Christiane. Kommt ihr mich abholen? Es gibt was zu feiern!«

3. Zweimal mit Schuss

Auf dem Weg zum Bundestag rätseln Laika und ich, was Charly wohl angestellt haben könnte. Laika tippt darauf, dass Charly befördert wurde und sie zur Belohnung dafür, dass sie den schlimmsten Gassigang ihres Lebens hinter sich hat, eine saftige Hundewurst bekommt. Ich wette dagegen und vermute, dass Charlys Chef sie reingelegt hat und in Wahrheit eine Weihnachtsüberraschung für sie bereithielt. Wir liegen beide daneben.

»Ich habe gekündigt!«, begrüßt uns Charly mit breitem Grinsen im Gesicht, das ich je bei einem Menschen gesehen habe. Ganz aufgeregt erzählt sie, wie sie unmittelbar nach der Rüge vom Chef eine Zusage für einen Job erhalten hat. »Ich hätte nie gedacht, dass ausgerechnet die sich noch mal melden würden. Und dann auch noch an einem Sonntag! Aber Entwicklungshilfe kennt eben kein Wochenende.« Charly hatte sich nach dem Jumping Dinner auf Klaras Ratschlag hin auf diese Stelle beworben. Leider müsse sie dafür ab Januar nach Bonn ziehen, aber angeblich seien die Chancen sehr gut, nach einem halben Jahr nach Berlin versetzt zu werden.

»Heute ist mein Glückstag!«, jubelt Charly und schlägt vor, ihre neue Stelle bei einer heißen Tasse Glühwein auf einem der zahlreichen Weihnachtsmärkte zu feiern.

Ich bestehe auf Glühwein mit Schuss und versuche meine Traurigkeit darüber, dass Charly und somit auch meine gerade neu gewonnene Freundin Laika bald die Stadt verlassen werden, tapfer zu verbergen.

»Wie war denn euer Spaziergang?«, will Charly wissen, nachdem sie mir euphorisch von ihren neuen beruflichen Herausforderungen erzählt hat. »Aufregend!«, sage ich und lache. »Aber du hattest wirklich recht: Laika ist ein echter Männermagnet!«

Was ich gelernt habe:

1. Der Tiergarten ist der neue Bahnhof Zoo.
2. Never use shortcuts!
3. Ich kann doch ganz gut mit Hunden.

DER 33. VERSUCH

»Superman«

1. Sextalk

Anfang Dezember bekomme ich meine erste Anfrage zu einem Zeitungsinterview. Mein Erotikroman ist inzwischen schon ein paar Wochen auf dem Markt, und bisher haben mich die Journalisten nicht gerade mit Terminen überfallen. Ich bin zwar sehr froh, nicht zu Stefan Raab auf die fahrende Couch zu müssen, würde mich aber dennoch über das eine oder andere Gespräch zu meinem ersten Buch, meinem »Baby«, durchaus freuen.

Ich schlage meinem Verlag diverse – wie die das nennen – Timeslots vor und wir einigen uns auf Donnerstagabend um halb sieben. Von einer befreundeten Autorin erfahre ich, dass dieser junge Mann, von dem die Anfrage kommt, nicht gerade als der zuverlässigste Journalist bekannt sei. Was von dieser Information bei mir hängen bleibt, ist: »Ein junger Mann«. Und da ich keine Ahnung habe, wie man sich professionell auf einen Interviewtermin vorbereitet, finde ich es nur legitim, mich wenigstens vorab über den jungen Mann zu informieren. Also google ich seinen Namen und finde dabei ein paar Infos und Fotos. Er ist ungefähr in meinem Alter, attraktiv und sieht dennoch genau so aus, wie ich mir einen typischen Journalisten vorstelle: Gegelte Haare, Gewinnergrinsen, Sonnenbrille. Und auf den wenigen Fotos ohne Sonnenbrille lachen die Augen nicht mit.

Ich wundere mich ein bisschen, dass sich dieser junge Mann mit Frauen-Erotikliteratur beschäftigt. Ich hätte ihn eher in die Fußball-Promi-Boulevard-Ecke gesteckt. Irgendwie ist es außerdem eine seltsame Vorstellung, mich mit einem wildfremden Mann zu treffen, um über mein erotisches Erstlingswerk zu sprechen. Das fühlt sich ein wenig nach Sextalk an. Aber das ist immer noch besser, als von einer fahrenden Couch zu fliegen.

2. Selber Terror

Heute ist Donnerstag und ich bin nun doch ziemlich aufgeregt. Aufgeregt und gespannt. Irgendwie freue mich auf das Interview so, wie man sich vielleicht auf Bungee-Jumping freuen würde: Die Angst schwingt mit! Auf dem Weg zur S-Bahn rufe ich Tom an, um mir ein paar letzte Ratschläge von seinem Bauch abzuholen.

»Sei professionell«, ist alles, was ihm dazu einfällt, und das reicht schon völlig aus, um mich gereizt nachfragen zu lassen, ob *er* oder *sein Bauch* denken würden, ich sei unprofessionell.

»Nein«, sagt Tom. »Aber mit einem Fremden über dein Sexbuch zu sprechen, bedarf nun mal völliger Professionalität. Redakteur hin oder her, der Kerl ist auch nur ein Mann.« – »Du meinst also, ich soll ›Penis‹ anstatt ›Schwanz‹ sagen?« Tom findet, das sei auf jeden Fall ein guter Ansatz, aber wenn möglich sollte ich weder über Penisse noch über Schwänze sprechen. »Keine Penisse, keine Schwänze!«, verspreche ich Tom, als ich an der S-Bahn Hackescher Markt aussteige und zu Recht entsetzte Blicke der umstehenden Leute ernte.

Das Interview findet in einem der zahlreichen Touristencafés in Mitte statt. Ich kann es eigentlich nicht leiden, aber habe es aus rein logistischen Gründen selbst ausgewählt, da es auf dem Weg von der Arbeit nach Hause liegt.

Dort angekommen zünde ich mir vor der Türe noch eine Zigarette an, da ich wie immer und sogar zu meinem eigenen Interviewtermin zu früh dran bin. Das ist wirklich ganz und gar nicht professionell, denn professionelle Autorinnen lassen den Redakteur bekanntlich stundenlang warten. So liest man das zumindest immer im Feuilleton der SZ.

Während ich rauche, entdecke ich am Fenster des Cafés einen Aushang: »Watch out for pickpockets!« Nicht gerade die beste Eigenwerbung, wie ich finde. Außerdem bin ich eh schon völlig genervt von der allgemeinen Panikmache, die in letzter Zeit nicht nur in Berlin um sich greift. Es gibt Terrorwarnungen für ganz Europa. Man soll nicht auf Weihnachtsmärkte gehen, Bahnhöfe, Flughäfen und öffentliche Plätze am besten ganz meiden.

Passend dazu lese ich einen auf den Boden gesprühten Schriftzug direkt vor mir: »Selber Terror!« Ich muss schmunzeln und nehme mir vor, mich nicht verrückt machen zu lassen. Weder von Terroristen noch von Taschendieben. Mein größtes Problem heißt außerdem gerade Redakteur, der möglicherweise gar nicht erst auftauchen wird, da er nicht nur ein junger Mann, sondern auch »nicht gerade der Zuverlässigste« ist, wie mir jetzt wieder einfällt.

Doch genau in diesem Moment steht er, der junge Mann, den ich von den Fotos her schon kenne, vor mir. Er schüttelt geschäftstüchtig meine Hand, während er sich und seinen Fotografen vorstellt. Auf einen Fotografen war ich nun wirklich nicht vorbereitet und schnippe erst mal die Zigarette von mir. Denn womöglich fängt der gleich an zu knipsen und ich habe schließlich eine Vorbildfunktion!

Plötzlich muss alles sehr schnell gehen. Die beiden Herren schieben mich in eine Passage, die von bunten Schaufenstern mit Filmplakaten beleuchtet ist. Sie bitten mich, möglichst natürlich dazustehen, ein bisschen gegen die Wand gelehnt, wobei ich den

Kopf ein Stückchen nach links drehen, die Beine dominant auseinander stellen und das Kinn etwas nach oben heben soll. Sehr natürlich.

»Das Buch etwas anwinkeln, auf Bauchhöhe halten und genau so bleiben!«, weist mich der Fotograf an. Ich bin schon völlig verkrampft und meine Oberlippe beginnt nervös zu zittern, als ich versuche, mir ein freundlich-dominantes Lächeln rauszuquetschen. Es knipst und es blitzt, während eine Haarsträhne hartnäckig an meinem Lipgloss kleben bleibt. Viel schlimmer kann es bei Stefan Raab auch nicht sein. Da wird man wenigstens vorab in die Maske geschickt.

Ich muss von einer Wand zur nächsten wechseln und werde wiederholt gebeten, noch etwas dominanter zu wirken. Der Fotograf scheint mit dem Ergebnis nicht wirklich zufrieden zu sein. Der junge Mann steht daneben, raucht und sieht uns gelangweilt zu. Bestimmt verflucht er gerade seinen Job oder beneidet aufstrebende Kollegen, die sich, anstatt sich mit Erotikautorinnen treffen zu müssen, zur selben Zeit auf dem roten Teppich bei einer Aids-Benefizgala tummeln. Fast habe ich ein schlechtes Gewissen, den beiden ihre Zeit zu stehlen, und versuche so dominant und gleichzeitig professionell und sympathisch zu wirken, wie es eben nur geht.

Nach einer gefühlten Ewigkeit werde ich erlöst, und wir wechseln in das Café. Ich bestelle Cappuccino, obwohl ich viel mehr Lust auf ein Bier hätte. Aber vor meinem geistigen Auge schlägt Tom die Hände über dem Kopf zusammen, als er ein Foto der Erotikautorin mit einem Glas Bier vor sich sieht. Der junge Mann bestellt scheinbar heiter eine Cola und rückt ein paar Gegenstände für weitere Fotos zurecht. Ich kann gerade noch verhindern, mit Cappuccino fotografiert zu werden. Denn ich finde, es gibt nichts Schlimmeres, als diese Fotos von jungen Autorinnen, die immer mit einem Milchschaumgetränk abgebildet werden. Dann doch lieber mit Zigarette. Das ist wenigstens authentisch.

Wir entscheiden uns für eine Kerze und das Buch. Knips, knips, nach links, nach rechts und bitte mal beide zusammen. »So, jetzt lächelt euch mal an!« Der junge Mann setzt sich neben mich und wir drehen unsere Köpfe einander zu. Der Anweisung folgend, lächelt er mich an, aber seine Augen lachen nicht mit. Schade.

Der Fotograf, der nicht mal seine Jacke ausgezogen hat, verabschiedet sich genauso schnell, wie er gekommen ist. Bestimmt darf er auch noch zur Benefizgala. Der junge Mann entschuldigt sich, dass er seinen Fragenkatalog leider zu Hause vergessen habe, aber er hätte all seine Fragen im Kopf. Auch nicht gerade professionell, wie ich finde. Dann legt er sein Aufnahmegerät zwischen uns auf den Tisch. Das Interview beginnt.

Ich habe längst aufgegeben zu versuchen, jemanden darzustellen, der ich nicht bin, und beantworte seine zahlreichen Fragen mit einer Mischung aus Gefühl und Verstand. Langsam entspanne ich mich, und das Gespräch fängt an, mir Spaß zu machen. Ich freue mich darüber, dass er das Buch vollständig gelesen hat, und ab und an kann ich ihm sogar ein Lächeln entlocken. Wir bestellen Getränke nach und er fragt mich, ob es okay wäre, wenn er ein Bier bestellen würde. Ich schließe mich diesem Wunsch dankbar an. Dann möchte er wissen, ob jemand in meinem privaten Umfeld, vielleicht ein Partner, Schwierigkeiten mit meinem erotischen Schriftstellerdasein habe. Ich antworte ausweichend, dass ich gerade keinen Partner habe, es aber da draußen bestimmt selbstbewusste Männer gäbe, die damit kein Problem haben dürften.

»Entschuldige, ist das deine Tasche?«, unterbricht der Kellner unser Gespräch. Ich schaue neben mich auf den Boden und entdecke, dass der komplette Inhalt meiner Handtasche, die neben meinem Stuhl stand, verteilt auf dem Boden liegt. Der Kellner seufzt. »Schau mal nach, ob noch alles da ist. Da hat gerade so ein komischer Typ gesessen, der ohne zu zahlen abgehauen ist.« Sofort stelle ich fest, dass mein Portemonnaie fehlt. Da war alles drin: Kreditkarte, EC-Karte, Bahncard, Ausweis, Führerschein, ein USB-Stick und fünfzig Euro. Der reinste Terror!

Der junge Mann schaltet sein Aufnahmegerät aus. Er erinnert sich an den Typen, der am Tisch neben uns saß. Wir waren wohl so in unser Gespräch vertieft, dass wir nicht bemerkt haben, wie er sich über meine Handtasche her gemacht hat. Ich entschuldige mich, weil ich meine Karten sperren lassen muss. Ich rufe erst die Polizei an und warte anschließend sehr geduldig in einer Warteschleife, die mir unzählige Möglichkeiten auflistet, was ich alles sperren lassen könnte.

Der junge Mann blickt sich wütend um, schaut aus dem Fenster und sagt: »Da! Das war der Typ!« Als ich gerade zum zweiten Mal aus der Leitung fliege, springt er auf und verlässt im kurzärmeligen Hemd das Café. Ich sehe ihm verwundert nach, aber beschließe, sicherheitshalber bei unseren Sachen zu bleiben. Immerhin sind meine Schlüssel und mein Handy noch da. Am meisten ärgere ich mich über den Verlust des Portemonnaies selbst, das ich gerade erst geschenkt bekommen habe: türkisfarbenes Leder. So ein Arschloch.

Dann klingelt mein Telefon. Es ist eine unbekannte Nummer und ich gehe ziemlich genervt ran. »Ja hallo, Frau Bernsteiner hier, ich glaube, ich habe Ihr Portemonnaie gefunden.«

3. Die Erfüllung meiner archaischen Sehnsüchte

Ich packe unsere Sachen zusammen und gehe zwei Häuser weiter zu den Hackeschen Höfen. Dort steht eine ältere Dame unter einem Regenschirm und drückt mir das gute Stück in die Hand. Ich werfe einen Blick hinein und stelle erleichtert fest, dass alles noch da ist. Alles, einschließlich des Bargeldes. Ich umarme sie und erzähle ihr, was passiert ist. Wir nehmen an, dass der Täter auf der Flucht das Diebesgut von sich geworfen hat. Vielleicht hat er Angst bekommen, denn schließlich wurde er von meinem todesmutigen Journalisten verfolgt.

So stehe ich da im Regen und warte auf den jungen Mann. Ich beginne langsam, mir Sorgen zu machen. Ich habe nicht mal seine Handynummer, um nachzufragen, ob alles okay ist. Womöglich liegt er niedergestochen in einer Seitenstraße oder treibt mit eingeschlagenem Schädel um die Museumsinsel. Als ich gerade erneut die Polizei anrufen will, entdecke ich ihn auf der anderen Straßenseite. Völlig durchnässt kommt er auf mich zu und lächelt. Hinter ihm gehen zwei Polizisten, die einen sichtlich schlecht gelaunten Mann in Bomberjacke in ihrer Mitte haben.

»Wieso hast du nicht im Café gewartet?«, fragt er mich erstaunt. »Du wirst ja total nass.« Ich starre ihn eine Weile verblüfft an, bis ich es endlich schaffe, nachzufragen, was passiert ist. »Ich habe ihn an der S-Bahn gekriegt und die Polizei verständigt. Die müssen jetzt noch deine Daten aufnehmen. Deinen Geldbeutel hast du ja schon wieder, wie ich sehe.«

Die nächste Runde geht auf mich. Der junge Mann, Jonas, schaltet sein Aufnahmegerät nicht mehr ein. Er habe auch keine weiteren Fragen mehr. Zumindest nicht zu meinem Buch. Dann bin jetzt wohl ich an der Reihe. Ich will ganz genau wissen, wie er den Verbrecher gefasst hat, und lausche seinen bescheidenen Ausführungen darüber, wie er ihn mit Gewalt zu Boden geworfen und festgehalten hat.

»Ich war mal Sprinter«, sagt er und winkt ab. »Eigentlich habe ich eine Sportkarriere angestrebt. Aber irgendwie bin ich dann über Sportjournalismus in dieser Branche gelandet.« Statt irgendetwas zu sagen, starre ich ihn nur fasziniert an. Dabei entsteht vor meinem geistigen Auge ein rotes »S« auf seiner Brust. Jonas fährt fort, mir ein paar Fragen zu stellen: »Und du? Wolltest du schon immer schreiben? Ich habe gelesen, dass du schon an einem neuen Buch arbeitest. Um was geht es diesmal? Wieder Erotik?« Ich muss lachen. »Nicht direkt. Es ist ein Selbstversuch. Es geht darum, den Mann fürs Leben zu finden.« Er lächelt mich an, seine Augen lachen mit: »Und? Glaubst du, du wirst ihn finden?« Ich lächle zurück und sage: »Ja.«

Was ich gelernt habe:

1. Alltäglicher Terror bedarf alltäglicher Heldentaten.
2. Ich hatte ein völlig falsches Bild von Journalisten.
3. Mein Mann fürs Leben muss nichts weiter als ein Held sein.

Vielen Dank an:

Anna K. Becker, Jan Bennemann, Vincenzo Delle Fontane, Dr. László Gergely, Alexandra Gruber, Eva Maria & Christian Hagn, Magdalena Hagn, Jennifer Hirte, Franziska Knogl, Hans-Hinrich Koch, Maren Konrad, Thomas Kössler, Christina Krewerth, Melanie Mohr, Ayse Polat, Maria Rupprecht, Lutz Stiba, Schwarzkopf & Schwarzkopf Verlag, Petra Visic, Eva Werstler

Die Autorin

Christiane Hagn studierte Theater- und Medienwissenschaften, Psychologie und Spanisch in Erlangen. Seit 2005 lebt und arbeitet sie in Berlin, derzeit im Bereich Stoffentwicklung bei einer Film- und Fernsehproduktionsfirma. »Auf Männerfang« ist nach dem ANAIS-Roman »Mein Herz ist ein Idiot« ihr zweites Buch bei Schwarzkopf & Schwarzkopf.

Christiane Hagn

Auf Männerfang

33 verrückte, halsbrecherische und ambitionierte Versuche, den Mann fürs Leben zu finden – ein Selbstversuch

ISBN 978-3-86265-015-6
 | Lektorat: Maren Konrad | Coverfoto: © Nico Klein-Allermann (www.klein-allermann.de)

KATALOG
Wir senden Ihnen gern kostenlos unseren Katalog.
Schwarzkopf & Schwarzkopf Verlag GmbH
Kastanienallee 32, 10435 Berlin
Telefon: 030 – 44 33 63 00
Fax: 030 – 44 33 63 044

INTERNET | E-MAIL
www.schwarzkopf-schwarzkopf.de
info@schwarzkopf-schwarzkopf.de